A história e a cidade:
um olhar multidisciplinar sobre o fenômeno urbano

A história e a cidade:
um olhar multidisciplinar
sobre o fenômeno urbano

Tatiana Dantas Marchette

Rua Clara Vendramin, 58 . Mossunguê . CEP 81200-170 . Curitiba . PR . Brasil
Fone: (41) 2106-4170 . www.intersaberes.com . editora@intersaberes.com

Conselho editorial
　Dr. Alexandre Coutinho Pagliarini
　Dr.ª Elena Godoy
　Dr. Neri dos Santos
　M.ª Maria Lúcia Prado Sabatella
Editora-chefe
　Lindsay Azambuja
Gerente editorial
　Ariadne Nunes Wenger
Assistente editorial
　Daniela Viroli Pereira Pinto
Preparação de originais
　Entrelinhas Editorial

Edição de texto
　Monique Francis Fagundes Gonçalves
　Palavra do Editor
Capa
　Luana Machado Amaro (*design*)
　Artens, cifotart, Here, rocharibeiro e
　RPBaiao/Shutterstock (imagens)
Projeto gráfico
　Bruno de Oliveira
Diagramação
　Estúdio Nótua
Designer responsável
　Luana Machado Amaro
Iconografia
　Regina Claudia Cruz Prestes

Dados Internacionais de Catalogação na Publicação (CIP)
(Câmara Brasileira do Livro, SP, Brasil)

Marchette, Tatiana Dantas
　A história e a cidade: um olhar multidisciplinar sobre o fenômeno urbano / Tatiana Dantas Marchette. – Curitiba, PR: InterSaberes, 2024.

　Bibliografia.
　ISBN 978-85-227-0855-0

　1. Bibliografia Brasil 2. História – Estudo e ensino 3. Historiografia I. Título.

23-177922　　　　　　　　　　　　　　　　　　　　　　　　　　　　　　CDD-907

Índices para catálogo sistemático:

1. História: Estudo e ensino 907

Eliane de Freitas Leite – Bibliotecária – CRB 8/8415

1ª edição, 2024.
Foi feito o depósito legal.
Informamos que é de inteira responsabilidade da autora a emissão de conceitos.
Nenhuma parte desta publicação poderá ser reproduzida por qualquer meio ou forma sem a prévia autorização da Editora InterSaberes.
A violação dos direitos autorais é crime estabelecido na Lei n. 9.610/1998 e punido pelo art. 184 do Código Penal.

Sumário

9 *Apresentação*
17 *Como aproveitar ao máximo este livro*
21 *Introdução*

Capítulo 1
23 **Cidade e História: conceitos, linhas e problematizações**

(1.1)
25 Afinal, o que é cidade? Pensando o conceito

(1.2)
37 A cidade como objeto da História

(1.3)
47 O olhar do profissional da História e da historiografia sobre o espaço

(1.4)
54 O olhar do profissional da História e da historiografia sobre o espaço urbano

(1.5)
63 Concepções de História Urbana e multidisciplinaridade: o caso da historiografia brasileira

Capítulo 2
85 A cidade no tempo: diferentes contextos e mundos urbanos

(2.1)
88 A cidade antiga em seus diferentes contextos

(2.2)
108 A cidade medieval em seus diferentes contextos

(2.3)
115 Cidade e diferentes contextos na Idade Moderna

(2.4)
127 Cidades e mundo pós-industrial

(2.5)
135 Cidade, globalidade e pós-modernidade

Capítulo 3
151 Cidade, memória e patrimônio urbano

(3.1)
153 Memória e cidade

(3.2)
161 Patrimônio urbano: o que é?

(3.3)
177 Cidades e práticas de preservação e conservação patrimonial: conceitos e procedimentos

(3.4)
185 Cidades e práticas de preservação e conservação do patrimônio urbano no mundo

(3.5)
195 Cidades e práticas de preservação e conservação do patrimônio urbano no Brasil

Capítulo 4
211 **Cidade, imaginário, identidades e funções**

(4.1)
214 As funções da cidade: social, econômica, política e cultural

(4.2)
222 Imaginário social e cidades

(4.3)
230 Cidades, representações sociais e espaciais: ocupar e resistir

(4.4)
237 Cidades e constituição de identidades

(4.5)
244 As relações e as oposições entre cidade e campo

Capítulo 5
257 **História e cidade no Brasil**

(5.1)
259 Formação das cidades no Brasil

(5.2)
267 A cidade no Brasil colonial: poderio militar e político

(5.3)
277 A cidade no Brasil imperial

(5.4)
285 A cidade brasileira no século XX: reforma urbana e o nascente direito à cidade

(5.5)
293 As questões urbanas no Brasil do século XXI

Capítulo 6
311 **História e cidade: fontes, pesquisa e ensino**

(6.1)
314 Problematizando fontes para o estudo das cidades no tempo

(6.2)
319 Fontes escritas para o estudo das cidades

(6.3)
324 Fontes iconográficas, sonoras e audiovisuais para o estudo das cidades

(6.4)
329 Fontes materiais para o estudo das cidades

(6.5)
333 História, cidade e possibilidades para o ensino

347 *Considerações finais*
349 *Glossário*
353 *Referências*
379 *Bibliografia comentada*
383 *Respostas*
397 *Sobre a autora*

Apresentação

Definir o que é cidade hoje é uma operação epistemológica tão complexa quanto observar e circunscrever os limites e as fronteiras entre os diferentes espaços urbanos construídos e o espaço rural, quando o crescimento das cidades contemporâneas surpreende planejadores, urbanistas, governantes e, sobretudo, seus moradores. O fenômeno do espraiamento das cidades dissolve a individualização das edificações e torna a visão emaranhada quando se quer apreender uma organização espacial urbana no seu todo e reconhecer, ao mesmo tempo, suas divisões e seu funcionamento especializados, como os locais de moradia, de lazer, comércio, serviços etc.

O modo como gerimos as cidades atuais é fundamental não apenas para o futuro delas, mas para a sobrevivência da própria vida humana no planeta Terra, uma vez que mais da metade da população mundial nelas vive, índice que, até 2050, alcançará, segundo estudos da Organização das Nações Unidas (ONU, 2022), 70% a 75%. A humanidade necessita do desenvolvimento sustentável das cidades para continuar a existir como espécie. É imprescindível promover e garantir a sustentabilidade do fenômeno urbano, pois ele se amplia inexoravelmente em direção às sociedades e aos territórios globais, haja vista os dados divulgados pela ONU, mitigando, assim, as desigualdades sociais perante os riscos ambientais[1], principalmente diante dos efeitos do aquecimento climático.

A maneira como percebemos a cidade, por sua vez, pode se dar, ao mesmo tempo, de forma visível e invisível. Ao olharmos para a sua materialidade, como as torres, as muralhas, os altos edifícios, as casas, as ruas e as praças, além de mercados, templos religiosos e outros elementos urbanos, estamos tomando conhecimento imediato de determinado panorama. Por outro lado, essa paisagem apreendida pelo olhar nos estimula a sensibilidade, a qual atribui valores, significados e temporalidades diversas a essa materialidade urbana, por meio de narrativas subjetivas, como as literárias. São muitos os escritores, brasileiros e estrangeiros, cujas obras nasceram e nascem de suas vivências nos espaços das cidades, produzindo visões afetivas das "cidades reais".

Aluísio Azevedo (1857-1913), romancista natural do Maranhão, em seu livro *O cortiço*, de 1890, promove o aglomerado urbano e o fenômeno da urbanização como o ambiente e o contexto nos quais seus personagens atuam, a maioria deles trabalhadores pobres ou em vias de empobrecimento na cidade do Rio de Janeiro, então capital da novíssima Primeira República Brasileira (1889). Compreendendo, no quadro da literatura nacional naturalista, o meio físico como o influenciador determinante do modo de vida e dos comportamentos humanos, como a violência, os contrastes sociais, a indolência e a pobreza, esse escritor traça o perfil do cortiço carioca do final do século XIX: "notavam-se por último na estalagem muitos inquilinos novos, que já não eram gente sem gravata e sem meias. A feroz

---

1   Sobre o conceito de sustentabilidade urbana, sugerimos a seguinte leitura: ACSELRAD, H. Introdução. In: ACSELRAD, H. (Org.). *A duração das cidades*: sustentabilidade e risco nas políticas urbanas. Rio de Janeiro: DP&A, 2001. p. 21-25.

engrenagem daquela máquina terrível, que nunca parava, ia já lançando os dentes a uma nova camada social que, pouco a pouco, se deixaria arrastar inteira lá para dentro [...]" (Azevedo, 2015, p. 234-235).

Figura 1 – Cortiço da Rua do Senado, Rio de Janeiro, 1906

Acervo Iconographia

Algumas décadas depois, no outro lado do Atlântico e no contexto histórico da República de Weimar[2], o filósofo Walter Benjamin (1892-1940) publicou, em 1928, não um romance, mas um texto composto por aforismos sob o título *Rua de mão única* (Benjamin, 1987), no qual imprimiu um estilo descontínuo de escrita, imitando os mecanismos usuais da modernidade cultural que ele então vivenciava

---

2   A República de Weimar foi um governo republicano instalado na Alemanha em 1919, portanto, logo após a Primeira Guerra Mundial, e que foi derrubado pela ascensão do regime nazista, em 1933. A República foi conduzida por uma constituição democrática e representativa, de caráter semipresidencial, comandada por um chanceler à frente do Poder Executivo.

cotidianamente: fragmentos de experiências diversas que não tinham tempo de se enraizar e de serem absorvidas por completo em decorrência das rápidas mudanças e novidades do ambiente das grandes cidades europeias desde o final do século XIX. Esses ambientes se enchiam cada vez mais de textos por toda a parte, nos letreiros dos cinemas e das lojas, nos cartazes colados nos muros, nas orientações das placas de trânsito, na publicidade dos novos produtos para consumo etc. Cada aforismo escrito por Benjamin representaria, assim, uma sensação, uma memória, um sonho e outras emoções que o simples andar pelas ruas poderia despertar e surpreender a cada passo, como se o habitante fosse ele próprio estrangeiro. Vejamos o aforismo "Primeiros socorros": "Um bairro extremamente confuso, uma rede de ruas, que anos a fio eu evitara, tornou-se para mim, de um só lance, abarcável numa visão de conjunto, quando um dia uma pessoa amada se mudou para lá [...]" (Benjamin, 1987, p. 35).

Figura 2 – Agitação político-partidária nas ruas da capital da República de Weimar, nas eleições de 1922

Contudo, todas as narrativas sobre a cidade, entre elas as literárias e as filosóficas, ancoram-se em um tempo histórico preciso e em determinado espaço físico-geográfico, seja o Rio de Janeiro da Primeira República, seja a cidade de Weimar no final dos anos 1920. Desse modo, pode-se ir mais adiante e afirmar que mesmo as utopias de cidades urbanas ideais têm um "pé" na realidade temporal-espacial para, impulsionada por esta, elaborarem, em contraposição, "cidades ideais" onde prevaleceriam a justiça social, o trabalho digno, a natureza preservada e de recursos infinitos, entre outros elementos utópicos tradicionais, expondo, nesse mesmo movimento, os problemas estruturais das "cidades reais", ou seja, o que nelas falta para uma vida melhor e mais plena. Portanto, essas narrativas subjetivas carregam um potencial transformador das condições materiais de vida.

Ao longo dos seis capítulos deste livro o objeto de estudo são as cidades, inclusive as utópicas e sobretudo sob o olhar do profissional da História, um olhar que nasceu em um meio multidisciplinar, isto é, em um ambiente analítico no qual diversas disciplinas afins tratam de um mesmo tema sob as respectivas óticas, porém compartilhando bibliografia, técnicas de pesquisa e ensino. A cidade é aqui apreendida na tensão entre diferentes narrativas sobre as "cidades reais" e em diversos tempos históricos. A escrita da História, nesse sentido, é apresentada como uma dessas narrativas, especificamente a que fundou teoria e métodos científicos próprios com o objetivo de apreender essa complexa realidade chamada *cidade*, alimentando-se de outros estudos e colaborando para o enriquecimento das análises sobre o tema. O objetivo maior é, pois, explorar as especificidades da contribuição do campo da História para desvendar os meandros da cidade e do fenômeno urbano configurados desde a Antiguidade até os tempos presentes.

Tatiana Dantas Marchette

Diante da amplitude do tema deste livro, antes de tudo, é preciso realizar um exercício a fim de traçar o contorno desse objeto de estudo tão vasto, múltiplo e complexo. Assim, no primeiro capítulo, os objetivos são, a princípio, pensar o(s) conceito(s) de cidade para, em seguida, expor as primeiras percepções historiográficas sobre o tema. Esse processo de construção do conhecimento histórico a respeito da cidade se consolidou em um campo de pesquisa próprio, a História Urbana, em meados do século XX. E, justamente por conta das variadas visões sobre o que é cidade, a historiografia do espaço urbano faz parte de uma tradição disputada e partilhada principalmente com os profissionais da geografia, da sociologia, da demografia, da arquitetura e do urbanismo.

No capítulo seguinte, apresentamos algumas interpretações historiográficas acerca dos diferentes contextos e mundos urbanos, das cidades da Antiguidade às pós-modernas, abrangendo um olhar multidisciplinar apontado já no capítulo inaugural e baseado em estudos do campo da História em diálogo com outros que o influenciam por meio da articulação de diferentes áreas e conceitos em torno de um projeto comum (a cidade). Contudo, em decorrência da extensão do assunto proposto nesse capítulo e para que as opções interpretativas não se tornassem indefinidas e vagas num mar de referências, escolhemos lançar mão de um autor em particular como fio condutor metodológico, o historiador urbanista norte-americano Lewis Mumford (1895-1990). Seu livro *A cidade na história: suas origens, transformações e perspectivas*, de 1961, é considerado um clássico da história das cidades. Isso porque Mumford considerou as cidades dos pontos de vista material e simbólico, das perspectivas visível e invisível, conforme refletimos e defendemos anteriormente, além de ser referência compartilhada entre estudos das diferentes disciplinas que abarcam o fenômeno urbano.

A partir do terceiro capítulo, inserimos temas que perpassam a representação da cidade como lugar de memória e abrigo de patrimônio cultural. Para tanto, faz-se necessário observar conceitos e procedimentos próprios para a conservação e a preservação do patrimônio dito *urbano*, no Brasil e no mundo, e experiências sobre as relações entre memória e cidade. Ao fazermos essa operação analítica, assumimos que o espaço físico das cidades é, ao mesmo tempo, um espaço percebido e vivido, trazendo à cena a questão do imaginário social em torno da cidade no tempo e a cidade como meio de formação e afirmação de identidades sociais, o que é proposto no quarto capítulo.

Na condição de brasileiros e brasileiras imersos nos desafios impostos pelo século 21, o Capítulo 5 apresenta um panorama das análises históricas da formação das cidades em nosso país, tendo como baliza temporal desde a América portuguesa, passando pelos períodos imperial e republicano e desembarcando no tempo presente, quando grandes questões urbanas precisam ser ainda enfrentadas pela nossa particularidade diante do mundo global e, simultaneamente, observando algumas permanências do passado a serem resolvidas em um tempo futuro.

Por fim, o sexto capítulo é dedicado à reflexão sobre as possibilidades de fontes primárias para o desenvolvimento do estudo prático da história da cidade, problematizando-as e expondo suas diversas naturezas e respectivos tratamentos. Um dos aspectos diferenciais desta publicação, cremos, é o destaque dado para as fontes do campo da arquitetura para o uso da história, haja vista a importância que ao longo de todo este livro é evidenciada por essas duas disciplinas científicas quanto à questão da urbanização e do urbanismo. No mais, são fomentadas habilidades disponíveis ao profissional da História para que a ele seja possível elaborar projetos de pesquisa, ensino e extensão com a temática das experiências urbanas e, assim, contribuir para o estudo deste objeto complexo, porém encantador, que é a cidade.

Boa leitura!

Como aproveitar ao máximo este livro

Empregamos nesta obra recursos que visam enriquecer seu aprendizado, facilitar a compreensão dos conteúdos e tornar a leitura mais dinâmica. Conheça a seguir cada uma dessas ferramentas e saiba como elas estão distribuídas no decorrer deste livro para bem aproveitá-las.

Introdução do capítulo

Logo na abertura do capítulo, informamos os temas de estudo e os objetivos de aprendizagem que serão nele abrangidos, fazendo considerações preliminares sobre as temáticas em foco.

Síntese

Ao final de cada capítulo, relacionamos as principais informações nele abordadas a fim de que você avalie as conclusões a que chegou, confirmando-as ou redefinindo-as.

Atividades de autoavaliação

Apresentamos estas questões objetivas para que você verifique o grau de assimilação dos conceitos examinados, motivando-se a progredir em seus estudos.

Atividades de aprendizagem

Aqui apresentamos questões que aproximam conhecimentos teóricos e práticos a fim de que você analise criticamente determinado assunto.

Indicações culturais

Para ampliar seu repertório, indicamos conteúdos de diferentes naturezas que ensejam a reflexão sobre os assuntos estudados e contribuem para seu processo de aprendizagem.

Bibliografia comentada

Nesta seção, comentamos algumas obras de referência para o estudo dos temas examinados ao longo do livro.

Introdução

Este livro foi planejado e escrito com muito cuidado para que os leitores, futuros profissionais da História, adquiram informações conceituais, teóricas e metodológicas sobre a cidade como fenômeno histórico. Por meio de recursos que foram pensados para contribuir para um aprendizado atualizado, a estrutura do conteúdo foi desenvolvida para facilitar a compreensão desse objeto de estudo, a cidade, abrangendo variadas interpretações oriundas não somente da escrita da História (historiografia) como também de áreas afins que têm contribuições multidisciplinares fundamentais para debater o tema e que se aproximam da prática dos historiadores e das historiadoras.

Os seis capítulos são subdivididos em cinco itens, de forma a articular o objeto central de cada um deles em desdobramentos que levam, por sua vez, à compreensão geral do título proposto. Cada um dos capítulos é aberto por uma introdução, a qual esclarece o objetivo principal, bem como o modo como a autora visa atingi-lo. Com esse mesmo intuito esclarecedor, cada capítulo é arrematado com uma síntese que reafirma tanto o propósito central quanto as conclusões dos conteúdos apresentados, sempre de modo reflexivo, questionando-as.

Com a certeza de que o tema *cidade* é um dos mais importantes na história de toda a humanidade, de que cidade se tornou sinônimo de civilização e de que sua sobrevivência significa o futuro da humanidade, como se espera que o conteúdo deste livro explicite, são inúmeras as leituras possíveis para se aprofundar no assunto, e por isso em cada capítulo são mostradas algumas possibilidades de materiais acessíveis de estudo complementar na seção "Indicação cultural".

Ao final do livro, há ainda um glossário e comentários sobre uma bibliografia estrategicamente selecionada, haja vista a amplitude e a diversidade da produção sobre o tema, procurando-se apontar tanto para conteúdos clássicos incontornáveis quanto para estudos recentes.

Aproveite todos esses recursos e tenha um ótimo aprendizado!

Capítulo 1
Cidade e História:
conceitos, linhas e
problematizações

De uma cidade, não aproveitamos as suas sete ou setenta e sete maravilhas, mas a resposta que dá às nossas perguntas.
(Ítalo Calvino, 1990, p. 44)

Neste primeiro capítulo, a proposta essencial é refletir acerca das relações entre cidade e história com base em dois aspectos: 1) o exame das categorias conceituais básicas em que essa relação se apoia, quais sejam, as de cidade, espaço e espaço urbano; 2) o mapeamento da historiografia da cidade e do espaço urbano em suas diferentes linhagens interpretativas, deixando claro que isso é possível apenas parcial e provisoriamente, pois a História Urbana está, desde sua constituição em meados do século XX, em constante desenvolvimento, por meio de novas pesquisas e perguntas inovadoras feitas em direção ao passado, como alerta o escritor italiano Ítalo Calvino (1923-1985) na epígrafe, ao afirmar que as cidades nos instigam a fazer perguntas sem cessar.

Considerar a cidade como alvo científico de diferentes especialidades do conhecimento implica observar em que momento tal interesse foi acolhido no terreno específico da disciplina de História, compreender qual é sua vinculação à categoria essencial dessa área, a de tempo histórico, e analisar quais são as fronteiras disciplinares que dialogam com o campo de pesquisa denominado *História Urbana*.

(1.1)
AFINAL, O QUE É CIDADE?
PENSANDO O CONCEITO

Todo e qualquer aglomerado urbano pode ser definido conceitualmente como *cidade*? A depender da pessoa, instituição ou área do saber para a qual essa pergunta é dirigida, o conceito de cidade muda ou pode ser formado por meio de informações diversas que o complementam. Caso perguntemos à Organização das Nações Unidas (ONU), por exemplo, descobriremos que, para classificar um assentamento urbano como cidade, deve-se partir do critério numérico, ou seja, ele precisa, necessariamente, abrigar mais de 50 mil habitantes. Contudo, há outros critérios simultâneos, como as características de cada país, sua infraestrutura, organização, atividades e serviços. Apesar disso, uma cidade apresenta o estilo de vida típico, o urbano, o qual é marcado pela urbanização (em aceleração desde o século XIX), bem como pela concentração das atividades econômicas, das mais simples às mais complexas.

No âmbito nacional, se questionarmos o Instituto Brasileiro de Geografia e Estatística (IBGE) sobre o conceito de cidade, veremos que tal instituição a define, antes de tudo, como o distrito-sede de município, segundo o marco legal da divisão territorial do Brasil instituído pelo Decreto-Lei n. 311, de 2 de março de 1938, em vigência (Brasil, 1938). Na publicação institucional *Classificação e caracterização dos espaços rurais e urbanos do Brasil: uma primeira aproximação*, de 2017, o IBGE confirma a dificuldade que a atualidade impõe em estabelecer claras distinções entre os espaços rurais e urbanos, mas admite a importância desse exercício classificatório em prol do planejamento e da execução de políticas públicas dedicadas a cada uma dessas realidades socioespaciais que conformam nosso país continental. Nesse sentido, além do critério político-administrativo disposto desde 1938, os espaços urbanos são assim considerados conforme a densidade populacional, o acesso da população aos bens e serviços de maior complexidade, a localização em relação às vias de acesso, rodovias etc., variáveis estas que, se cruzadas, revelam municípios predominantemente urbanos, intermediários e predominantemente rurais, mas com 76% da população brasileira habitando os espaços classificados na primeira tipologia, ainda que estes representem 26% do total de municípios brasileiros, apesar de muitos destes não apresentarem características urbanas a não ser a densidade populacional (IBGE, 2017). Isso significa que, mesmo para uma população predominantemente urbana, ela não conta, necessariamente, e como deveria, com serviços complexos, como hospitais mais completos, e também vivencia a falta crônica de boas estradas e demais vias de acesso, dada a alta concentração da maioria dos brasileiros e brasileiras em menos de 30% dos municípios do país.

A alta densidade populacional, portanto, é o principal sinal que permite distinguir o que é, nos dias atuais, uma cidade. O século XXI, no entanto, precisou introduzir escalas nesse universo urbano em expansão, justamente em decorrência do constante e irreversível aumento demográfico das populações que nele vivem ou em breve passarão a viver. Observe o Quadro 1.1, que mostra a evolução das cidades com mais de 1 milhão de habitantes de 1800 a 2010, perfazendo uma caminhada temporal de dois séculos.

Quadro 1.1 – Ascensão das cidades

Ano	Nº de cidades no mundo	Principais cidades	Continentes
1800	03	Londres (Grã-Bretanha); Pequim (China), Tóquio (Japão).	Europa; Ásia.
1900	16	Londres (Grã-Bretanha); Pequim (China); Tóquio (Japão); Berlim (Alemanha); Paris (França); Chicago, Nova York (Estados Unidos) etc.	Europa; Ásia.

(continua)

(Quadro 1.1 - conclusão)

Ano	Nº de cidades no mundo	Principais cidades	Continentes
1950	74	Londres (Grã-Bretanha); Pequim (China); Tóquio (Japão); Berlim (Alemanha); Paris (França); Chicago, Nova York (Estados Unidos); Moscou (União Soviética); São Paulo (Brasil); Cidade do México (México); Melbourne (Austrália); Cairo (Egito) etc.	Europa; Ásia; África; Oceania; América.
2010	442	Londres (Grã-Bretanha); Pequim (China); Tóquio (Japão); Berlim (Alemanha); Paris (França); Chicago, Nova York (Estados Unidos); Moscou (União Soviética); São Paulo (Brasil); Cidade do México (México); Melbourne (Austrália); Cairo (Egito); Mumbai e Nova Délhi (Índia) etc.	Europa; Ásia; África; Oceania; América.

Fonte: Ascensão..., 2011, p. 52-53.

Quando se observam os mapas territoriais dos cinco continentes já a partir de 1950, é possível notar que as cidades com mais de 1 milhão de habitantes eram raras até o início daquele século. Em cinco décadas, portanto, a urbanização acelerou e não demorou para fincar, nessa corrida, cidades com a marca dos 10 milhões de habitantes, cifra cada vez mais presente, fazendo surgir, nos anos 1990, o termo **megacidade**. Tal conceito define uma cidade considerando o quantitativo populacional das regiões metropolitanas formadas pelo núcleo urbano principal (a metrópole) mais as áreas vizinhas; o crescimento das metrópoles, por sua vez, criou o fenômeno das **megalópoles**, ou aglomeração de diversas metrópoles.

Figura 1.1 – Capital do Japão, Tóquio

Hoje, Tóquio abriga 37,8 milhões de habitantes, sendo a maior cidade do planeta, ou metacidade, como hoje é definida, pelo quantitativo de mais de 30 milhões de habitantes. Até 2030, segundo a ONU, as cidades que mais se expandirão estão localizadas nos continentes asiático e africano, pelo fato de contarem, nos dias atuais, com os maiores índices mundiais de população rural, que será inexoravelmente atingida pela urbanização.

No contexto de adensamento demográfico dos espaços urbanos, outros critérios, entretanto, passaram a medir os padrões definidores das cidades atuais que não apenas o número absoluto de habitantes por superfície territorial ocupada. Ao lado dos valores quantitativos e demográficos, há os índices considerados qualitativos, entre os quais se destaca o de **cidade global**. Vejamos o trecho a seguir para apreender o contexto de surgimento desse conceito, o qual se refere às metrópoles mundiais:

As transformações na economia mundial teriam conduzido a uma crise da centralidade econômica daquelas metrópoles que perderam o controle sobre as atividades industriais, porque as empresas por elas responsáveis, favorecidas pelo desenvolvimento das novas tecnologias de comunicação e informação, passaram a dispor de maior flexibilidade para escolher os lugares de menor custo para suas sedes. A crise fiscal consequente, o aumento do desemprego, a ausência de solução para os problemas urbanos agora acrescidos, somaram-se aos demais como ingredientes preocupantes que colocavam em xeque o futuro das metrópoles. Paralelamente ao diagnóstico da crise, identificava-se uma mudança no perfil das metrópoles [...] que, em substituição às atividades industriais, passavam a sediar empresas de prestação de serviços altamente especializados, ligados em sua maioria ao setor financeiro e da informação e de origem quase sempre transnacional. Se, por um lado, as metrópoles pareciam caminhar para um futuro incerto, por outro, readquiriam importância estratégica como locais destinados ao setor terciário, acompanhando a mudança de direção da economia mundial. Não se tratava, portanto, da perda de sua centralidade econômica, mas de sua ressignificação no interior do sistema produtivo internacional. Essas metrópoles assim re-significadas se passou a chamar de *cidade global* (Sassen, 1998; Levy, 1997; Marques e Torres, 1997). (Carvalho, 2000, p. 71, grifo do original)

Portanto, se a industrialização é um dos vetores fundamentais do crescimento das aglomerações urbanas que se transformariam em cidades com alta densidade demográfica, como a Londres já do início do século XIX (conforme visto no Quadro 1.1), a descentralização das atividades industriais em decorrência dos avanços das tecnologias da informação, como a internet, a partir da década de 1970, mudaria o perfil dessas metrópoles do então chamado Primeiro Mundo nascidas no bojo do processo de produção em larga escala deflagrado com a

Revolução Industrial. Nesse contexto, os serviços do setor terciário da economia passam a ser o carro-chefe, transformando o perfil histórico das cidades industrializadas e, por outro lado, acirrando problemas urbanos preexistentes, como o desemprego, acrescendo a eles outras questões, a exemplo das diferenças gritantes que se impuseram entre a remuneração desses novos e inovadores serviços altamente especializados e os demais, os quais não requerem qualificação.

Índices qualitativos das cidades

O Índice Global das Cidades foi lançado em 2008 e utiliza quatro métricas para classificar as cidades como globais: economia, meio ambiente, inovação e transporte. A combinação desses fatores estabelece uma hierarquia entre tais cidades, encabeçada pelas mais influentes no sistema internacional, considerando associações entre a importância política, a experiência cultural, a troca de informações, o capital humano e a atividade econômica.

Cidades criativas: o que são?

Em 2004, a Organização das Nações Unidades para a Educação, Ciência e a Cultura (Unesco) lançou o projeto **Rede de Cidades Criativas**, com o intuito de promover a melhoria da qualidade de vida nas cidades mundiais pelo estímulo da criatividade como meio da revitalização urbana. Cada cidade descobre e desenvolve suas maiores vocações, entre os setores da economia criativa (patrimônio, artes, mídias e criações funcionais), gerindo o ambiente urbano por meio da cultura, e não somente mediante as atividades econômicas tradicionais. No Brasil de hoje, são consideradas cidades criativas as seguintes: Florianópolis/SC (modalidade gastronomia); Curitiba/PR (modalidade *design*); Belém/PA (modalidade gastronomia); Salvador/BA; (modalidade música); Santos/SP (modalidade cinema); Paraty/RJ (modalidade gastronomia); Brasília/DF (modalidade *design*); João Pessoa/PB (modalidade artesanato e arte popular); Belo Horizonte/MG (modalidade gastronomia); Fortaleza/CE (modalidade *design*); Recife/PE)modalidade música); e Campina Grande/PB (modalidade artes midiáticas).

Para ver o mapa da rede das cidades criativas da Unesco, acesse: <https://en.unesco.org/creative-cities/creative-cities-map>.

Essas transformações de caráter econômico e a nova divisão do trabalho não industrializado seriam acompanhadas de intervenções planejadas nos espaços físicos das cidades globalizadas, com a finalidade estratégica de enfrentar tais mudanças estruturais. O objetivo principal era o de torná-las competitivas para receberem, cada vez mais, os bônus de uma economia globalizada, mediante investimentos prioritários em infraestruturas de comunicação, para eventos de grande porte, facilitação de acesso aos meios internacionais de transporte e recuperação de áreas culturais.

Classificações como as de cidades criativas e cidades inteligentes (uso dos dispositivos de internet das coisas nos meios urbanos) são formas de buscar um equilíbrio entre as estratégias planificadas mundiais aplicadas nas cidades globais, ou megacidades, e as capacidades humanas locais. Os elementos capazes de alçar um aglomerado urbano à condição de cidade inteligente são, entre outros, o fortalecimento da educação formal, a sustentabilidade e a economia do conhecimento, todos tomando a cidadania como o pilar de fundamentação, aproximando-se de um paradigma mais humanístico para as cidades contemporâneas.[1]

Mas, se, para a ONU, um aglomerado urbano pode ser definido como cidade desde que abrigue mais de 50 mil habitantes; se, para o IBGE, os densos aglomerados urbanos com acesso a serviços complexos definem o que é cidade; se, hoje, há qualificações, índices e planejamentos estratégicos especiais para os diferentes aglomerados

---

1   O *Centro de Estudos e Debates Estratégicos da Câmara dos Deputados* (2021, p. 21) propôs o seguinte conceito de cidade inteligente: "*Cidade inteligente é o espaço urbano orientado para o investimento em capital humano e social, o desenvolvimento econômico sustentável e o uso de tecnologias disponíveis para aprimorar e interconectar os serviços e a infraestrutura das cidades, de modo inclusivo, participativo, transparente e inovador, com foco na elevação da qualidade de vida e do bem-estar dos cidadãos*"

urbanos, como cidades globais, megacidades, megalópoles e metacidades, cidades criativas e inteligentes, talvez os critérios de seus habitantes possam se apresentar de forma mais crítica e subjetiva, de acordo com o capital humano de cada local.

A geógrafa urbana Ana Fani A. Carlos afirma que, no Brasil, mais de 80% das pessoas relacionam o conceito de cidade à concretude das coisas, como ruas, prédios, carros, multidões e o congestionamento diário do trânsito caótico (Carlos, 1992, p. 11). Ao caminharmos com mais atenção pelas ruas de nossas cidades, no entanto, podemos logo perceber variadas manifestações discursivas em meio ao concreto, como os recados pichados e grafitados nos muros, os cartazes lambe-lambes colados nos postes, os poemas inscritos ou pichados em paredes e escadarias, as estátuas vivas e outras *performances* artísticas que circulam pelas ruas, interferindo no espaço físico urbano. São modos de dialogar com a cidade que promovem uma mediação entre seus habitantes e o espaço urbano caótico das grandes cidades, redesenhando com outras visões e técnicas variadas aquilo que os critérios classificatórios internacionais não captam com precisão em seus índices quantitativos e mesmo qualitativos. Contudo, essas variadas perspectivas subjetivas podem ser apreendidas pelos estudos reflexivos sobre a cidade, incluindo os desenvolvidos pelo profissional da História, o qual abarca fontes primárias de natureza diversa (visuais, literárias, artísticas etc.) para lograr sua atividade. A partir de agora, desse modo, nossa missão é contextualizar os estudos históricos das cidades ao longo do tempo, buscando compreender o que é cidade sob o enfoque da História Urbana.

Figura 1.2 – Casas com fachadas grafitadas

Torontonian / Alamy / Fotoarena

Definir o que é cidade com base em um conceito único, objetivo, homogêneo e definitivo não é fácil, mas os critérios vistos até aqui foram sendo construídos à medida que o fenômeno da urbanização se agudizava e se disseminava por diferentes partes do globo, o que significa dizer que o entendimento das cidades de hoje está mais estreitamente ligado ao contexto da industrialização desenvolvida desde dois séculos atrás – e que provocou, entre outros diversos efeitos, o da concentração urbana – do que ao das cidades do passado mais remoto, pré-industriais.

Em meados do século XX, justamente com o objetivo de refletir acerca das relações entre sociedade, urbanização e industrialização, surgiriam, na década de 1960, os estudos multidisciplinares de História Urbana, primeiro em países como os Estados Unidos e no Reino Unido, mobilizando e articulando não apenas historiadores, mas também demógrafos, geógrafos e cientistas sociais. Antes disso, a denominada História do Urbanismo desenvolveu-se nas áreas da arquitetura e urbanismo e da história da arte com o intuito de estudar os aspectos estéticos e formais dos espaços urbanos, portanto desvinculados da atenção às esferas sociais e econômicas. Ainda antes daquela década, como veremos na sequência, alguns historiadores voltaram-se para o fenômeno urbano, sem constituírem, todavia, um campo teórico comum ou se identificarem coletivamente com o termo *história urbana*.

Mas, nos primórdios dos anos 1960, nos Estados Unidos e no Reino Unido, surgiriam linhagens de pesquisa e publicações especialmente dedicadas ao estudo histórico do urbano, a exemplo do Grupo de História Urbana da Universidade de Leicester, na Inglaterra, o qual logo criou, em 1963, a própria revista periódica especializada, a *Urban History Newsletter*, desenrolando conferências internacionais e publicações de fôlego. Para o urbanista Luís Octávio da Silva, três foram as questões colocadas em cena nesse marco epistemológico, as chamadas "reflexões fundadoras" da História Urbana, como esse autor classifica: "a. o balanço, categorização e análise da produção historiográfica já existente; b. a procura de uma definição do que seria a história urbana, em especial no que diz respeito à sua relação com o resto das ciências sociais; c. a definição de um programa/agenda de pesquisa" (Silva, 2002, p. 33-34).

Com base nesses pontos inaugurais, o que caracteriza a História Urbana, desde então, é a inevitabilidade das contribuições de disciplinas afins ao tema, o que já marcava, aliás, a História como campo científico, conforme também observaremos na próxima seção. Por outro lado, concomitantemente, despontariam críticas a algumas definições da História Urbana, como o conceito de cidade atrelado à passagem do feudalismo ao capitalismo, ou seja, à interpretação majoritária de que a cidade moderna é fruto exclusivamente das relações capitalistas. Vários autores europeus, sobretudo ingleses e franceses, questionaram essa perspectiva de a cidade ser, automaticamente, algo oposto ao perfil da sociedade feudal (isso será observado no Capítulo 2 deste livro).

Em terreno norte-americano, seguindo os passos da revisão compartilhada por Luís Octávio da Silva sobre a constituição da História Urbana, o marco, nesse caso, é o ano de 1968, quando a Universidade de Yale organizou um grande evento para debater as cidades industriais do século XIX. Assim como fora no Reino Unido, tal marco é o esforço de aglutinar num campo comum diversos trabalhos disciplinares cujos temas eram o fenômeno urbano, divulgando-os em periódicos científicos próprios. O coletivo dessa universidade nasceu sob a denominação de Nova História Urbana, cujos pontos centrais também são apresentados por Silva (2002, p. 38), a saber: "a procura do estabelecimento de 'pontes' entre os dados históricos e outras disciplinas das ciências sociais, em particular com a teoria sociológica; a aplicação de abordagens quantitativas; e o interesse por aspectos das experiências quotidianas".

Se, no caso inglês, um dos setores mais importantes para o diálogo foi o viés econômico, com o objetivo de compreender o processo da constituição das cidades modernas no compasso da derrubada do feudalismo e do nascimento das relações capitalistas de mercado, os historiadores urbanos norte-americanos selecionaram a sociologia como o principal interlocutor, com isso enfatizando temas como a mobilidade social urbana em relação à organização espacial e as experiências do cotidiano dessa população em movimento.

A História Urbana chegou aos anos 1980 sendo alvo de um balanço de sua produção intelectual de apenas duas décadas, trazendo a certeza da aplicação de mudanças de rumos para o fortalecimento dos olhares múltiplos e da necessidade de realização de estudos comparativos, descentralizando os recursos humanos e financeiros para que outros locais fossem objetos de investigação a respeito do desenvolvimento do fenômeno urbano. Entretanto, tanto a França quanto a Alemanha se transformaram em palcos da História Urbana, acrescentando ao debate novos aspectos, como a ênfase sobre a análise do cotidiano das sociedades, reforçando o que havia sido um dos pilares da Nova História Urbana. A História Urbana, portanto, conclui Silva (2002, p. 42), é profundamente marcada por "várias modalidades historiográficas, eventualmente constituindo saberes específicos", e o conceito de cidade é um elemento a mais a configurar essas várias facetas possíveis, isto é, se a cidade é objeto de disciplinas múltiplas que dialogam entre si, também o é de diferentes abordagens dentro do campo especializado da História. Essa diversidade de perspectivas historiográficas será vista a seguir, com o objetivo de elucidar as raízes dos estudos sobre o fenômeno urbano.

(1.2)
A CIDADE COMO OBJETO DA HISTÓRIA

A disciplina de História, como um ramo da árvore da ciência, estabeleceu-se na segunda metade do século XIX, no mesmo contexto em que as cidades se dinamizavam e se transformavam pelos grandes contingentes de populações que então migravam para centros urbanos em busca de trabalho nos ambientes industrializados, fugindo do empobrecimento da vida no campo. O desenvolvimento do "método histórico científico" se afastou da filosofia e de outros pensamentos metafísicos contemporâneos e colocou sua âncora na observação do "fato realmente acontecido", deixando para outros saberes o questionamento a respeito da essência do ser humano, do "sentido da vida" (Reis, 2006).

A História Científica foi marcada por uma atitude positiva em relação ao passado por revelar as diferenças entre os tempos históricos, atitude esta baseada no testemunho "neutro" dos fatos acontecidos, sendo seus praticantes denominados *positivistas*. Estes, no entanto, não poderiam fugir a certa abstração, como pretendido idealmente, segundo nos explica o professor José Carlos Reis (2006, p. 37):

> os historiadores-cientistas estavam impregnados de metafísica. Eles não podiam abordar seu material sem pressuposições, que continuavam ainda a ter uma origem filosófica, especulativa. Os historiadores-cientistas só eram antifilosóficos em suas declarações. Na prática, ocultavam sua dependência de ideias e conceitos da filosofia da história.

Ou seja, para que serve a História, sob qual ponto de vista ela será explicada e outras questões mais interpretativas e especulativas faziam parte, sim, do pano de fundo do surgimento da História Científica, apesar de não explicitadas em seu método positivo pretensamente neutro. Exemplo disso é a ênfase da referência europeia na escrita dessa História Científica, a qual foi assentada sobre os *corpus* de documentos oficiais das nações daquele continente, como centro explicativo e civilizador da história universal, fazendo parte dessa perspectiva a crença no progresso eurocêntrico; portanto, uma filosofia da história, uma história com determinado sentido. O progresso liberal e industrial hegemônico do Oitocentos passou a ser a "verdade" daquele século, o XIX, conhecido, também, como o século da História.

A principal linha do pensamento científico daquele período de nascimento da disciplina de História, o positivismo, tinha como característica essencial a defesa de que o progresso deveria basear-se na ordem, promovendo uma harmonia entre as diferentes classes sociais. Apreendida como uma lei natural da história, tal harmonia deveria estar presente nos escritos científicos, sendo a Europa o exemplo máximo disso e a burguesia industrial o pilar sobre o qual essa harmonia se sustentaria. Outras escolas históricas se aproximaram do perfil positivista, mas acabaram por desenvolver traços próprios, como a Escola Metódica Francesa, cujas características foram o rigor do método investigativo, a atenção prioritária aos documentos classificados como fontes primárias, ou próximas à origem da informação e sem mediações, e a divulgação do conhecimento histórico na educação formal para a constituição da identidade nacional.

Um dos historiadores proeminentes da Escola Metódica Francesa é Fustel de Coulanges (1830-1889), especialista em história antiga e medieval e considerado um dos pioneiros a se dedicar ao tema da cidade em seu livro *A cidade antiga*, publicado em 1864. Quais perguntas esse historiador francês direcionou a esse objeto específico e o que esperava encontrar ao estudar o passado da cidade? Antes de tudo, a questão urgente de seu tempo era o da formação do sentimento nacional francês então ameaçado por disputas territoriais com outros países europeus que também se consolidavam como nações. Para tanto, como defensor da França, Coulanges entendia ser preciso um movimento intelectual de afastamento o quanto possível das experiências do tempo presente em perigo, atingindo outros períodos, nesse caso o antigo, para filiar seu país a determinado passado o mais estável e enraizado possível nas "origens da civilização".

Fustel de Coulanges postulou que a cidade deveria ser considerada o elemento estratégico em direção à organização institucional do Estado-nação, daí sua proposta metodológica de observar a organização das cidades-Estados gregas e das formas republicanas urbanas romanas no processo de desenvolvimento que foi da família à cidade, esta última sendo a base do modo de vida urbano por ter a função de abrigar a atividade política e alçá-la ao patamar do espaço público. Esse olhar para a cidade como objeto da história deu à Antiguidade um significado moderno, entendendo a existência material da cidade antiga como prova de sua relação explicativa da formação nacional mais complexa surgida no século XIX, o Estado-nação.

Nesse processo de perfil evolutivo, Fustel de Coulanges interpretou a religião como central, sendo por ele tratada na categoria de instituição definidora do conceito de cidade. À medida que os deuses deixam de ser cultuados apenas no âmbito familiar (deuses domésticos ligados aos ancestrais de determinada família) e passam a ser universais, ou seja, adquirem importância para além dos grupos familiares e são cultuados em templos, a cidade vai ganhando outra dimensão, nela reunindo as formas associativas mais tradicionais (famílias, fratrias e tribos) num espaço público compartilhado (como a pólis grega) e institucionalizado por meio de leis. Portanto, a cidade seria uma confederação religiosa e política das famílias e das tribos, as quais tinham transmitido seus poderes privativos para a alçada da administração da cidade (Moerbeck, 2019). Assim, Coulanges trabalhou com dois termos, *ville* e *urb*, sendo o primeiro deles o nosso equivalente ao termo *cidade* e significando o local físico-geográfico ocupado pelas famílias, as quais se reúnem em torno de uma *urb* (urbe) com a finalidade de compartilhar instituições, como as políticas, as religiosas e as promotoras das leis.

Interessante observar, ainda, a influência dessa historiografia europeia do século XIX na escrita cientificista da história do Brasil, a qual estava se constituindo nesse período: "Investia-se cada vez mais na ideia de que a mesma objetividade com que os cientistas estudavam a natureza ou os fenômenos físicos poderia ser aplicada de alguma maneira ao estudo dos fatos sociais" (Barros, 2010, p. 459). Como apreender, via tal método científico rigoroso, as particularidades e os contrastes profundos presentes na sociedade brasileira diante de modelos explicativos universais? O exemplo de Capistrano de Abreu (1853-1927), considerado um dos precursores da historiografia moderna brasileira, é importante e merece atenção, tendo a potencialidade de tornar inteligível esse embate entre leis científicas gerais e especificidades nacionais. Esse autor publicou seus primeiros escritos no contexto da crise do Império do Brasil e do sistema escravista; logo, suas perguntas em direção ao passado carregavam o viés de um presente em profundas transformações estruturais. Apesar de ter se apresentado, em sua formação inicial, conforme observa José D'Assunção Barros, na condição de aliado da História Científica de cunho positivista, mediante a valorização do aspecto político para a interpretação de uma sociedade, na década de 1880, em sua maturidade intelectual, houve uma mudança de rumo em sua trajetória e produção, tendenciando à aplicação do método histórico alemão e francês, ou seja, procurando "ouvir" com rigor a documentação primária para, somente então, extrair conclusões e interpretações, inclusive ampliando o olhar analítico para além da esfera da política.

Ronald Raminelli (1997), em seu artigo "História urbana", insere esses dois historiadores, Fustel de Coulanges e Capistrano de Abreu, no rol dos primeiros estudiosos do campo da História Científica sobre a cidade, cada qual em seus contextos próprios, mas ambos responsáveis por análises tradicionalmente referenciadas na escrita posterior dessa linha de investigação, respectivamente europeia e brasileira: Coulanges partiu para o exame da cidade desde a grande questão da formação da nacionalidade francesa por meio de um Estado-Nação, tomando como referência a Antiguidade greco-romana; Capistrano de Abreu se direcionou para observar as características culturais do povo que compunha a nação chamada Brasil, fixando seus estudos na perspectiva social, tomando como tema central a diversidade da população brasileira como ponto de arrancada. A obra mais relevante, nesse sentido, é *Capítulos de história colonial*, de 1907, na qual a leitura de fontes primárias deixa surgir acontecimentos imprevistos questionadores da tradição historiográfica construída no Brasil desde meados do século XIX, escolhendo-se como protagonistas não o Estado e seus administradores, e sim o povo. Desse modo, Capistrano de Abreu não promoveu a exaltação dos colonizadores portugueses em sua expansão marítima imperial como semente do Brasil contemporâneo, mas a constituição de um povo em particular, o mestiço; tampouco defendeu a harmonia entre os indígenas, os negros africanos e os portugueses, mas destacou os conflitos entre eles. Nessa abordagem inovadora, Abreu trouxe, ainda, objetos secundários ligados ao tema da cidade, como as sesmarias e os municípios. Para Raminelli (1997, p. 158), no entanto, quanto à formação das cidades coloniais propriamente ditas, esse historiador as compreendeu "como um mero aparelho administrativo, ou um meio caminho entre os engenhos e os centros europeus de comercialização do açúcar", perspectiva esta que permaneceria por um bom tempo presente na escrita da história da cidade no Brasil.

Essa interpretação de Raminelli sobre o ponto de vista de Capistrano de Abreu foi reforçada no verbete *cidade* que faz parte do *Dicionário do Brasil Colonial (1500-1808)* – lançado no significativo ano 2000, quando se completaram cinco séculos de nossa história contada a partir da colonização, pela Coroa de Portugal, deste território que hoje é o Brasil. Até a década de 1980, os estudos históricos brasileiros coincidiam em ver a cidade colonial como uma sombra do mundo rural, o qual era dinamizado pela atividade econômica dos senhores de engenho e sustentáculo das relações entre centro e periferia, entre colônia e metrópole, entre senhor e escravo (Raminelli, 2000). Tal visão apenas se transformaria a partir daquela década, quando

> a historiografia tem procurado explorar novas perspectivas da cidade colonial. Se é verdade que, no conjunto, as vilas e as cidades desempenharam papel secundário na economia colonial, foram muito importantes em outras esferas da sociedade. As funções políticas e religiosas presentes nas cidades nos permitem compreender a colônia não somente em relação ao mundo rural e à dimensão econômica da colonização. A cidade colonial fornece subsídios para a construção de um passado que não se reduz à dicotomia entre senhores e escravos, entre a casa-grande e a senzala, pois ilumina o cotidiano de outros segmentos sociais, homens livres pobres, libertos, vadios. (Raminelli, 2000, p. 120)

Assim, a construção histórico-analítica do passado a partir da cidade – tanto no exemplo europeu, com o livro *A cidade antiga*, de Fustel de Coulanges, quanto no modelo de Capistrano de Abreu, que valorizou temas próximos a esse objeto, como as sesmarias e os municípios, bem como as vilas e cidades fundadas no interior do território – deu seus primeiros passos ao explicar as respectivas formações nacionais do século XIX; um presente ligado ao passado da Antiguidade Clássica e outro articulado à fase colonial do Império Marítimo Português mercantilista.

O desenvolvimento da História como disciplina, mediante a introdução de novos questionamentos e o acolhimento de fontes de pesquisa mais diversas, e não somente as de cunho oficial, incluindo as de natureza pessoal, além de imagens, jornais, textos literários etc. (que veremos com mais detalhes no último capítulo deste livro), acarretou novos desdobramentos a respeito da cidade, a qual passará a ser vista como um espaço social mais complexo, no qual justamente abrigava, e abriga, a diversidade que tanto chamou a atenção de Capistrano de Abreu, trazendo à luz interpretativa segmentos da sociedade colonial entre os polos opostos da unidade senhor-escravo.

A complexidade da estrutura social das cidades, portanto, foi em grande parte revelada a partir dessa diversidade de material empírico, resultando na organização de diferentes teorias e metodologias para dar conta dessa abundância de fontes. Raminelli (1997, p. 149), no artigo já mencionado, apontou algumas dessas linhas de interpretação que foram se constituindo para dar conta de abarcar a complexidade dos espaços urbanos: "(1) As funções da cidade e seu vínculo com o fomento da urbanização; (2) os efeitos da vida urbana sobre os ciclos vitais dos indivíduos, sobre o trabalho e a família; (3) as mudanças espaciais e ecológicas na cidade, provocadas pelo desenvolvimento econômico e social".

É possível notar, mais uma vez, a relevância dos aspectos ligados ao processo de urbanização na formação das linhagens da História Urbana, assim como acontecera nos Estados Unidos e na Europa; dos impactos do adensamento das cidades mediante o crescimento da economia que cada vez mais se capitalizava por meio da indústria, da fábrica e da mão de obra operária. Todavia, nem sempre há um efeito imediato como resultado da relação entre industrialização e urbanização, algo que a inovação nos estudos sobre a cidade vem apontando, ou seja, tal relação não é universal e simultânea, pois o crescimento da população urbana também se apresenta em regiões não industrializadas, ou tardiamente industrializadas em referência aos centros onde tal processo se iniciou, o que expõe a força do estilo de vida urbana mesmo em locais ligados a outras atividades, como o setor de serviços, sobrepujando o estilo de vida rural. Outro dado importante, e já ligeiramente mencionado neste capítulo na legenda da Figura 1.1, com a imagem da cidade de Tóquio, diz respeito ao crescimento global projetado para ocorrer, pelos próximos 90 anos, nas cidades consideradas em desenvolvimento, com um número significativo delas localizadas no continente africano, crescimento este ainda marcado por radicais desigualdades sociais. Nas principais cidades da África, como Lagos (capital da Nigéria) e Cairo (capital do Egito), cerca de 70% dos habitantes residem em habitações precarizadas, marginalizadas e em territórios irregulares.

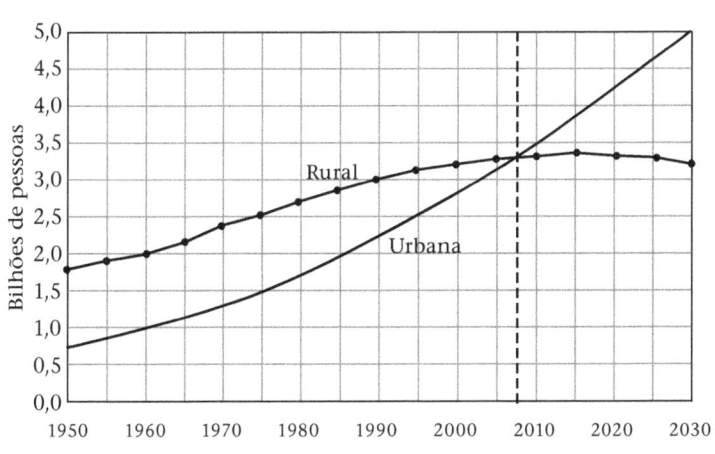

Gráfico 1.1 – Evolução da população urbana e rural no mundo

Fonte: ONU, 2016.

Gráfico 1.2 – Estimativas da população mundial para os anos 2017, 2030, 2050 e 2100

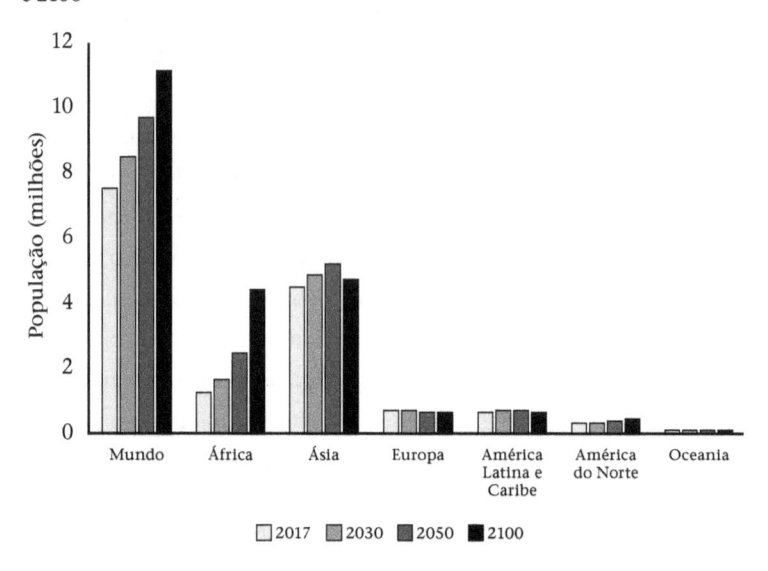

[Gráfico de barras mostrando População (milhões) para Mundo, África, Ásia, Europa, América Latina e Caribe, América do Norte e Oceania nos anos 2017, 2030, 2050 e 2100]

Importante notar o alto crescimento populacional dos continentes asiático e africano.

Fonte: Guevane, 2017.

O Brasil, por sua vez, apresentou um ritmo de urbanização crescente, desde a segunda metade do século XX, mesmo em contextos de crise econômica, como os acontecidos nas décadas de 1980 e 1990. Isso é demonstrado pelas séries estatísticas populacionais, que estão disponíveis aos pesquisadores interessados nesse tema, como uma das possíveis fontes de estudo.[2]

Ao concordarmos, por outro lado, com o fato de que a urbanização foi impulsionada, em grande medida, pelo processo de industrialização, esse contexto que reúne capitalismo industrial, crescimento das cidades, planejamento urbano, acirramento das desigualdades sociais, modernidade e constituição de um estilo de vida urbano é um conjunto de fatores que interessa à historiografia brasileira em sua aproximação das questões urbanas e, claro, para tentar compreender as condições apresentadas no tempo presente pelas cidades brasileiras. Tal aproximação é o que estudaremos a seguir, não sem antes buscarmos analisar como o profissional da História se relaciona com a categoria espaço junto à de tempo.

(1.3)
O OLHAR DO PROFISSIONAL DA HISTÓRIA E DA HISTORIOGRAFIA SOBRE O ESPAÇO

[...] a história é a ciência dos homens, no tempo.
(Marc Bloch, 2001, p. 55)

Quando o historiador medievalista francês Marc Bloch (1886-1944) criou essa definição científica da História, tal disciplina então experimentava uma mudança significativa, tendo a Geografia

---

2   *Para saber mais sobre a história dos censos demográficos no Brasil, desde o período imperial, consulte a página da Memória do IBGE, disponível em: <https://memoria.ibge.gov.br/historia-do-ibge/historico-dos-censos/censos-demograficos.html>. Acesso em: 22 ago. 2023.*
Sobre dados históricos, artigos, teses e demais bibliografias do Brasil Urbano, veja: <https://urbandatabrasil.fflch.usp.br/>. Acesso em: 22 ago. 2023.

desempenhado um peso considerável nesse processo transformador. Isso porque uma das características impressas na tendência da qual Bloch fora cofundador junto com o historiador Lucien Febvre (1878-1956), a Escola dos *Annales*[3], é a multidisciplinaridade, que se tornou um legado para a própria História Urbana.

Configurando-se como uma História Moderna em comparação com a História Positivista do século XIX – para a qual a narração feita seguindo a linearidade cronológica dos fatos oficiais impressos nos documentos bastava para se construir uma "verdade" histórica" –, os *Annales* trouxeram novos métodos e objetos à cena da pesquisa e da escrita históricas. Com isso, foram sendo introduzidas outras perguntas ao passado, e por meio de fontes de pesquisa variadas e não restritas ao que o poder constituído deixava registrado nos documentos públicos, em decorrência de suas atividades e atribuições. Nessa renovação historiográfica, da Geografia foram emprestados importantes conceitos, com ênfase para o de espaço.

O espaço físico é a porta principal de entrada da História Moderna da perspectiva construída pelo historiador francês Fernand Braudel (1902-1985). Um dos principais nomes da segunda geração da Escola dos *Annales*, Braudel deu continuidade ao diálogo com a Geografia estabelecido na primeira geração dessa corrente, explorando, entre outros, o conceito de espaço. Porém, esse espaço não seria apenas aquele da materialidade sobre uma superfície terrestre, mas também o da produção e do uso que dele é feito pelas sociedades ao longo do

---

3   A Escola dos Annales *é um movimento historiográfico nascido na França, no final da década de 1920, a partir da revista* Annales d'Histoire Économique et Sociale, *criada pelos historiadores Marc Bloch e Lucien Febvre em 1929. Seu principal impulso foi o de superar a escrita positivista da História por meio de análises de processos históricos mais longos e não apenas desde a esfera da política, mas abrigando outros aspectos, inclusive culturais.*

tempo, afastando-se o determinismo geográfico e compreendendo-se as relações entre o ser humano e o meio ambiente como uma relação de troca de mão dupla, ou seja, uma interação nos dois sentidos, um elemento transformando o outro.

Entre os novos marcos historiográficos postulados pelos *Annales*, ao promoverem uma virada em relação à visão positivista da História, está a compreensão de que diferentes espaços portam temporalidades diferentes, não deixando escapar a qualquer análise histórica a imbricação específica entre espaço e tempo. Se a Geografia ajudou a historiografia moderna a pensar o espaço como algo não determinante sobre os grupos sociais, as ciências sociais, também desenvolvidas a partir do século XIX, promoveram uma mudança na concepção do próprio tempo histórico, criticando a cronologia linear do calendário, ou melhor, compreendendo-a como algo não neutro, mas também construído culturalmente.

> Os Annales [...] se mostrariam sensíveis a essa argumentação das ciências sociais sobre o tempo histórico e empreenderiam a reconstrução desse conceito. Sob a influência das ciências sociais, a história, antes estudo exclusivo da sucessão dos eventos, da mudança, da passagem do passado ao futuro, da diferença temporal sucessiva, e que sempre privilegiou o evento e quis ser uma descrição da mudança, seria obrigada a incluir em seu conceito de tempo a **permanência**, a simultaneidade. (Reis, 2006, p. 198, grifo da autora)

Da sequência cronológica dos acontecimentos avulsos ao acolhimento de estruturas de permanência, aceitando-se a simultaneidade entre mudança e constância, houve uma modificação significativa na conceituação desse instrumento tão caro à história, o tempo histórico, o qual passa, então, a ter três dimensões. Foi Braudel quem aplicou esses diferentes ritmos históricos na análise histórica, a saber: a curta, a média e a longa duração. Essas temporalidades, entretanto, precisavam ser apreendidas em um mesmo conjunto, e a escrita da história passou a ser o resultado da articulação analítica, reflexiva, desses diversos ritmos, do conflito gerado entre os diferentes tempos ao se observarem certa sociedade e o espaço ocupado e produzido por ela.

Na verdade, desde o olhar de Marc Bloch já se percebera a força das estruturas sociais de longa duração, movimentadas lentamente dadas as dificuldades impostas, por exemplo, diante da conquista de um espaço físico-geográfico pelos grupos sociais. Para Braudel, isso se tornou central, e o controle da natureza é apenas revelado na longa duração plurissecular; o embate duradouro ao longo dos séculos entre os grupos sociais e a conquista do espaço vai desembocar na multiplicação das cidades, as quais tornam o espaço cada vez mais denso, cada vez mais repleto de pessoas, objetos, redes materiais e imateriais, atestado pelos altos índices de urbanização em todo o globo terrestre.

Antropoceno

A fim de explicar a presença maciça da humanidade no globo, nos anos 1980 entrou em cena o termo *Antropoceno*, divulgado e popularizado na década seguinte pelo Prêmio Nobel de Química Paul Crutzen para nomear uma nova era geológica, na qual a atividade humana tem causado profundas e aceleradas transformações na dinâmica ambiental do planeta Terra em termos físicos, químicos e biológicos, estando no centro desse debate o fenômeno do aquecimento climático global. Conforme essa perspectiva, estaríamos na passagem do Holoceno (iniciado há 11,5 mil anos após a última deglaciação), quando se deu o desenvolvimento das sociedades humanas, para um novo tempo geológico, o Antropoceno, época na qual o futuro da humanidade será decidido. As cidades, por abrigarem a maior parte da humanidade até 2050, estão no centro dessas mudanças radicais e dessa possibilidade de sobrevivência.

A escola francesa *Annales* foi, em grande parte, responsável por marcar a História Moderna com o *status* de ciências sociais, como uma disciplina que se constituía ao mesmo tempo que se contestava a tradição alemã de estudo do exclusivamente político e das nações e seus heróis nacionais. Esses temas eram os alvos da Geografia Política da Escola de Geografia Alemã, composta por autores como Leopold von Ranke (1795-1886) e que visava reconstituir o passado tal qual o fora, um reflexo daquilo que os documentos oficiais contavam numa sequência cronológica linear, de modo semelhante à escrita positivista da História.

O pensamento geográfico adotado por Braudel foi, ao contrário, o da perspectiva desenvolvida por Vidal de La Blache (1845-1918), considerado o pai da Geografia Moderna, ou Geografia Humana, criador da Escola Francesa de Geografia e autor da expressão *gênero de vida*. Tal conceito buscava explicar como determinado grupo social manipulara as possibilidades ambientais oferecidas, criando uma região homogênea e particular em relação a qualquer outra, libertando a ação humana de relações determinadas de causas e efeitos e diversificando culturalmente as paisagens.

Braudel foi o historiador dos *Annales* que mais se destacou no uso das noções geográficas oriundas da escola de Vidal de La Blache, estabelecendo o espaço geográfico como elemento fundamental de suas análises históricas, instaurando o conceito de geo-história e promovendo a continuidade do diálogo estreito com a disciplina de Geografia. Para Braudel, a própria paisagem tornou-se um tipo de fonte histórica, articulando o espaço geográfico à temporalidade de longa duração, ou melhor, ao selecionar o aspecto geográfico como porta de entrada para o estudo de um objeto específico de pesquisa o historiador deu preferência ao tempo longo como a fase inicial de sua análise, justamente impresso na paisagem natural.

Braudel não aparta sociedade e espaço: a história não acontece primeiro para, no momento seguinte, deparar-se com o espaço. Sua lição para as ciências humanas versa que a história das sociedades é simultaneamente temporal e espacial e que o espaço, embora alterado, apresenta-se como uma estrutura da história. É dos laços entre as sociedades e seus espaços que Braudel apreende os diferentes ritmos da história. Em outras palavras, uma mudança de escala pode ser também uma mudança de temporalidade. Por isso sua geo-história é multiescalar, pois espaço é sinônimo de diversidade, de conexão, de redes entrelaçadas – noções que põem em xeque o tempo linear e as filosofias do progresso. (Ribeiro, 2015, p. 608)

Os *Annales* perceberam que as mudanças tendiam a ser conservadoras, a controlar as rupturas drásticas, preservando a paisagem natural, os costumes, as tradições e as construções. O resultado dessa lenta conquista do meio geográfico por meio das possibilidades que este oferece aos grupos sociais é, para Braudel, sinônimo de civilização: ação humana, espaço e tempo são, portanto, elementos indissociáveis e inseparáveis.

Outro conceito derivado da geografia da linhagem de Vidal de Blache e que adentrou o terreno da historiografia é o de região, responsável pelo desenvolvimento da História Local, ou História Regional, na França dos anos 1950. Nessa perspectiva, a região, considerada uma área geográfica unida por elementos comuns que a particularizam em relação a outra área, seria o resultado parcial de combinações específicas e variadas entre o meio ambiente e a ação humana. Contudo, uma nação, por exemplo, não deveria simplesmente ser vista como a somatória das regiões que a compõem, e sim como um território complexo formado por localidades superpostas; ou, do ponto de vista braudeliano, por tempos e espaços sobrepostos em decorrência da interação entre meio e grupo social nos respectivos ritmos de duração (curta, média e duradoura). Apesar dessa ressalva, a História Local francesa produziu fortemente pesquisas cuja finalidade principal era esclarecer de que maneira a identidade nacional era localizada e reproduzida nas especificidades regionais, ou seja, como um caminho metodológico para analisar mais de perto questões de âmbito mais amplo, como a economia, a política e a cultura.

É importante observar que, não obstante as cidades europeias ocidentais testemunhassem uma explosão demográfica nesse momento histórico da passagem do século XIX para o XX, em que as disciplinas científicas, como a História e a Geografia, se constituíam com métodos próprios e no compartilhamento de técnicas de pesquisa e de bibliografia, a Europa contrastava com a paisagem urbana dos Estados Unidos.

Vidal de La Blache constatou isso pessoalmente quando de sua viagem para a América do Norte, nos primeiros anos do século passado. Enquanto na França mais da metade da população ainda vivia nas áreas rurais, os norte-americanos vivenciavam a expansão dos aglomerados urbanos integrados pela rede ferroviária, a qual se ampliava sistematicamente por todo aquele grande território nacional desde meados do Oitocentos. A formação de uma comunidade mais homogênea chamou a atenção do geógrafo francês, e a situação dos Estados Unidos o surpreendeu por demonstrar uma nova dinâmica temporal e cultural entre espaço e sociedade, firmando paisagens até então inéditas em seu país natal, visto que marcadas pela velocidade dos meios de transporte e das comunicações. No centro desse processo acelerado pela tecnologia estavam as cidades norte-americanas e o visível processo de urbanização que se entranhava com rapidez nas comunidades rurais, se comparadas às cidades europeias, que se moviam num ritmo mais lento nesse sentido.

Se os historiadores das duas primeiras gerações da Escola dos *Annales* se inspiraram grandemente na Geografia no que tange à importância das permanências das paisagens históricas do continente europeu, voltando-se para as relações entre as diferentes temporalidades, como se daria, a partir daí, a construção da análise do espaço urbano na escrita da história? Vamos à próxima seção para refletir sobre esse ponto.

(1.4)
O OLHAR DO PROFISSIONAL DA HISTÓRIA E DA HISTORIOGRAFIA SOBRE O ESPAÇO URBANO

Não foi apenas a História que aderiu à ciência no final do século XIX; outros saberes também se estabeleceram e reivindicaram para si o estatuto de um conhecimento técnico exato, que não admitisse interpretações ou ambiguidades. Alguns deles se dedicaram, desde o seu nascimento, especialmente às cidades, uma vez que naquele momento a questão urbana se mostrava central em meio aos processos de mudança socioeconômica, industrialização e urbanização, os quais, por sua vez, se materializavam na explosão demográfica das cidades europeias e asiáticas (ver Quadro 1.1), nas segregações urbanas e na organização dos movimentos sociais típicos desses ambientes transformados.

Um dos principais saberes técnicos sobre a cidade é o urbanismo, uma ciência nova oriunda da engenharia do século XIX, mas que se formou com base, principalmente, em saberes mais antigos presentes desde a passagem do século XVII para o XVIII iluminista, quais sejam, o higienismo e o sanitarismo. As preocupações essenciais desses saberes mais remotos eram a "superfície da cidade, sua pavimentação, suas casas, o escoamento das águas e dos dejetos, os esgotos, tanto superficiais quanto subterrâneos" (Torrão Filho, 2009, p. 52). Entre o final do século XVIII e o início do XIX, essas preocupações baseavam-se na teoria dos miasmas (pré-microbiana), na qual a emanação proveniente da decomposição dos detritos orgânicos (lixo, putrefação humana e animal) era entendida como o vetor das doenças e das epidemias. Os "vapores insalubres" emanados deveriam ser combatidos, entre outros meios, pela circulação do ar, das águas e dos habitantes nas cidades; todos deveriam ser mantidos em movimento para que as sujidades fossem distanciadas dos corpos, das casas e das ruas, o que envolveu não somente higienistas e sanitaristas, mas também médicos, engenheiros e arquitetos.[4]

Esses profissionais, portanto, vão se dedicar à questão urbana, passando a enfocar a cidade como algo apartado de seus habitantes, como um laboratório. Essa postura "técnica" nos é explicada pela historiadora Françoise Choay[5], quando define o que é urbanismo. Segundo essa autora, trata-se de um termo recente, tendo circulado em periódicos científicos franceses nos anos 1910, porém suas raízes podem ser localizadas no final do século XIX, pois a "expansão da sociedade industrial dá origem a uma disciplina que se diferencia das artes urbanas anteriores por seu caráter reflexivo e crítico, e por sua pretensão científica" (Choay, 1992, p. 2). O urbanismo se

---

4 Sobre a teoria dos miasmas, sugerimos a seguinte leitura: CORBIN, A. *Saberes e odores: o olfato e o imaginário social nos séculos XVIII e XIX*. São Paulo: Companhia das Letras, 1987. Nesse livro, o autor defende que a ideia de o movimento ser contrário à insalubridade se deve à influência das descobertas sobre a circulação e o fluxo sanguíneos propiciados pelo inglês William Harvey, no século XVII.

5 O livro é: CHOAY, F. *O urbanismo: utopias e realidades. Uma antologia*. Tradução de Dafne Nascimento Rodrigues e revisão de J. Guinsburg. São Paulo: Perspectiva, 1979. Lançado originalmente em 1965, na França. Essa é a primeira edição brasileira, a qual teve ampla circulação entre arquitetos, urbanistas e historiadores e conta com várias reedições.

consolida como um saber especializado e um sistema técnico dotados de discurso e instrumentos de trabalho próprios.

Outros saberes de caráter mais teórico também se apresentaram nesse contexto para desvendar os mistérios das cidades, entre eles o trabalho do engenheiro espanhol Ildefonso Cerdà (1815-1876). Em 1859, ele apresentou à municipalidade da capital catalã, Barcelona, o Plano Cerdà, pelo qual programou como a cidade deveria crescer, observando a convivência entre a atividade industrial e a habitação de qualidade. Autor da teoria geral da urbanização, que veio a público em 1867, Cerdà é considerado um dos primeiros técnicos do que viria a ser o urbanismo, pois sistematizou aqueles saberes mais antigos, como o higienismo e o sanitarismo, para regrar a gestão, o planejamento e o ordenamento dos espaços urbanos por meio de grandes reformas e a circulação de suas populações no contexto da industrialização. O termo *urbanização*, assim, foi por Cerdà identificado à solução planificada, global e coordenada dos problemas derivados do adensamento urbano, que devorava cada vez mais, no tempo e no espaço, as áreas rurais e a elas impunha seu estilo de vida próprio, industrial e urbano. A urbanização seria, pois, a área na qual o urbanismo iria enraizar-se para ter condições de se apresentar na condição de "uma ciência total da cidade, que procura dominá-la em todos os seus aspectos, possibilitando a realização de planos de intervenção completos e ambiciosos, tanto do ponto de vista técnico quanto social e político" (Torrão Filho, 2009, p. 56).

A relevância do conceito de urbanismo como fruto de um pensamento representado com o selo científico será efetivamente aplicada no espaço urbano sobre a materialidade das cidades para transformá-las em algo pretendido por governantes, médicos, engenheiros e outros agentes, poderes e saberes que passaram a atuar em conjunto para nelas intervir, prática e teoricamente, e transformá-las em algo moderno e higiênico[6]; o contexto mais amplo dessa criação era a crença liberal no progresso tecnológico-industrial, o qual levaria, acreditava-se, à autonomia da humanidade diante da natureza. No entanto, não se pode confundir a cidade e os discursos técnicos e teóricos que a descrevem como se fossem a mesma coisa, apesar da ligação orgânica entre esses dois aspectos; a cidade é algo tão complexo que uma descrição especializada, como a realizada pela História, por exemplo, não dá conta de abarcá-la, daí a obrigatoriedade de estudar as cidades por uma abordagem multidisciplinar. Esse foi o caminho selecionado pelos profissionais da História para o entendimento do fenômeno urbano, desde o século passado. A cidade como

---

6   *É o caso da própria cidade de Barcelona, a qual, desde a realização do XXV Jogos Olímpicos, em 1992, tornou-se um case e uma referência de sucesso do urbanismo contemporâneo, em virtude das transformações na infraestrutura e na mobilidade urbanas lá desencadeadas, desde a indicação da cidade como sede da realização desse evento esportivo mundial (1986), permanecendo tais mudanças como um legado urbanístico e modelo internacional. Uma das principais intervenções foi o deslocamento da barreira da área industrial, abrindo o acesso da cidade ao mar e cedendo a faixa litorânea para o desfrute de moradores e turistas. Muito antes disso, a cidade fora objeto de um planejamento urbano para direcionar e racionalizar sua expansão e a integração com a demolição das muralhas medievais, o que ocorreu em meados do século XIX, nos tempos de Cerdà, quando a consolidação da era industrial instigou a solução de problemas por meio de um múltiplo conjunto de medidas técnicas, administrativas, econômicas e sociais, todas então compreendidas como necessárias ao desenvolvimento racional das cidades adensadas pelo processo de mudança das formas de trabalho. A Barcelona daquele período vivia a expansão das atividades portuárias e da atividade têxtil assentadas fora das muralhas, de costas para o núcleo urbano primitivo. Com isso, foram gerados problemas de comunicação entre as suas partes, comprimindo cada vez mais o adensamento populacional no interior da antiga fortificação medieval, bem como limitando a expansão cívica e fazendo surgir aglomerações desordenadas entre esses dois espaços, o que resultou na obsolescência das muralhas planejadas em épocas anteriores com a função militar de proteger contra inimigos externos; agora, os perigos a serem enfrentados eram internos e apresentavam-se como questões sociais urbanas, trabalhistas e de participação política.*

objeto possibilitou e continua a tornar possível a própria estruturação da disciplina de História, uma vez que no espaço urbano os tempos se acumulam "numa superposição de tempos desconexos estratificados no espaço da cidade [...]" (Torrão Filho, 2009, p. 60). Podemos afirmar, assim, que, entre todos os saberes técnicos e teóricos, o do método histórico seria o mais "positivo" no estudo das cidades, visto que elas se revelam por meio dos acontecimentos urbanos decisivos, os quais podem ser de naturezas diversas, não apenas em suas manifestações de materialidade, e dialogam com tempos diferentes no mesmo espaço – o espaço urbano como a realização da historiografia. Isso se dá, todavia, a partir de questões postas pelo presente. Vamos retomar a epígrafe do literato Ítalo Calvino, que abre este capítulo, para relembrar esse protocolo de disciplina de História: "De uma cidade, não aproveitamos as suas sete ou setenta e sete maravilhas, mas a resposta que dá às nossas perguntas" (Calvino, 1990, p. 44).

Se, para muitos estudiosos do urbanismo, a ideia de que o método histórico é o ideal para compreender a formação e as transformações das cidades[7], para uma das disciplinas mais antigas postas em diálogo com a História, isso também é relevante. A Geografia Nova entende o espaço urbano como espaço social, uma vez que o ser humano é o espaço, está no espaço e produz espaço, por meio de causalidades recíprocas.

Para o geógrafo Milton Santos (1926-2001), um dos principais representantes brasileiros da Geografia Nova, as cidades são lugares onde se concretizam as redes de trocas, das riquezas materiais às

---

7 O historiador Amilcar Torrão Filho cita, por exemplo, o trabalho do arquiteto italiano Aldo Rossi para atestar a escolha do método histórico como porta de entrada para analisar o processo de surgimento e transformação da cidade, especificamente no livro A arquitetura da cidade (São Paulo: Martins Fontes, 2001), publicado originalmente em 1966.

informações virtuais, capazes de conectar os habitantes, desde uma pequena localidade até os megaconglomerados populacionais do século XXI (Santos, 1996). Tal espaço urbano não é dado, portanto, mas produzido na interferência com e entre os grupos sociais, em cada época; não pode ser avaliado apenas por aquilo que é visível, visto que a aparência é, simultaneamente, a representação das invisíveis relações sociais. E, por essa razão, a cidade escapa às compreensões simplistas, ou reducionistas, e exige um olhar multidisciplinar que a apreenda em todos esses meandros materiais e imateriais, em suas contradições. Assim, por detrás das formas urbanas concretas, isto é, da organização dos espaços construídos, há diversas dinâmicas sociais em conflito pela produção, uso e representação do espaço ocupado pelas cidades.

Figura 1.3 – Vista aérea da paisagem urbana de Curitiba, capital do Paraná

R.M. Nunes/Shutterstock

As formas urbanas, como as habitacionais, são a aparência das relações sociais que dinamizam o espaço urbano.

Tatiana Dantas Marchette

Especificamente quanto à historiografia renovada a respeito do espaço urbano, e que leva em consideração a centralidade das representações sociais, temos a Nova História Cultural. Surgida no final dos anos 1980, tal linha investigativa está vinculada à Nova História desenvolvida pela terceira geração da Escola dos *Annales*, localizada temporalmente no período de 1960 a 1980. Uma das características principais da Nova História foi a ampliação tanto do leque do diálogo multidisciplinar quanto das fontes primárias pertinentes: no primeiro caso, além da geografia, entram em cena a antropologia, a psicologia e mesmo os estudos literários; no segundo caso, todo e qualquer registro da ação humana, inclusive os que aproximassem o pesquisador das formas de pensar e sentir nas sociedades do passado.

Como parte do processo de construção da historiografia originária dos *Annales*, a Nova História Cultural colocou ênfase na abordagem das mentalidades, isto é, os/as historiadores/as dessa chamada *quarta geração* (posterior aos anos 1980) não se separaram do ideal principal pregado pelos primeiros *Annales*, mas promoveram outra análise das leis anônimas que regem as práticas coletivas, as mentalidades. A Nova História Cultural seria, assim, o desdobramento, a potencialização "do foco de análise para uma nova visão de cultura, para além das questões socioeconômicas [...]" (Barreiros, 2017, p. 395).

O que significa, contudo, essa nova abordagem das mentalidades? Significa, entre outros aspectos, investigar os modos de pensar a partir da estratificação social, considerando posições individuais, observando as diferentes reações, ainda que num mesmo grupo social, diante de um fenômeno histórico, de preferência promovendo visibilidade aos grupos sociais chamados "excluídos", em uma "história vista de baixo".

Interpretar a cidade dessa posição historiográfica significa abordá-la como um sistema simbólico, como um texto que precisa ser decodificado. As representações sociais da cidade são um dos campos mais férteis do estudo historiográfico atual a respeito da constituição do fenômeno urbano, ou seja, trata-se de alcançar a realidade por meio das ideias, das linguagens e imagens construídas numa sociedade e num tempo histórico; as cidades constituem e são constituídas pelo social.

Antes de avançar, é interessante aprofundar um pouco esse conceito central da Nova História Cultural. Oriundo da sociologia[8], pela Nova História Cultural a representação é vista como um jogo entre presença e ausência, uma vez que a representação se coloca no lugar do representado; uma imagem encena uma prática social, assim como a linguagem representa concepções de mundo. A própria História, como disciplina, pode ser vista como uma representação dos acontecimentos passados.

Nessa perspectiva de pesquisa e escrita histórica renovadas, faz parte também da quarta geração da Escola dos *Annales* o historiador francês Bernard Lepetit (1948-1996), reconhecido por seus estudos do fenômeno urbano. Ele foi um dos responsáveis por fortalecer o método histórico como a opção mais eficiente para abordar o objeto cidade, além de promover a apreensão de termos da Geografia, especificamente do ramo da Geomorfologia, para efetivar a pesquisa sobre as cidades urbanas. Ao se localizar, no mapa epistemológico, na interseção entre a Geografia e a Geologia, a Geomorfologia se debruça sobre as formas superficiais do relevo terrestre em suas manifestações

---

8   O principal autor que desenvolveu o conceito de representação social foi o sociólogo francês *Émile Durkheim (1858-1917), o qual também foi responsável por estruturar a sociologia como uma disciplina autônoma, com métodos próprios mais afastados dos da filosofia, por exemplo. Do método sociológico faria parte abordar a vida coletiva como formada por representações, como a religião, um dos temas desse autor.*

presentes e quanto ao processo mais longo de sua formação e transformação ao longo do tempo.

> É da extensão territorial e temporal proposta por Braudel, ao tratar todo o mundo mediterrâneo em uma escala temporal de vários séculos como seu objeto, que Lepetit propõe a sua abordagem do urbano. Por isso uma relação dialética da memória com a cidade: por um lado a memória coletiva se apoia em imagens espaciais; por outro, os grupos sociais inscrevem na cidade suas lembranças, definindo um quadro espacial. O presente é o tempo no qual a vontade individual e a norma coletiva se defrontam e se ajustam. Ao trazer a análise teórica e metodológica da história para a cidade, Lepetit não diminui a escala continental de Braudel, mas atualiza esta escala para um espaço sintético das formações sociais e econômicas. (Torrão Filho, 2015, p. 2)

Apreender a cidade na formação temporal e espacial, a qual condensa a convivência entre presente e passado a partir de variadas experiências do fenômeno urbano, é incluir a dimensão da memória em relação às mudanças espaciais, portanto as ações não apenas oficiais sobre a cidade, mas também os feitos coletivos, inscrevendo novas práticas sobre as formas urbanas sedimentadas (as camadas geológicas do tempo e do espaço). Lepetit renovou o estudo sobre o urbano, ampliando o diálogo com as disciplinas ao passo que valorizava o legado da Escola dos *Annales*, sobretudo a longa duração, impondo à troca de pontos de vista entre os saberes científicos contribuições específicas de cada um deles com novas perspectivas, encorajando, para tanto, trabalhos experimentais.

Na condição de movimento historiográfico mais influente no mundo ocidental ao longo do século XX, incluindo países como o Brasil, os *Annales* são referência para a constituição do campo da história das cidades. As transformações internas desse movimento permitiram sua sobrevivência, mesmo que conflituosa e marcada por rupturas, e ofertaram novos aliados aos estudos sobre a cidade, como a Nova História Cultural, a qual trouxe para o centro do debate a tendência de observar o espaço urbano não apenas como resultado das condições materiais e geográficas sobre as quais atuam os grupos sociais, mas também como palco e produtor, ao mesmo tempo, das representações que são expressas em práticas sociais correspondentes. Logo, uma história do urbano dessa perspectiva revela mais ainda o perfil multidisciplinar dos estudos sobre a cidade, bem como a centralidade do olhar do profissional da História capaz de enriquecer e aprofundar esse tema tão intrincado de significados, trazendo para a cena inovadoras abordagens desde as perguntas das quais parte a investigação. E isso ocorreu, do mesmo modo, na historiografia brasileira sobre a cidade e o fenômeno histórico urbano.

(1.5)
CONCEPÇÕES DE HISTÓRIA URBANA E MULTIDISCIPLINARIDADE: O CASO DA HISTORIOGRAFIA BRASILEIRA

As cidades se impõem como desafios aos historiadores que visam entender seus emaranhados de enigmas, de representações, de tempos, de espaços e de memórias. Sob a sua materialidade fisicamente tangível, descortinam-se 'cidades análogas invisíveis', com tramas de memórias e de esquecimento do passado, contendo impressões recolhidas ao longo das **experiências urbanas**. (Revista Brasileira de História – RBH, 2007, p. 7)

A epígrafe desta seção faz parte do texto escrito pelo Conselho Editorial da *Revista Brasileira de História – RBH* (periódico da Associação Nacional dos Professores Universitários de História) para apresentar o dossiê temático intitulado "Cidades", publicado em 2007.

O trecho reproduzido deixa claro o desafio requisitado ao profissional da História que se dedica ao estudo das cidades no Brasil, dada a tendência consolidada de ir além das formas concretas, acolhendo na análise as "cidades invisíveis". Sob o título "Cidades visíveis, cidades sensíveis, cidades imaginárias", o artigo que abre o citado dossiê fortifica a ideia de que a uma cidade real correspondem várias outras imaginárias, "a mostrar que o urbano é bem a obra máxima do homem, obra que ele não cessa de reconstruir, pelo pensamento e pela ação, criando outras tantas cidades, no pensamento e na ação, ao longo dos séculos" (Pesavento, 2007, p. 11). A autora do artigo, a historiadora Sandra Jatahy Pesavento (1946-2009), ingressou nessa tendência historiográfica do estudo sobre a cidade ainda nos anos 1990, quando publicou o livro *O imaginário da cidade: visões literárias do urbano – Paris, Rio de Janeiro, Porto Alegre* (1999), no qual se propôs a investigar o passado urbano por meio das representações simbólicas sobre ele, no caso, as literárias.

Na abertura deste livro, propusemos como fundamental compreender a cidade como espaço de tensões, as quais também se realizam entre as maneiras de nelas intervir e de percebê-las. Na historiografia brasileira esse viés analítico esteve presente desde os estudos precursores da história das cidades, na década de 1980, a exemplo da linha de pesquisa Cultura e Cidades do curso de pós-graduação em História da Universidade Estadual de Campinas (Unicamp). Uma de suas fundadoras, no ano de 1985, a historiadora Maria Stella Bresciani, é autora de artigos seminais que até hoje são referência para os profissionais da área que acolhem a cidade como tema de investigação científica. Antes mesmo da implantação dessa linha de pesquisa, Bresciani publicara o que vem a ser um de seus mais importantes trabalhos, *Londres e Paris no século XIX: o espetáculo da pobreza* (1992)[9], no qual seleciona a multidão como tema, tratada por meio da leitura dos testemunhos contemporâneos diante do impacto da massa urbana nessas duas capitais europeias.

> A multidão, sua presença nas ruas de Londres e Paris do século XIX, foi considerada pelos contemporâneos como um acontecimento inquietante. Milhares de pessoas deslocando-se para o desempenho do ato cotidiano da vida nas grandes cidades compõem um espetáculo que, na época, incitou ao fascínio e ao terror [...]. (Bresciani, 1992, p. 10)

Para essa abordagem, Bresciani lançou mão de um autor em particular, o filósofo Walter Benjamin, baseando sua investigação na relação entre cidade e modernidade por intermédio das experiências urbanas e mediante fontes diversas, com destaque para as literárias. A proposta era observar a produção intelectual do período recortado como expressão das sensibilidades urbanas diante dos acontecimentos inéditos que as massas passaram a proporcionar nas cidades. Benjamin permaneceu como influência principal quando da constituição da linha de pesquisa Cultura e Cidade, especialmente seus textos *Paris, capital do século XIX, Paris do Segundo Império, O Flâneur, A obra de arte na época de sua reprodutibilidade técnica* e *Sobre o conceito da história*, com a justificativa de auxiliarem para a compreensão das experiências subjetivas nas cidades europeias do século XIX, bem como na constituição da cultura urbana a partir dos estímulos dos ritmos acelerados pelos meios de transporte, mais velozes, e de comunicação, mais conectados. Ainda, a leitura desse autor reforça o indispensável uso de fontes literárias para a exploração dessa cultura

---

9   *A publicação original é de 1982 e, neste livro, utilizamos a sétima edição (1992).*

urbana desde esse viés construído pela historiografia brasileira na segunda metade do século passado.

Na constituição dessa linha de pesquisa, a questão da urbanização foi central, sobretudo para compreender a materialidade vinda à tona com a modernidade. Nesse quesito, o livro *O urbanismo: utopias e realidades*, de Françoise Choay, apresentou-se como bibliografia essencial. Já vimos anteriormente a explicação dessa autora sobre o nascimento do termo *urbanismo*, que se transformou em uma ciência nova especialmente dedicada ao espaço urbano, rebaixando alguns saberes e incorporando outros mais antigos. É justamente essa tensão entre narrativas diferentes que inspirou os primeiros trabalhos de história das cidades realizados nos anos 1980, no país. Outros pensadores, para tanto, foram chamados para servirem de referência nos primórdios da linha Cultura e Cidades, entre eles Friedrich Engels (*A situação da classe trabalhadora na Inglaterra*, de 1845) e François Béguin (*As maquinarias inglesas do conforto*, de 1977).

A relevância da produção do filósofo de origem alemã Friedrich Engels (1820-1895) está associada à questão social, uma vez que Engels presenciou os problemas das cidades industrializadas e os atrelou à consolidação do capitalismo e da propriedade privada dos meios de produção. Seis anos antes da circulação do *Manifesto Comunista*, em 1848, escrito por ele e Karl Marx (1818-1883), Engels viera para Londres de sua cidade natal, na Prússia (atual Alemanha), com a missão de cuidar de uma das fábricas têxteis pertencentes à sua família. Por meio de observações *in loco*, ele construiu um nítido retrato das condições de vida dos trabalhadores ingleses apoiando-se, também, em variados textos, como estatísticas, pareceres jurídicos, artigos de periódicos, relatos orais dos próprios operários, autores de romances etc. E foi essa perspectiva que chamou a atenção dos pesquisadores da linha de pesquisa Cultura e Cidades, qual seja, a importância da leitura de textos literários, especialmente, como fontes para apreender a complexidade da "questão social" no ambiente urbano. Por sua vez, o livro do filósofo francês François Béguin trouxe ao debate dessa linhagem historiográfica o objetivo de analisar as formas de combate às pandemias, pois resultaram em normas sobre o meio ambiente específico das cidades e em novas formas de tecnologia e de poder típicos do meio citadino, quando a posição médica, junto a outras profissões, se imiscuiu "no processo de formação do pensamento urbanístico. [...] Texto essencial por sugerir a complexidade da rede de 'saberes' constitutivos do urbanismo, já que aos médicos e aos engenheiros uniram-se os juristas, os filantropos e seus preceitos morais, os membros das igrejas, os literatos, os jornalistas" (Bresciani, 2014, p. 16). Ao fazer perguntas sobre o impacto de saberes técnicos e tecnologias nas cidades industrializadas, como a canalização das águas, por exemplo, François Béguin revela como tal processo de urbanização e de industrialização mudou radicalmente os hábitos, em grande parte retirando a sociabilidade das ruas e levando-a para o interior das casas.

> ## O nascimento da filantropia nas cidades
>
> As políticas filantrópicas passaram a ser um braço indispensável da disciplinarização da pobreza e foram dinamizadas por motivos utilitaristas e não necessariamente religiosos, como acontecia no passado medieval por meio dos mosteiros. No século XIX, outra ética foi, então, estabelecida em relação aos pobres e à pobreza, a ética utilitarista, identificando-se o bom ao útil. Nesse caso, o útil era preservar corpos saudáveis para o bem-estar geral e, portanto, para o trabalho, atacando tudo aquilo que impedia tal missão, como as rebeliões (para elas, a prisão segura) e os desvios psicológicos (daí os hospitais psiquiátricos).

DEATH'S DISPENSARY.
OPEN TO THE POOR, GRATIS, BY PERMISSION OF THE PARISH.

Science History Images / Alamy / Fotoarena

"O surto de cólera de Londres em 1854, que no início de setembro daquele ano matou 127 pessoas em apenas três dias, mostrou a importância do trabalho de campo, [observando as ruas], complementar aos modelos matemáticos. Mesmo sem formação específica em epidemiologia, o anestesiologista inglês John Snow (1813-1858) concluiu que a doença era causada por água contaminada de uma bomba de uso público na Broad Street, hoje Broadwick Street, e não pelo ar fétido da cidade, como pensavam seus colegas e autoridades do governo, adeptos da chamada teoria do miasma.

Snow fez um mapa mostrando que as casas dos que haviam morrido estavam próximas à bomba de água contaminada" (Fioravanti, 2020)

A urbanização, composta por discursos variados que se conjugam e se opõem, abrange, por sua vez, os processos de modernização, as reformas e intervenções urbanas e a ideia de progresso tecnológico.

Esse modelo historiográfico que parte da sensibilidade urbana no contexto da urbanização para estudar as cidades foi aplicado, também, aos estudos das capitais brasileiras, como São Paulo e Rio de Janeiro, principalmente. Contudo, na mesma proporção que se multiplicavam trabalhos nessa perspectiva, surgiriam, por outro lado, críticas a essa linhagem de investigação, sendo um dos principais pontos dessa crítica o "abuso" dos modelos prévios de narrativas eurocêntricas sobre a formação da modernidade transpostos para ambientes urbanos diversos entre si. Esse abuso é chamado de "armadilhas" pelas historiadoras Marisa Varanda Teixeira Carpintéro e Josianne Francia Cesaroli no panorama que traçam da produção historiográfica brasileira sobre as cidades, desde os anos 1970. Afirmam elas que tais armadilhas resultam do fato de que esses

> estudos acabam por apostar na harmonia dos supostos "valores das elites", como se identificassem a predominância inquestionável de um projeto hegemônico excludente, por um lado, e reafirmassem a necessidade e/ou importância das reformas e transformações, sem observar-lhes algum conteúdo político e ideológico, por outro. Reforçam mais uma vez certo paradigma progressista de interpretação, filiado à apreensão dos processos modernizadores como supostamente lineares, sem questionar-lhes a procedência ou outros possíveis significados [...]. Estudos voltados a aspectos culturais são particularmente profícuos nesse sentido, pois parecem incorporar com maior naturalidade matrizes de análises estruturais ou suas decorrências, ao repetir como pressuposto de seus estudos o progresso "em ritmo acelerado". (Carpintéro; Cesaroli, 2009, p. 95)

Portanto, apesar de partirem de uma concepção de modernidade como tensão, permeada por descrições literárias e discursos técnico-científicos, análises que se utilizam da produção intelectual da elite urbana como principal fonte de interpretação do passado precisam ficar atentas para não defenderem que a urbanização foi um feito levado adiante por esse grupo social como um processo natural, idêntico em qualquer ambiente, desde que o cenário fosse uma cidade em crescimento acelerado em oposição cada vez mais acentuada em relação às tradições rurais.[10]

Ronald Raminelli (1997) já reservara um olhar desfavorável a esse modelo frutificado entre as décadas de 1980 e 1990 em diversas universidades brasileiras e que articulou, automaticamente, ou *a priori*, a politização do espaço urbano à consequência direta das reformas urbanas realizadas pelas elites econômicas e políticas, por promoverem a "limpeza" das áreas centrais de várias capitais para a implementação de áreas modernas, a exemplo da cidade do Rio de Janeiro com a Reforma Urbana Pereira Passos.

Tais críticas foram acompanhadas, entretanto, pela busca de renovações na historiografia brasileira sobre as cidades, com ênfase para aquelas que tratam de abordar fenômenos urbanos ao mesmo tempo visíveis e invisíveis, ambos tomados como resultantes da produção social de diversos agentes. Se, conforme acabamos de observar, valorizar fontes literárias diante de outras para estudar as cidades do passado logo apresentou limites interpretativos, outras propostas buscam superar os desafios, como alerta a epígrafe que abriu esta seção, no que tange ao profissional da História. Como alcançar um equilíbrio entre as representações simbólicas e a materialidade urbana sem dar

---

10 As autoras fazem referência ao seguinte trabalho: SEVCENKO, N. **Orfeu extático na metrópole**: São Paulo, sociedade e cultura nos frementes anos 20. São Paulo: Companhia das Letras, 1992.
Há, também, outra crítica acessível a esse trabalho em: SOUSA, F. G. R. B. de. Cartografias e imagens da cidade na historiografia brasileira. SIMPÓSIO NACIONAL DE HISTÓRIA, 22. 2003, João Pessoa, **Anais...** João Pessoa: ANPUH, 2003. Disponível em: <https://anpuh.org.br/uploads/anais-simposios/pdf/2019-01/1548177544_8d068cd74c497850 16e5952603e148f5.pdf>. Acesso em: 5 jun. 2023.

preferência a um ou a outro aspecto? Esse questionamento é importante para enfrentar esses desafios, pois, se "o fenômeno urbano é um fenômeno cultural, [...] é fundamental para compreendê-lo que se considere a cidade em sua materialidade também como produção social" (Carpintéro; Cesaroli, 2009, p. 99). Portanto, nenhuma explicação deve ser exterior à cidade e, mesmo quando se trata da adaptação de modelos exteriores em ambientes nacionais, como o caso da aplicação de regras urbanísticas europeias nas cidades brasileiras, há que se dar visibilidade às explicações dos porquês dessas escolhas por parte dos grupos hegemônicos que "importam" ideias e processos para intervirem no espaço urbano.

Em 2001, Maria Stella Bresciani participou de um seminário intitulado "Cidade: urbanismo, patrimônio e cidadania", realizado na Fundação Getulio Vargas, no Rio de Janeiro, quando propôs uma questão seminal: "O que o saber historiográfico oferece como colaboração para o estudo das cidades, das questões urbanas?". No artigo resultante desse encontro, a autora afirma que um dos passos iniciais para responder a esse problema é entender, antes de tudo, que não existe apenas uma interpretação da História Urbana, mas variadas visões, justamente por conta das diferentes perguntas feitas a esse objeto de pesquisa, a cidade, além da importância do olhar multidisciplinar para que cada saber científico possa colaborar com seu ponto de vista peculiar e, mais ainda, do fato de o objeto cidade ser algo que exige sempre e constantemente novas leituras (Bresciani, 2002).

Mas, antes de fecharmos essa trajetória sobre os primórdios da história das cidades, ou História Urbana, no Brasil, é importante retornarmos para o trecho de autoria de Sandra Jatahy Pesavento citado no início desta seção, para pontuarmos com mais detalhes as provocações postas aos estudiosos e estudiosas das experiências urbanas. Inseridas no campo da Nova História Cultural, corrente da qual essa historiadora se considerava filiada, as experiências urbanas fazem parte do campo temático das cidades, as quais passaram a ser observadas desde as práticas culturais. Se, para Bresciani, e para a linha de pesquisa Cultura e Cidades, o conceito de urbanismo trabalhado pela francesa Choay foi indispensável para a constituição dos trabalhos de pesquisa histórica sobre a cidade que se modernizava e se urbanizava, para Pesavento, outras noções passaram a integrar os exames desse tema desde os anos 1990, principalmente advindas das ciências sociais, como a de representação social, conforme vimos anteriormente.

Na década de 1980, as ciências sociais de modo geral passaram por grandes mudanças, as quais tiveram força para quebrar paradigmas dominantes, como as interpretações meramente econômicas sobre o desenvolvimento das cidades, por exemplo. A crise nesse campo de conhecimento acaba por afetar a disciplina da História justamente pelo seu tradicional diálogo com saberes afins, especialmente os que constituem as ciências sociais, como a sociologia, a antropologia e mesmo a geografia, e que estavam em mutação. A resposta da História foi a articulação entre antigos instrumentos e postulados de trabalho, como a longa duração, e a inserção de novos objetos em seu campo de análise, principalmente aqueles ligados aos modos de pensar.

Foi nesse contexto vigorado que ocorreram os primórdios da História Urbana no Brasil, marcada pelo viés cultural, pela amplitude das fontes primárias ao seu dispor e pela valorização do simbólico na construção da realidade. Enfim,

> a emergência de uma história cultural [no Brasil] veio proporcionar uma nova abordagem ao fenômeno urbano. O que cabe destacar no viés de análise introduzido pela história cultural é que a cidade não é mais considerada só como um lócus privilegiado, seja da realização da

produção, seja da ação de novos atores sociais, mas, sobretudo, como um problema e um objeto de reflexão, a partir das representações sociais que produz e que se objetivam em práticas sociais. (Pesavento, 2007, p. 13)

Se a perspectiva cultural se consolidou na historiografia brasileira sobre o fenômeno urbano, visto que se dinamizou como uma especialidade da disciplina da História no momento da efervescência da História Cultural, o estudo sobre as cidades brasileiras não está, contudo, congelado nessa posição. Um dos principais cuidados para que as análises avancem é não deixar que esse rico objeto, a cidade, apareça de modo indireto, ou seja, que se apresente como mero cenário sobre o qual desfilam os acontecimentos urbanos. Ao contrário, a cidade precisa ser tratada diretamente, e não apenas como um lugar onde se passam as experiências. Essa atenção é o cerne do assunto quando se trata da pesquisa e da história das cidades.

Síntese

O(s) conceito(s) de cidade varia(m) ou se combina(m) no entrecruzamento de saberes, índices e corpos legais, mas a construção da cidade como objeto da História somente pode ser considerada como tal no diálogo com outras disciplinas constituídas no âmbito da produção do conhecimento. Isso porque não se pode pensar tal tema sem articulá-lo às concepções de espaço, e de espaço tornado urbano. No entanto, há, sim, particularidades no olhar do profissional da História em direção ao fenômeno urbano, pois entre as marcas obrigatórias desse ofício está a de fazer perguntas pertinentes ao objeto de análise, questões estas despertadas por preocupações enraizadas no presente e na experiência do próprio profissional e desde instrumentos, métodos e conceitos próprios. Entre estes observamos os de tempos históricos, o embate entre rupturas e permanências.

Tatiana Dantas Marchette

Por outro lado, ao manusear instrumentos multidisciplinares em sua causa, o profissional da História está contribuindo para uma maior compreensão do que é a cidade, a exemplo do entendimento de que a materialidade urbana somente faz sentido se levarmos em consideração que é fruto da produção do social, assim como o são as representações que acerca dela são feitas.

Dessa forma, vimos a constituição específica, em solo brasileiro, das pesquisas sobre a história das cidades e suas peculiaridades por aqui, com o intuito de fortalecer o diálogo com a construção da História como ciência desde o final do século XIX e suas incessantes inovações, sendo uma delas a combinação de duas chaves interpretativas, a cidade real e a cidade invisível, traço da história urbana inserida no campo mais amplo da História Cultural e produzida no Brasil a partir da década de 1980.

Atividades de autoavaliação

1. Sobre as contribuições fundamentais da Escola dos *Annales* para a história urbana, assinale V para as afirmações verdadeiras e F para as falsas:
   ( ) Promoveu a perspectiva da "história vinda de baixo".
   ( ) Valorizou o diálogo multidisciplinar.
   ( ) Impôs limitações às fontes para o estudo das cidades.
   ( ) Demonstrou que os ritmos temporais convivem no espaço urbano.
   ( ) Realçou a esfera do simbólico como entrada para a investigação do passado.

2. Analise as afirmações a seguir, a respeito da constituição das linhagens de História Urbana no século XX, e assinale V para as verdadeiras e F para as falsas:
   ( ) Um dos pontos iniciais da História Urbana desenvolvida na Universidade de Leicester, na Inglaterra, foi o diálogo preferencial com as ciências sociais.
   ( ) As primeiras manifestações de viés multidisciplinar no estudo do fenômeno urbano aconteceram na década de 1960.
   ( ) A Nova História Urbana se formou nos Estados Unidos e se caracterizou pela aproximação das teorias da sociologia e pelo interesse do estudo das experiências cotidianas nas cidades.
   ( ) Países europeus, como a França e a Alemanha, voltaram-se para a História Urbana como uma modalidade historiográfica especializada nos anos 1980.
   ( ) No Reino Unido, a História Urbana constituída na década de 1960 privilegiou como objeto de estudo as cidades medievais.

3. Analise as informações a seguir, a respeito do perfil historiográfico dos autores Fustel de Coulanges e Capistrano de Abreu, e assinale V para as verdadeiras e F para as falsas:
   ( ) O brasileiro Capistrano de Abreu valorizou como tema central de seus estudos históricos a diversidade do povo.
   ( ) Capistrano de Abreu é considerado um dos precursores da historiografia em seu país, o Brasil.

( ) Para definir o surgimento das cidades, Fustel de Coulanges partiu do papel desempenhado pela religião.
( ) Capistrano de Abreu aderiu à Escola Metódica Francesa como modelo definitivo para seus próprios estudos.
( ) O historiador francês Fustel de Coulanges apontou temas ligados à história da cidade, como as vilas, os municípios e as sesmarias.

4. Não há um conceito definitivo sobre o que é cidade, mas existem alguns pontos que permitem que determinada aglomeração humana seja reconhecida, sem maiores dificuldades, como cidade, além do fato de o fenômeno urbano ter coberto o planeta todo. As imagens a seguir referem-se a vários aspectos formadores da urbe moderna, neste caso a cidade de Londres, e concentram, simultaneamente, forças centrípetas e centrífugas, as primeiras carregando características regionais e as últimas pintando a cidade com cores globais integradas num cenário mundial.

Considere verdadeira (V) ou falsa (F) cada combinação entre elemento definidor e cena urbana, com base nas informações relacionadas às imagens:

( ) Cultura/Palácio
( ) Política/Sufragista
( ) Turismo/Estúdio Abbey Road
( ) Economia/Usina de algodão

1) **Abbey Road Studios** é um estúdio de gravação em Londres, localizado na Abbey Road. É o estúdio mais famoso do mundo por ter sido utilizado pelos Beatles.

2) **Emmeline Pankhurst** foi uma das fundadoras do sufragismo na Inglaterra. É um dos maiores destaques na luta pelo voto para mulheres desde o final do século XIX.

3) **Cromford Mill** é a primeira usina de algodão hidráulica do mundo, criada por Richard Arkwright em 1771, em Cromford, Inglaterra.

4) O **Palácio de Buckingham** é a residência oficial da família real britânica em Londres, desde 1837. Com 775 quartos e escritórios, é também palco de cerimônias reais e visitas de Estado.

berm_teerawat, ironbell, Andrew Chisholm, Lucy Daniels/Shutterstock

5. Serra da Saudade é um município brasileiro no interior de Minas Gerais. Sua população em 2021 era de menos de mil habitantes, configurando a menor população entre os municípios brasileiros. A densidade populacional é de cerca de 2,3 habitantes por quilômetro quadrado. Diante desses dados, é possível esse município ser enquadrado como *centro urbano* pelo critério básico da Organização das Nações Unidas (ONU)?

Assinale a alternativa que justifica o *status* de cidade para Serra da Saudade de acordo com essa entidade internacional:

a) O município tem uma escola municipal, um posto de saúde, um parque de exposições de feiras e eventos, uma creche, uma academia, uma praça de esportes, um ginásio poliesportivo e acesso gratuito à internet via Wi-Fi em praças públicas, o que caracteriza uma boa infraestrutura urbana.

b) Densidade populacional acima de 1.500 hab/km² e população acima de 50 mil habitantes.

c) A idade está localizada no extremo de uma linha ferroviária, conectando-a aos grandes centros comerciais e escoando importantes produtos de extração.

d) A definição da ONU leva em conta os critérios estatísticos locais, como os do Instituto Brasileiro de Geografia e Estatística (IBGE), que classifica Serra da Saudade como município desde sua emancipação, em 1962.

e) Sendo um município brasileiro, deve prevalecer a classificação do IBGE

6. *Sampa* de autoria de Caetano Veloso, mostra as percepções de um recém-chegado à cidade de São Paulo. Entre as referências, observamos marcos concretos da cidade, como suas ruas e construções. Por outro lado, o autor critica as relações contraditórias entre o capital, a miséria urbana e a arte ali produzida.

Procure a letra de *Sampa* na internet e leia-a na íntegra. Depois assinale a alternativa correta, considerando o conceito de história cultural urbana, conforme a citação a seguir:

a emergência de uma história cultural [no Brasil] veio proporcionar uma nova abordagem ao fenômeno urbano. O que cabe destacar no viés de análise introduzido pela história cultural é que a cidade não é mais considerada só como um lócus privilegiado, seja da realização da produção, seja da ação de novos atores sociais, mas, sobretudo, como um problema e um objeto de reflexão, a partir das representações sociais que produz e que se objetivam em práticas sociais. (Pesavento, 2007, p. 13)

a) Espaço urbano/Avenida São João; espaço social/quilombo de Zumbi; espaço cultural/túmulo do samba; espaço simbólico/Áfricas utópicas; espaço político/vilas e favelas.

b) Espaço urbano/vilas e favelas; espaço social/Avenida São João; espaço cultural/túmulo do samba; espaço simbólico/ Áfricas utópicas; espaço político/quilombo de Zumbi.

c) Espaço urbano/túmulo do samba; espaço social/vilas e favelas; espaço cultural/Avenida São João; espaço simbólico/ quilombo de Zumbi; espaço político/Áfricas utópicas.

d) Espaço urbano/vilas e favelas; espaço social/túmulo do samba; espaço cultural/Avenida São João; espaço simbólico/Áfricas utópicas; espaço político/quilombo de Zumbi.

e) Espaço urbano/túmulo do samba; espaço social/Avenida São João; espaço cultural/quilombo de Zumbi; espaço simbólico/vilas e favelas; espaço político/Áfricas utópicas.

7. A cidade de Dayton, no estado de Ohio, nos Estados Unidos, saiu nas primeiras páginas dos jornais depois dos assassinatos de sete pessoas em agosto de 2019. Desde os anos 1980, a cidade luta contra a pobreza e o desemprego, pois os postos de trabalho nas indústrias locais reduziram pela metade em uma década. A população está hoje vivendo na pobreza e testemunhando um aumento nos assassinatos, na violência, no uso de drogas e no abandono. De que maneira esse quadro se relaciona com o surgimento das cidades globais? Assinale V para as afirmações verdadeiras e F para as falsas:

( ) Cidade global é um índice quantitativo de cidade.

( ) A existência da categoria de cidade global está intimamente articulada às transformações na economia mundial.

( ) As cidades globais mudam o tradicional perfil industrial, valorizando o setor terciário.

( ) Cidade global é um índice qualitativo de cidade.

( ) Os problemas urbanos atuais se dinamizam exclusivamente em direção à economia criativa e à qualidade de vida.

( ) Dayton, ao se desindustrializar, tornou-se uma cidade global e posicionou-se no centro econômico do mundo.

Atividades de aprendizagem

Questões para reflexão

1. Leia o trecho a seguir, retirado de uma matéria da *National Geographic Brasil*.

   Todos os anos, em 25 de abril, durante a noite, pessoas se reúnem em torno de um anjo fixado no topo de um pedestal de pedra na cidade de Chernobyl, no norte da Ucrânia. O corpo do anjo é todo feito de aço e leva uma longa trombeta aos lábios. Essa escultura representa o terceiro anjo do Livro do Apocalipse. De acordo com a Bíblia, quando essa trombeta soou, uma grande estrela caiu do céu, as águas tornaram-se amargas e muitos morreram.
   Essa parábola se tornou um símbolo para o desastre nuclear de Chernobyl, que começou a 1:24 da manhã do dia 26 de abril de 1986, quando uma explosão atingiu o reator número quatro da Usina Nuclear, a apenas 17 quilômetros da cidade. Embora tenha havido evacuações em massa após o acidente, a área imediata nunca ficou totalmente desabitada, e nem poderia ficar. Até hoje, mais de sete mil pessoas vivem e trabalham dentro e ao redor da usina, e um número muito menor voltou para as aldeias vizinhas, apesar dos riscos. (Kingsley, 2021)

   Os efeitos da radiação transformaram Chernobyl num dos piores acidentes nucleares do mundo, interrompendo a vida de seus habitantes. A cidade, que fora planejada, era um dos principais símbolos do modernismo soviético, ainda mais por representar a vitória tecnológica sobre o Ocidente. Com uma população atual acima de 7 mil habitantes, ainda é possível considerar Chernobyl um centro urbano?

2. O geógrafo Milton Santos é um dos principais intelectuais brasileiros para o entendimento sobre o conceito de cidade. Na frase reproduzida a seguir, ele exemplifica a cidade como lugar e a estreita relação entre este e as mudanças globais. Disserte sobre essa relação e pesquise uma situação concreta da realidade que sirva de ilustração a esse entendimento.

"Muda o mundo, e, ao mesmo tempo, mudam os lugares" (Santos, 1996, p. 35).

Atividade aplicada

1. Elabore o fichamento do texto a seguir, que trata do tema da urbanização.

   As estradas de ferro proporcionaram grande impacto nos meios de transporte. Implantadas entre as décadas de 1840 e 1850, elas conseguiram aumentar a eficiência da locomoção de pessoas e mercadorias. No início da segunda metade do século XIX, foram completadas as grandes linhas que ligavam o Leste ao Oeste dos Estados Unidos e, em 1860, o país já contava com cerca de cinquenta mil quilômetros de ferrovias. Os trens representavam um grande avanço e mudaram a concepção de velocidade e distância da maioria das pessoas. Além disso, até mesmo o seu modo de funcionamento parecia representar algo: pesados, barulhentos como uma fábrica, cheios de engrenagem e maquinarias, carregavam em si mesmos os sinais visíveis da indústria e da tecnologia; seguindo sempre em linha reta e para frente, as locomotivas se tornavam fortes símbolos de progresso, linear e contínuo, que ia sempre adiante, sem obstáculos. As ferrovias carregavam a ideia de que tudo era possível e de que os homens haviam finalmente alcançado o progresso. (Fernandes; Morais, 2007, p. 108)

Indicação cultural

BARBOSA, P.; SUZUE, K.; PROZAK. A arte visual e urbana cura a cidade em meio ao caos. Entrevista concedidade a Heloísa Iaconis. **Itaú Cultural**, 17 set. 2020. Entrevista. Disponível em: <https://www.itaucultural.org.br/secoes/entrevista/arte-visual-urbana-cura-cidade-meio>. Acesso em: 22 ago. 2023.

Nessa entrevista, os artistas Pri Barbosa, Katia Suzue e Prozak falam sobre o que criaram em espaços públicos e os desafios que a pandemia trouxe ao dia a dia deles.

Tatiana Dantas Marchette

Capítulo 2
A cidade no tempo:
diferentes contextos e
mundos urbanos

> *Inicia-se este livro com uma cidade que era, simbolicamente, um mundo; encerra-se com um mundo que se tornou, em muitos aspectos práticos, uma cidade.*
>
> (Lewis Mumford, 1998, prefácio)

Neste capítulo, apresentaremos algumas interpretações, nacionais e estrangeiras, acerca das formas urbanas configuradas ao longo do tempo histórico, desde as cidades antigas até as imersas nos atuais processos globais de megaurbanização. Como acentuamos algumas vezes no capítulo inicial, as perguntas em direção ao objeto de estudo são o pontapé inicial para o desenvolvimento de qualquer análise científica, inclusive na História.

Para tanto, veremos a seguir alguns recursos analíticos empregados entre os estudiosos do tema para realizar melhores interpretações sobre esse complexo objeto. Um desses recursos são as imagens metafóricas, entre elas a da cidade como ímã, bastante utilizada entre diversos autores. Tal representação imagética serve como representação simbólica explicativa do fenômeno das cidades, uma vez que dá conta de demonstrar desde a atração por elas exercida nos primórdios da formação dos primeiros núcleos sedentários até o surgimento de multicentros característicos das megalópoles de nosso século. Estudar a cidade significa, como alerta Lewis Mumford, entender que o caminho histórico percorrido ao longo de cinco mil anos de história da cidade impõe-se para que as grandes questões do nosso presente sejam postas "com uma consciência maior do nosso passado e uma visão mais clara das decisões tomadas há muito tempo [...]" (Mumford, 1998, p. 10).

A História, assim, não julga o passado, mas busca compreendê-lo em seus contextos diferentes colocando-os em diálogo com o nosso tempo presente, ofertando-nos escolhas a respeito do futuro, para o qual o complexo urbano é decisivo, visto abarcar cada vez mais todos os recônditos do planeta Terra, como alerta a epígrafe deste capítulo.

(2.1)
A CIDADE ANTIGA EM SEUS DIFERENTES CONTEXTOS

O criador da metáfora do ímã aplicada à cidade, segundo Lewis Mumford, foi o pré-urbanista inglês Ebenezer Howard (1850-1928) – um funcionário público de profissão, mas que criou ideias sobre o futuro das cidades e teve um impacto importante sobre a forma como se pensa o ambiente urbano desde então. Ao propor o conceito de cidade-jardim, Ebenezer fez um balanço das vantagens e das desvantagens do campo e da cidade, misturando as melhores características de cada ambiente. Com isso, os habitantes poderiam viver em meio circundante mais ideal, dotado de "residências agradáveis em meio a jardins [em] pequenos núcleos urbanos, se deslocariam a pé até as fábricas instaladas em suas periferias e se alimentariam dos produtos cultivados em um cinturão verde mais externo [...]" (Kunzig, 2011, p. 46). Na clássica imagem da Figura 2.1, veiculada no livro *Cidades-jardins de amanhã* – editado em 1902 a partir de um folheto de 1898 –, Ebenezer demonstra o fascínio exercido, respectivamente, pela cidade moderna, pelo campo e pela "cidade-jardim (cidade-campo)" sobre as pessoas, promovendo esta última como a alternativa autossuficiente e superior de modo de vida, um "ímã irrecusável", ao permitir a fruição, em conjunto, das atrações vantajosas dos tradicionais ambientes (campo e cidade).

Figura 2.1 – Esquema das respectivas atrações do campo, da cidade e da cidade-jardim, elaborado por Ebenezer Howard no final do século XIX

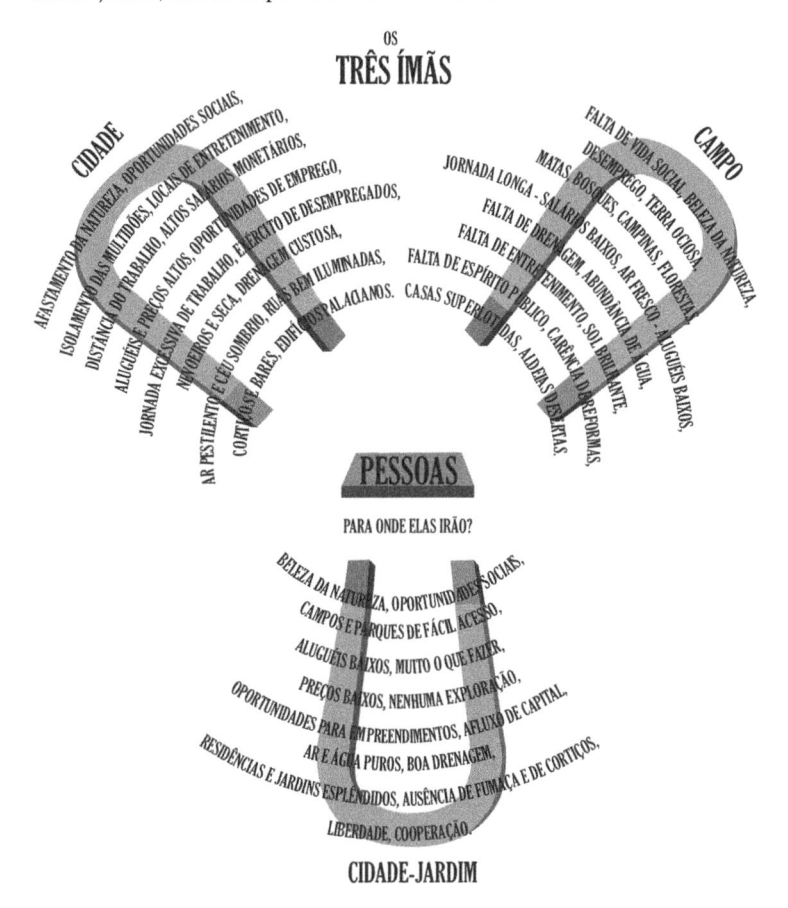

OS
TRÊS ÍMÃS

CIDADE: AFASTAMENTO DA NATUREZA, OPORTUNIDADES SOCIAIS, ISOLAMENTO DAS MULTIDÕES, LOCAIS DE ENTRETENIMENTO, DISTÂNCIA DO TRABALHO, ALTOS SALÁRIOS MONETÁRIOS, ALUGUÉIS E PREÇOS ALTOS, OPORTUNIDADES DE EMPREGO, JORNADA EXCESSIVA DE TRABALHO, EXÉRCITO DE DESEMPREGADOS, NEVOEIROS E CÉU SOMBRIO, RUAS BEM ILUMINADAS, DRENAGEM CUSTOSA, AR PESTILENTO E CÉU SOMBRIO, RUAS BEM ILUMINADAS, CORTIÇOS E BARES, EDIFÍCIOS PALACIANOS.

CAMPO: FALTA DE VIDA SOCIAL, BELEZA DA NATUREZA, MATAS, BOSQUES, CAMPINAS, FLORESTAS, DESEMPREGO, TERRA OCIOSA, JORNADA LONGA - SALÁRIOS BAIXOS, AR FRESCO, FALTA DE DRENAGEM, ABUNDÂNCIA DE ÁGUA, FALTA DE ENTRETENIMENTO, SOL BRILHANTE, FALTA DE ESPÍRITO PÚBLICO, CARÊNCIA DE REFORMAS, CASAS SUPERLOTADAS, ALDEIAS DESERTAS, ALUGUÉIS BAIXOS.

PESSOAS
PARA ONDE ELAS IRÃO?

BELEZA DA NATUREZA, OPORTUNIDADES SOCIAIS, CAMPOS E PARQUES DE FÁCIL ACESSO, ALUGUÉIS BAIXOS, MUITO O QUE FAZER, OPORTUNIDADES PARA EMPREENDIMENTOS, PREÇOS BAIXOS, NENHUMA EXPLORAÇÃO, AFLUXO DE CAPITAL, AR E ÁGUA PUROS, BOA DRENAGEM, RESIDÊNCIAS E JARDINS ESPLÊNDIDOS, AUSÊNCIA DE FUMAÇA E DE CORTIÇOS, LIBERDADE, COOPERAÇÃO.

CIDADE-JARDIM

O esquema demonstra a visão negativa contemporânea sobre as cidades modernas industrializadas, propondo outra forma de configuração urbana, em que se unem apenas as vantagens do campo e da cidade moderna.

Nos estudos nacionais, a arquiteta e urbanista brasileira Raquel Rolnik é uma das autoras que recuperam a metáfora do ímã a fim de responder à pergunta que dá título ao seu livro, *O que é cidade?* (Rolnik, 2004). Na seção "A cidade como um ímã", na tentativa de delimitar um conceito, propugna a posição de que, mesmo antes de a cidade se transformar num local fixo e permanente de moradia e de trabalho, houve uma atração primordial diante da capacidade de reunir, temporariamente, um grupo social. No caso das primitivas aglomerações hoje consideradas os embriões das cidades, os zigurates da Mesopotâmia, isto é, os templos religiosos surgidos nas planícies daquela região do Oriente Médio, entre os rios Tigre e Eufrates, exerceram essa função atrativa original, oportunizando a ocupação progressiva do espaço físico com as construções em tijolos cozidos, daí surgindo normas políticas, de organização do trabalho, de formas de se alimentar etc.

Essas aglomerações populacionais mesopotâmicas foram atraídas, primeiramente, pela oportunidade da função religiosa dos templos dedicados aos deuses e deusas, ou seja, aos mortos; a cidade dos mortos precedeu a cidade dos vivos, como afirma Rolnik (2004). A arte monumental dos antigos templos passou a ser, desde então, um dos aspectos imprescindíveis para a definição de cidade no contexto da Antiguidade.

Figura 2.2 – Zigurate de Ur-Nammur na região do Oriente Médio, atual Iraque: arquitetura monumental à base de tijolos cozidos

Nas dinastias do Egito Antigo, a aplicação da crença da vida após a morte era expressa, também, na arquitetura, desde as grandes pirâmides até os túmulos de menores dimensões (*mastabas*, expressão árabe para "bancos de pedra") dos nobres, tornando essas construções dedicadas ao além mais duráveis do que as voltadas para a vida cotidiana dos vivos, em grande parte vivida sob o abrigo de casas de tijolo de adobe e fibras vegetais.

Figura 2.3 – Mastaba egípcia

Leonid Andronov/Shutterstock

A mastaba egípcia era de difícil acesso às demais classes que não os nobres, estabelecendo, portanto, uma hierarquia social também com base na arquitetura mortuária.

No entanto, para além da questão religiosa, as cidades antigas egípcias desenvolveram outras funções, bem como tinham diferentes denominações. Antes de tudo, elas não se definiam pela densidade populacional, algo que para o nosso tempo é fundamental para classificar um assentamento urbano, ou seja, havia outros critérios para diferenciar uma cidade de uma vila rural, entre eles a proximidade com o Nilo e a relação entre determinado assentamento e o rio. Isso torna as cidades do Egito Antigo diferentes diante das cidades da Mesopotâmia, uma vez que não apenas a função religiosa exerceu a atratividade primordial de concentração. Havia uma rede de cidades, conectada pelo Nilo, integrante de um Estado territorial único, no qual cada assentamento manifestava uma função, ou várias combinadas, de acordo com sua localização geográfica, porém com o objetivo de fortalecer o todo.

Quanto ao local de instalação, ou localização, a cidades podem ser: **cidades-gezira**, quando foram construídas em elevações pleistocênicas, e permaneciam fora do efeito das cheias anuais do Nilo; **cidades-banco**, quando foram construídas em bancos de sedimentos depositados pelo Nilo, geralmente na margem do rio; **cidades reconstruídas**, que foram construídas sobre depósitos de materiais formados pelo acúmulo de resíduos de construções mais antigas; **povoados às margens do deserto**, que se desenvolviam durante a cheia no primeiro terraço do deserto quando o rio estava próximo; e, por último, as **cidades especiais**, construídas com a finalidade de abrigar determinadas categorias profissionais, como as "cidades de pirâmide". (Coelho, 2011, p. 61-62, grifo do original)

Cabe detalhar um pouco esta última categoria, as cidades especiais de pirâmide, pois elas se fazem presentes com mais força em nossa imagem a respeito do Egito Antigo. Essas cidades especiais, sendo uma delas a de Gizé, podem ser entendidas como cidades planejadas. Foram erguidas por ordem do monarca para abrigar aqueles mobilizados para a construção de seu túmulo, que ganhava local de destaque ao redor do qual eram dispostas as demais edificações, como as mastabas dos nobres e altos funcionários e as residências dos trabalhadores, todas diferenciadas de acordo com sua distribuição espacial e os materiais utilizados. As cidades especiais eram isentas de impostos e, após a passagem do faraó para o pós-morte, continuavam a existir ou eram posteriormente reocupadas.

Lewis Mumford (1998) observa que essas dinâmicas urbanas primitivas, a mesopotâmica e a egípcia, podem ser vistas como dois movimentos combinados, cujos elementos estariam presentes em contextos diversos ao longo da história das cidades. De um lado, há o ímã que atrai pessoas e grupos sociais a um ponto de retorno periódico, a exemplo do estímulo espiritual da religião e do culto aos mortos; de outro existe a fixação sedentária em unidades urbanas reconhecidas como positivas para o desenvolvimento humano. Isso não impediria, entretanto, que a segurança de uma cidade murada, por exemplo, não inspirasse a aventura em terras distantes, caracterizando, para Mumford, dois polos atrativos da dinâmica das sociedades: movimento e repouso.

Entre os povos pré-colombianos das cidades mesoamericanas, com ênfase para os assentamentos na região do vale central do atual México, entre os séculos II a.C. e VIII d.C., a principal cidade, Teotihuacán, foi responsável pela criação das formas urbanas que se apresentariam em seguida e até o momento da invasão dos espanhóis, no final do século XV. Marcada por um intenso comércio de longa distância com outras partes americanas e pela migração de diversos povos atraídos pela sua importância central, Teotihuacán é um exemplo de espaço urbano em torno do qual se organizaram diferentes grupos étnicos. Seu sistema construtivo dominante em taludes e *tableros*[1] (espécie de tabuleiro) sustentava as edificações piramidais, impondo-se sobre outras tipologias, como os muros altos e retos. Pode-se afirmar que a hegemonia da cidade mesoamericana se deu, em grande parte, pelo tipo de sua arquitetura, atraindo como um ímã todas as demais atividades por meio de um sistema estatal hierárquico-funcional, com cada edificação cumprindo um determinado e único papel, num complexo composto pelo centro cerimonial circundado por áreas de residências, áreas para proteção contra invasões, para o plantio etc.

---

1   O talud-tablero *consiste em uma superfície ou painel inclinado para dentro, denominado* talud, *com um painel ou estrutura perpendicular ao solo sobre a inclinação, denominado* tablero.

Figura 2.4 – Cidade de Teotihuacán, hoje sítio arqueológico

AleSalM/Shutterstock

A cidade de Teotihuacán é vista como um complexo construtivo, reunindo diversas funções, não apenas a religiosa, apesar de esta ter sido central naquela sociedade.

Essa dispersão geográfica das dinâmicas urbanas agitadas entre o movimento e o repouso foi capaz de compartilhar elementos comuns, principalmente a possibilidade de transmitir cultura, articulando os diferentes grupos sociais em torno da preservação do estilo de vida a ser perpetuado de geração em geração (Mumford, 1998).

Os elementos transmissores da cultura urbana, para serem passados de geração em geração, precisam contar com diferentes registros que não apenas os escritos, os quais podem ser símbolos, monumentos e outras expressões das artes, além das construções arquitetônicas funcionais. Esse conteúdo cultural se transforma com o passar do tempo, mas o ambiente que o contém deve ser resistente para garantir tal funcionalidade, qual seja, a transmissibilidade. As formas simbólicas – da escrita oficial à arte abstrata – são meios de compreender essa resiliência da cultura urbana no tempo e no espaço, assim como seu domínio cada vez mais vasto ao redor do planeta.

Raquel Rolnik, no livro já citado, articula a construção dos monumentos religiosos nas cidades antigas ao surgimento inevitável da escrita, uma vez que na História "os dois fenômenos – escrita e cidade – ocorrem quase que simultaneamente, impulsionados pela necessidade de memorização, medida e gestão do trabalho coletivo" (Rolnik, 2004, p. 16). A escrita, assim, serve tanto para administrar a produção e o trabalho quanto para promover o conhecimento e é reforçada, por outro lado, pela própria arquitetura, pois ambas podem se fixar na cidade, se perpetuar na História; o espaço urbano, ele próprio, conta uma trajetória no tempo, dessa forma. Portanto, a cidade pode ser lida como um texto, ou um mapa.

A passagem do formato de cidades conectadas do Egito Antigo à união de aldeias em cidades-Estados acontecida na região do Mar Egeu marca o surgimento de um novo padrão urbano, carregando esses elementos anteriores em diferentes configurações. Na Grécia Antiga, o padrão urbano clássico das cidades-Estados se desdobrou com o sinecismo, movimento caracterizado pelo deslocamento, em conjunto, de populações de diferentes aldeias, ou tribos, com vistas à sua união em torno da defesa coletiva contra as ameaças externas, as quais eram representadas pelos estrangeiros e pelas catástrofes naturais. São resultantes desse fenômeno as cidades-Estados de Atenas e Esparta, reunindo seus cidadãos em torno de um ímã, nesse caso, uma coletividade política, mas também em torno dos deuses e idiomas em comum, além da busca pela proteção conjunta.

Neste ponto, mais uma vez é importante relembrar a função exercida pelas perguntas dirigidas ao passado pelo profissional da História, o qual, imerso em seu tempo, deste se contamina para questionar o que já passou. Entre as definições do filósofo grego Aristóteles

(384-322 a.c.) para o termo *pólis*, que estão expostas em seu livro *Política*, a historiografia de há pelo menos um século prefere aquela que a caracteriza como "uma multidão de cidadãos". Quando de seu nascimento como um dos ramos da árvore da ciência, a História elencou, pois na condição de ponto fulcral das análises sobre aquele período histórico (Antiguidade Clássica grega), a relevância dos cidadãos, deixando em segundo plano a relação entre estes últimos e os não cidadãos, e entre estes, as mulheres e as crianças, os escravos e os estrangeiros. Na longa perspectiva de cinco mil anos de história construída por Lewis Mumford, a Atenas do século V a.C.[2], de toda maneira, é a experiência urbana que chegou mais perto da forma ideal de urbe, pelo fato, justamente, de até os dias atuais (de seu ponto de vista, meados do Novecentos) ser interpretada na condição de matriz da democracia ocidental. Por outro lado, o mesmo autor, o qual confere importância para os aspectos intelectuais e materiais das cidades, afirma que, para os contemporâneos, provavelmente o ambiente físico de Atenas não se aproximava de uma forma ideal de cidade: "Na verdade, a cidade visível, a cidade tangível, era cheia de imperfeições [...] não existia calçamento para evitar a lama na primavera ou a poeira no verão; na área central, não existiam jardins interiores nem parques arborizados, e apenas os rudimentos de passeios públicos com arcadas" (Mumford, 1998, p. 177, 183). Dividida entre a criadora da forma de governo ainda referência para o mundo moderno e a estranheza que essa posição causaria entre os atenienses do século V a.C., essa pólis é um tema bastante presente e forte na escrita da História das cidades.

---

2   Em 510 a.C., ocorreu uma revolta em Atenas, liderada por Clístenes, acontecimento considerado o marco inicial da democracia nessa pólis grega. Logo em seguida, entre 508 a.C. e 507 a.C., foram implementadas reformas democráticas. O período considerado de maior desenvolvimento político e cultural é localizado no governo de Péricles, entre 444 a.C. e 429 a.C., século que é tido como o período da Atenas Clássica.

Desde a década de 1990, entretanto, a historiografia contemporânea tem buscado renovar os estudos sobre tal objeto, sendo exemplo disso o trabalho da historiadora brasileira Marta Mega de Andrade. Em seu livro *A vida comum: espaço, cotidiano e cidade na Atenas Clássica* (2002), ela defende o estudo da relação entre o espaço cívico (aquele dedicado às ações públicas e políticas dos considerados cidadãos atenienses) e o espaço total habitado, considerando, assim, a vida cotidiana dos atenienses em conjunto, e não apenas de uma parcela deles; privilegia, desse modo, o cotejamento entre o cidadão e o habitante na pólis de Atenas, compreendendo ambos como sujeitos ativos.

A historiadora brasileira Maria Beatriz Borba Florenzano nos ensina, por sua vez, que o território urbano ateniense era extenso, indo além da acrópole (centro religioso protegido por uma colina fortificada; plano urbano do sagrado), englobando as áreas menos densas em termos populacionais e indo até a parte agricultável, onde se buscava a lenha. Mumford (1998) já havia apontado, em meados do século XX, para essa visão ampliada do território dessa cidade-Estado ao elencar os elementos urbanos atenienses que a identificariam como o modelo da cidade antiga grega. São eles:

a) **Acrópole**: representa a cidade no sentido vertical; núcleo da cidade e morada fortificada dos deuses e das deusas na cidade.
b) **Ágora**: representa a cidade no sentido horizontal, uma praça aberta expandida onde eram exercidos os direitos políticos, além de atividades diversas.
c) **Teatros e ginásios**: representam os arrabaldes da cidade.

Figura 2.5 – A acrópole

Romas_Photo/Shutterstock

A acrópole era a linha vertical que marcava o centro da pólis, revelando a convivência entre religião e política experimentada por aqueles que eram considerados cidadãos.

Assim, a pólis de Atenas constituía um espaço urbano complexo, um percurso conectado, pelo menos, pelas três partes citadas anteriormente, com base em Mumford e conforme os estudos da equipe da professora Florenzano:

> "Verificamos, então, que o domínio da cidade se estendia sobre um território muito maior do que o núcleo densamente povoado. E podemos entender também as referências feitas nos textos antigos aos percursos por onde se deslocavam as procissões – como a grande procissão que

integrava Atenas à cidade de Eleusis, onde eram celebrados os mistérios associados aos cultos das deusas agrícolas Deméter e sua filha Kore (a forma virginal e terrestre de Perséfone). São percursos que energizavam todo o território, dotando-o de uma sacralidade específica". (Florenzano, citada por Arantes, 2015)

Voltando a Aristóteles, devemos mencionar que o filósofo grego, em seu livro *Política*, ofereceu à posteridade não apenas uma definição de *pólis*, mas também a descrição das cidades gregas em seus princípios urbanísticos, os quais demonstram a diversidade de seu território urbano. Entre eles, destacamos os seguintes: o princípio da mistura entre os caminhos rudimentares dos pedestres e as ruas mais planejadas e geométricas; o da necessidade de expansão do espaço urbano para a manutenção da salubridade, desde que não perdesse seus limites e fosse orientada em direção ao bom clima; o da ampliação do sistema de abastecimento de água; o da construção de muralhas para a proteção dos ataques dos inimigos; o do crescimento populacional sempre controlado. Este último aspecto, aliás, era o que definia, para os gregos antigos, o que era uma cidade com boa qualidade de vida ou não. Para mantê-la numa escala que permitisse a qualidade do modo de vida, as cidades-Estados gregas procuraram o crescimento via colonização, e não pelo "acréscimo, que se tornava socialmente inorgânico e acabava conduzindo à desintegração [...]. Tinham [os gregos] dominado a arte de reproduzir cidades [...]" (Mumford, 1998, p. 205-206). Para Aristóteles, as artes vinham antes da necessidade de possuir armas bélicas, embora compreendesse a importância da construção de muralhas, as quais, porém, representavam outras funções que não obrigatoriamente as militares, de defesa.

Mapa 2.1 – Território ampliado da Atenas Clássica, com a visualização das três partes identificadas nos estudos de Lewis Mumford.

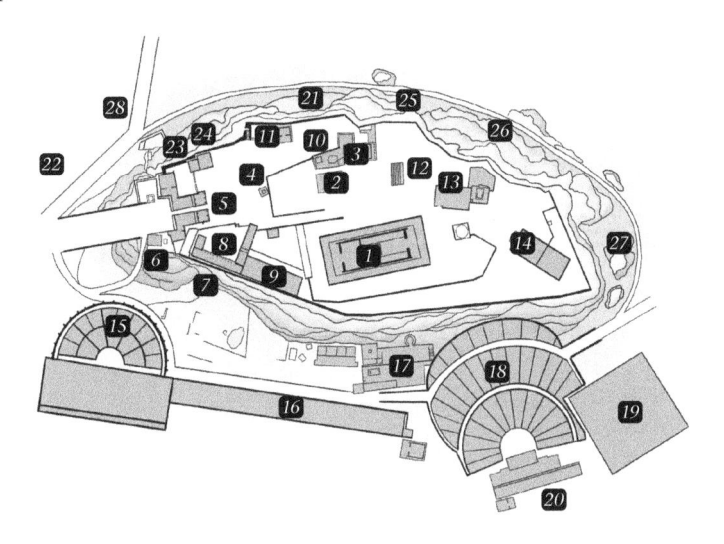

Legenda do mapa de Atenas antiga, com percurso pelo território ampliado da cidade:

1. **Partenon (acrópole dedicada a Atenas)**; 2. Antigo **Templo de Atenas**; 3. Erechtheum; 4. Estátua de Atena Prómaco; 5. Propileus; 6. **Templo de Atena Nic**; 7. Santuário de Egeu; 8. Santuário de Artemis Brauronia; 9. Chalkotheke (armazém para guardar armas, vasos etc.); 10. Pandroseion (santuário); 11. Arreforion; 12. Altar de Atena; 13. Santuário de Zeus Polieus; 14. Santuário de Pandion; 15. Odeon de Herodes Ático (ensaios musicais e **teatro** para dias chuvosos); 16. Colunata de Eumenes; 17. Santuário de Asclépio; 18. **Teatro de Dionísio** Eleuthereus; 19. Odeon de Péricles; 20. Temenos de Dionísio Eleuthereus; 21. Aglaureion (santuário); 22. Peripatos; 23. Clepsidra (relógio hidráulico para medir o tempo, em direção ao santuário de Zeus); 24. Cavernas de Apollo Hypocraisus, Zeus Olímpico e Pan; 25. Santuário de Afrodite e Eros; 26. Inscrição Peripatos; 27. Caverna de Aglauro; 28. **Via Panatenaica**.

As guerras do Peloponeso[3] foram os testemunhos da desunião entre as diferentes pólis em oposição à escolha pela manutenção da liberdade de cada uma delas na busca do comedimento, do equilíbrio entre as partes e o todo. A derrota de Atenas diante de Esparta, finalmente, acarretou mudanças significativas nos fundamentos que sustentavam o conceito de pólis, possibilitando a introdução de novas formas políticas e a "unificação" das cidades gregas de fora para dentro, mediante a força da aliança militar comandada pelo rei da Macedônia, Felipe (238 a.C.-179 a.C.), com o objetivo maior de defender-se contra os persas.

---

[3] As guerras do Peloponeso foram uma série de conflitos armados entre Atenas e Esparta e que durou de 431 a.C. a 404 a.C. A fonte mais citada é o detalhado registro escrito por Tucídides, general e historiador, na obra História da Guerra do Peloponeso, além dos escritos de Xenofonte em Helênicas. Ambos foram testemunhas dessa guerra e escreveram sobre seu próprio tempo.

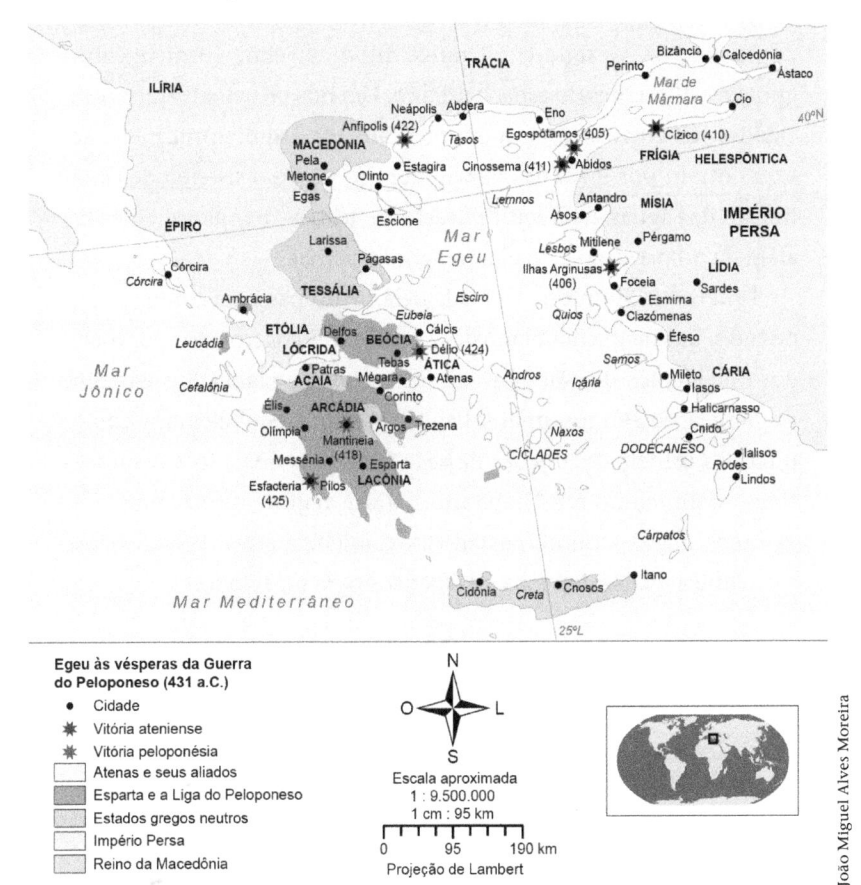

Mapa 2.2 – Configuração das alianças das cidades de Atenas (Liga de Delos, marcada em amarelo) e Esparta (Liga do Peloponeso, em vermelho) no eclodir da Guerra do Peloponeso no Mar Egeu

Fonte: Wikipédia, 2023.

O período helenístico (336 a.C. a 146 a.c.) – inaugurado com o domínio do Império Macedônico sobre a Grécia e estendendo-se geograficamente até as margens do Rio Indo, na atual Índia, ao longo do período de Alexandre, o Grande, filho de Felipe – trouxe configurações diferentes do espaço urbano. Um dos principais traços das cidades helenísticas foi a monumentalidade arquitetônica; elas se expandiram por meio das obras públicas, desde o sistema de canalização das águas até a multiplicação de teatros, templos e ginásios, além da arborização e do alargamento das ruas.

Para Lewis Mumford, a cidade helenística passou a conter, antes de tudo, um recipiente pleno de espectadores controlados por meio dos espetáculos de grande porte, permitidos e planejados em consequência desse monumentalismo urbano e estabelecidos como uma das principais funções dessas cidades, as quais foram submetidas, assim como seus habitantes, a um regime monárquico oligárquico que deixou no passado a experiência ativa dos cidadãos; a dinâmica que se deu foi a de cidadãos para espectadores.

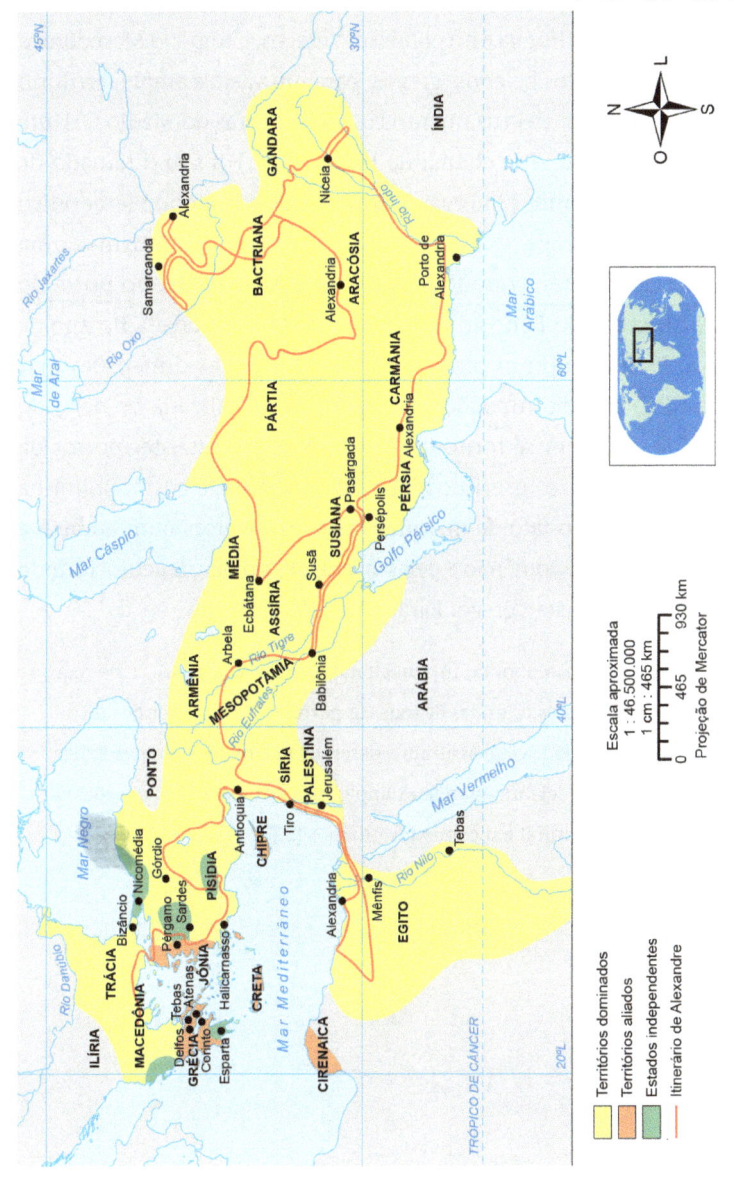

Mapa 2.3 – A expansão da cultura helenística do Império Macedônico

Fonte: Kinder; Hilgemann; Hergt, 2007, p 64.

Assentado na língua e no politeísmo gregos, o Império Macedônico levou a cultura dos helenos (gregos) para um vasto e amplo território, promovendo o entrecruzamento com as culturas do Médio Oriente, constituindo o que se chama de Helenismo. Foi sob o reinado de Alexandre, o Grande (336 a.C.-323 a.C.), que o Império Macedônico alcançaria seu auge, estando entre as criações alexandrinas uma plêiade de cidades, com destaque para a Alexandria, no norte do Egito. Tomada do Egito aos persas, a cidade foi fundada no ano de 332 a.C., segundo um plano urbanístico com as dimensões pensadas pelo próprio fundador, o imperador. Localizada no delta do Rio Nilo, também se tornou um dos mais importantes portos da época, bem como inseriu o signo da urbanidade cosmopolita na Antiguidade pelo fato de misturar culturas diversas num ambiente dinamizado pelo comércio e pelas atividades do pensamento, unindo os mundos egípcio e grego. Para Sales (2005, p. 58),

> A dimensão cosmopolita, internacional, centro de atracção e de fixação de populações oriundas de todas as partes do mundo conhecido de então que a cidade cedo assumiu e desenvolveu, merece um particular destaque e faz dela um grande exemplo histórico da vivência e coexistência multicultural em contextos urbanos [...].

Figura 2.6 – Alexandria antiga, segundo as dimensões e o plano urbanístico elaborados por Alexandre

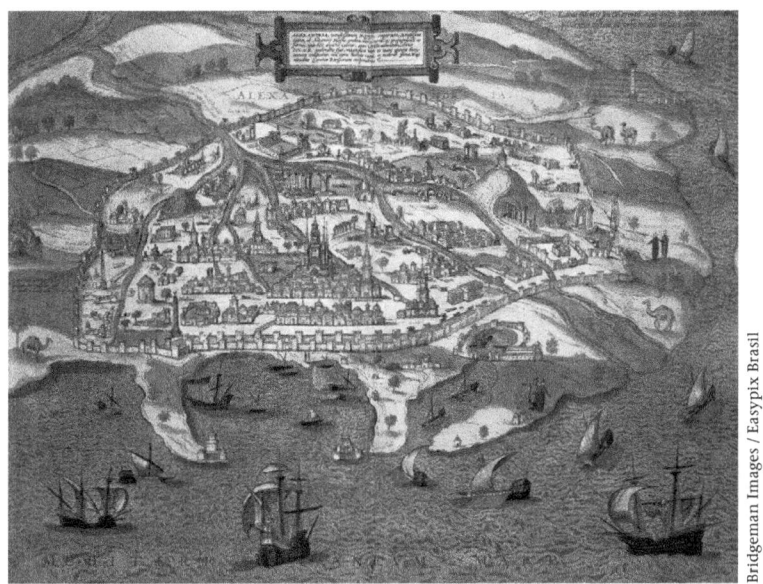

Foi essa estrutura cultural que sobreviveu à morte de Alexandre, o Grande, assim como ao desmantelamento da unidade político-militar de seu Império, do qual uma das marcas legadas foi o cosmopolitismo, naquele caso baseado no pensamento pan-helênico contemporâneo de Felipe da Macedônia e que mudou o eixo da relação entre as cidades e seus habitantes. A mudança foi do laço orgânico entre cidadão e pólis, via práticas públicas políticas, em direção a um processo de recolhimento introspectivo (experiências individuais dentro da biblioteca e no museu), ao mesmo tempo que o indivíduo era imerso numa massa populacional.

Essa transformação se torna clara no cotidiano da Roma Imperial, com suas construções em grande escala onde aconteciam as diversões em massa, a exemplo do Coliseu, o qual abrigava 45 mil espectadores;

essas enormes construções ocuparam, de certa maneira, o espaço que, na Atenas Clássica, havia sido destinado às ações políticas, à retórica e ao debate público, mesmo que restritas aos considerados cidadãos. Essas alterações foram, todavia, profundas, uma vez que o Império Romano, "fruto de um único centro urbano de poder, foi considerado, por Lewis Mumford, a maior empresa construtora de cidades [...]" (Brito, 2018, p. 43). Por todo o território havia cidades novas, muitas das quais acabaram por apresentar melhores condições de vida do que a própria capital, Roma, na qual a disseminação das doenças fugia ao controle diante de uma densa população, acumulando instabilidade política e social no coração do Império.

(2.2)
A CIDADE MEDIEVAL EM SEUS DIFERENTES CONTEXTOS

> *Renunciando a tudo o que o mundo pagão tinha cobiçado*
> *e por que havia lutado, o cristão deu os primeiros passos*
> *no sentido de construir um novo tecido a partir dos*
> *escombros. A Roma cristã encontrou uma nova capital,*
> *a Cidade Celestial; e um novo laço cívico, a comunhão dos*
> *santos. Ali estava o protótipo invisível da nova cidade.*
> (Mumford, 1998, p. 267)

O cristianismo é uma das chaves mais interessantes para a compreensão das profundas mudanças ocorridas no interior do Império Romano. Como nos lembra Jacques Le Goff, no livro *Por amor às cidades*, o "cristianismo ocidental não admite mais o circo [...]. O estádio não tem mais razão de ser: o esporte toma formas completamente diferentes [...]. As termas desaparecem, já que se estabelece uma nova relação com o corpo [...]" (Le Goff, 1998, p. 10). Por outro lado, os mortos são trazidos, novamente, ao convívio entre os vivos, quando os cemitérios são reintroduzidos no espaço urbano até como meio de sociabilidade e somente mais tarde como local dedicado à religião, ao silêncio e ao respeito aos moldes mais próximos aos atuais.

Todavia, uma das instituições urbanas da Antiguidade romana preservou-se, modificada, nas cidades medievais: o fórum. Fundado para ser um mercado comum, o fórum se tornou um espaço destinado a discursos, trocas comerciais, assembleias, Justiça, santuários e templos; um local central, o qual atraía um grande contingente pela sua gama variada de atividades. Podemos afirmar que, no caso da Roma Imperial, funcionou como o centro político-religioso-jurídico-econômico, atraindo várias tribos estrangeiras sob o domínio dos romanos. Legado da Grécia Clássica e do período helenístico, na Roma Imperial o fórum "é uma concentração maior de atividades variadas, um grau mais elevado de ordem formal, uma expansão e magnificação dos temas já presentes em outros lugares, na cidade helenística" (Mumford, 1998, p. 246). A crescente insegurança diante das constantes invasões dos chamados "povos bárbaros" no processo de decadência do sistema imperial romano fez com que o mercado, até então identificado com o fórum, fosse transferido para um local mais protegido e defensável, numa colina, a Capitolina, a cerca de 40 metros de altitude, modificando as funções dessa resiliente instituição cívica.

Estudos multidisciplinares recentes dão uma perspectiva da cidade medieval como inspiração para pensarmos nossas cidades atuais. No centro desse pensamento os estudos colocam a relação entre as cidades medievais e o comércio, a exemplo do que viria acontecer na Antiguidade Tardia, período datado entre os séculos III e VII. Na verdade, desde a segunda metade do século XIX, o tema da queda do Império Romano do Ocidente e início do período medieval vem ganhando novas perguntas, fontes (como os vestígios arqueológicos) e problemáticas, questionando-se até mesmo a data até então aceita nos livros escolares, o ano de 476, com a deposição do último imperador romano pelos invasores germânicos e a transferência das insígnias imperiais para a cidade de Constantinopla.

O historiador brasileiro Caio Augusto Ribeiro Machado optou por analisar a Antiguidade Tardia a partir da história da evolução das cidades, por ele compreendidas como uma "forma de organização social e política no espaço [...]" (Machado, 2015, p. 97), portanto testemunhas de uma época. Um aspecto dessa evolução urbana, segundo o autor, evidencia que algumas construções das cidades antigas ganharam novas funções, enquanto outras foram deixadas de lado, sendo um exemplo:

> os restauros seletivos e as novas construções, especialmente igrejas, [...] ligados ao desenvolvimento de uma nova sociedade, na qual a comunidade cívica clássica deu lugar à comunidade cristã. As cidades se transformavam fisicamente, ao mesmo tempo em que as sociedades que nelas viviam também se transformavam. (Machado, 2015, p. 101)

Nesse processo de mudança no espaço físico das cidades, um dos aspectos que podemos realçar é a presença cada vez maior das igrejas e, por conseguinte, das autoridades eclesiásticas cristãs, as quais desempenhavam "funções anteriormente associadas aos conselhos municipais e ao governo central" (Machado, 2015, p. 108). A figura do bispo é uma das mais importantes entre essas autoridades, pois já no século IV se torna um personagem central da Antiguidade Tardia. Provenientes, em sua maioria, de segmentos sociais enriquecidos da hierarquia romana (visto a necessidade de recursos financeiros para lograr uma formação educacional baseada na filosofia cristã), os bispos eram considerados os Padres da Igreja e dotados dos poderes espiritual, ascético (como os monges) e político-pragmático nas cidades. Entre os poderes dos bispos estavam a assistência aos pobres, a restauração de edifícios públicos e a defesa do poder da municipalidade diante dos poderes políticos instituídos (até mesmo diante dos imperadores), além de atuarem como mediadores judiciais (Silva, 2016).

O poder episcopal, na grandeza que atinge a partir da Antiguidade Tardia, é revelado no próprio espaço urbano, como demonstra a construção das residências específicas a ele destinadas: o complexo do *episkopeion*. Ao longo dos séculos V e VI, tais complexos foram sendo erguidos em diversas cidades dos territórios imperiais ocidental e oriental perto do fórum de cada uma delas, ou nas proximidades das muralhas – as quais passaram a ser cada vez mais presentes nas cidades –, mas sempre nos limites internos do espaço urbano. A cidade medieval logo seria identificada como a cidade episcopal.

A dominação crescente da Igreja Cristã na Era Medieval foi vista por Jacques Le Goff a partir da importância das ordens religiosas mendicantes consolidadas no século XIII, com ênfase nas ordens dos dominicanos e dos franciscanos. Dessa perspectiva, o medievalista francês observou as relações entre a cidade e seus subúrbios do lado de fora das muralhas, onde os mendicantes se fixavam. Esse exemplo de ascetismo estabeleceu uma espécie de troca entre o centro da cidade (cidadela) e seus entornos (subúrbios), aproximando esses religiosos da população, que os escolhe como exemplos de vida, sendo um aspecto simbólico dessa convivência urbana. Le Goff (1998, p. 20) resume bem essa aproximação baseada em laços sagrados:

> No século XIII, parecia essencial a essas ordens fazerem-se aceitas dando às populações o exemplo da pobreza e da humildade; elas extraem as

lições dos movimentos sociais que estão emergindo, nos quais as pessoas simples da cidade questionam a atitude dos poderosos e, em particular, a dos senhores, os quais, de seu campo, de suas fortalezas, continuam a dominar o espaço, incluindo o espaço urbano. Em contraposição, a riqueza se cria de um modo ainda mais brutal na cidade, com os mercadores, os burgueses, o comércio. Diante da arrogância dos novos ricos e dos antigos poderosos que estão sempre aí, para convencer o povo, para não deixá-los rebelar-se coma a ideologia cristã da época [...], essas novas ordens mendicantes querem dar o exemplo.

Também para o estudo clássico de Mumford as ordens mendicantes exerceram papel fundamental na evolução urbana, pois a acolhida que ofereciam para reter uma população mais pobre no interior das muralhas, mesmo que na contiguidade destas e não na área central, fez aumentar a densidade na cidade, o que gerou riqueza e, por outro lado, desigualdade. A segurança relativa no interior das cidades amuralhadas contribuiu para a retomada da produção e do comércio, e o mercado dominou as funções antes diversificadas do antigo fórum; os mercadores, por sua vez, formaram uma das primeiras corporações urbanas de ofício. Logo, bairros novos no interior das muralhas passaram a ser criados para abrigar essa especialidade de trabalhador, os mercadores.

As muralhas, entretanto, não foram empecilhos para a expansão do território das cidades e eram derrubadas e estendidas para limites maiores, abarcando novos subúrbios, sempre que necessário. Todavia, uma série de normas práticas impedia um crescimento demasiadamente extenso e ampliado, fazendo com que ainda surgissem, fora das muralhas, comunidades autossuficientes. Le Goff (1998) adverte que, no ano de 1300, nem 20% da população ocidental residia nas cidades, cenário que mudará somente séculos mais tarde (rever dados no Capítulo 1 deste livro).

Outra instituição cristã que fará a diferença na vida das cidades medievais são os mosteiros, principalmente os da regra beneditina, e essa importância recai sobre a valorização do trabalho, sobretudo do trabalho manual. Criada no século V e considerada precursora e reguladora do movimento monástico em geral por conta da aplicação da *Regula Benedict*, de autoria de São Bento de Núrsia, a Ordem Beneditina difundiu na Cristandade, a partir do século IX, o princípio do "Reza e Trabalha", além dos preceitos de acolhimento aos viajantes e peregrinos, da assistência aos pobres e da promoção do ensino.

Os monges, sacerdotes do clero regular que vivem em regime de clausura, valorizaram o trabalho por meio da oração e da contrição, atos praticados pelos próprios religiosos nos ambientes dos mosteiros, mediante a alternância entre a atividade e a contemplação. A necessidade humana, no entanto, mais ainda nas cidades cada vez mais populosas, elevou, na perspectiva beneditina, o patamar do trabalho manual para o nível da esfera do pensamento, sendo defendida a complementaridade desses dois aspectos, ambos vistos como trabalho. O preconceito da época, assim, foi posto sobre a ociosidade, sobre a preguiça. Portanto,

> a grande valorização do trabalho se dá na cidade. Esta é uma das funções históricas fundamentais da cidade: nela são vistos os resultados criadores e produtivos do trabalho. Todos esses curtidores, ferreiros, padeiros [...] são pessoas que produzem coisas úteis, boas e, às vezes belas, e tudo isso se faz pelo trabalho, à vista de todo mundo. Inversamente, a ociosidade é depreciada: o preguiçoso não tem lugar na cidade. Some-se a isso que, a partir do momento em que se desenvolve um movimento escolar num certo número de cidades, o fato de ensinar e aprender contribui para a valorização do trabalho. (Le Goff, 1998, p. 49)

Contudo, o entendimento a respeito da mendicância não se assemelhava ao olhar depreciativo sobre a preguiça, pois a pobreza se tornaria, cada vez mais, um instrumento para que os mais ricos buscassem a salvação cristã, mediante a oferta de esmolas e de outras formas de caridade. Nesse cenário de contradição entre riqueza e pobreza, trabalho mental e trabalho manual, houve a consolidação das corporações de ofício, não se limitando à dos comerciantes e mercadores, mas abrangendo os trabalhadores manuais em geral, de acordo com suas especialidades. Denominadas *guildas*, essas corporações visavam, antes de tudo, à assistência e à proteção aos seus trabalhadores, mas também representaram e reforçaram o modo de vida coorporativo das cidades medievais, ao lado dos mosteiros e dos conventos, e tinham papel ativo no espaço urbano, construindo bairros, escolas primárias, ingressando na filantropia e regulando práticas urbanas conforme as atividades de cada ofício. Mumford (1998) defende que o apagamento do perfil de irmandade no interior das guildas em favor dos trabalhadores mais prósperos, como os mestres mais experientes de determinado ofício manual, causando um processo de exclusão corporativa do artífice mais pobre, é um traço de profundas mudanças dessa sociedade medieval.

> Tão logo o motivo econômico se isolou e passou a ser a finalidade dominante das atividades da guilda, a instituição entrou em decadência: um patriciado de prósperos mestres levantou-se dentro dela para transmitir os seus privilégios aos filhos e, mediante a exigência de grandes joias de ingresso, provocando a exclusão e a desvantagem do artífice mais pobre e do crescente proletariado. Pela época em que as dissenções religiosas do século XVI quebraram a própria fraternidade religiosa, na Europa setentrional, sua natureza econômica corporativa já se encontrava grandemente carcomida: os gordos, mais uma vez, pisavam sobre os magros. (Mumford, 1998, p. 297)

A associação entre comércio e artesanato era inseparável, uma vez que os mestres precisavam comprar, no mercado as matérias-primas, assim como era lá onde venderiam suas mercadorias prontas. Havia, ainda, uma hierarquização entre as corporações de ofício, não apenas internamente, como informado na citação anterior, mas também entre elas, conforme a importância de algum setor manufatureiro em determinada cidade, sendo reservados a tal setor postos administrativos municipais. De interesse comum tanto aos senhores feudais quanto aos citadinos, as feiras das cidades eram alvos de proteções regulamentadas pelas autoridades senhoriais e municipais. O comércio era central nessas mudanças, pois era por meio das trocas que as distâncias iam sendo vencidas, impulsionadas pela prática do lucro.

(2.3)
Cidade e diferentes contextos na Idade Moderna

No século XII, os novos ricos, como denomina Jacques Le Goff, ou os "gordos", como quer Mumford, organizados em torno do fortalecimento do grande comércio, passaram a buscar a libertação das cidades das mãos da nobreza e dos bispos. O alcance dessa liberdade aconteceu muitas vezes de forma violenta e tinha por finalidade a conquista da jurisdição sobre a cidade, a qual deveria ser registrada na carta comunal, ou carta da franquia, transformando-a em uma comuna livre.

Desde o século XI novas comunidades haviam sido criadas por meio de iniciativas de senhores feudais e da Igreja Católica, com o fim primordial de aumentar a área de campos para o cultivo, visto o significativo crescimento demográfico da Europa Ocidental naquela época (período também conhecido como Renascimento Urbano). Isso se dava pelo recrutamento de parte da população das regiões mais antigas por meio da concessão de terras para a expansão da ocupação, ou arroteamento, sobre as áreas florestais, bosques e pântanos. Muitas dessas novas comunidades evoluíram para o aspecto de cidades novas, com praça de mercado e muralhas, inclusive.

Gráfico 2.1 – Crescimento populacional na Europa durante a Idade Média

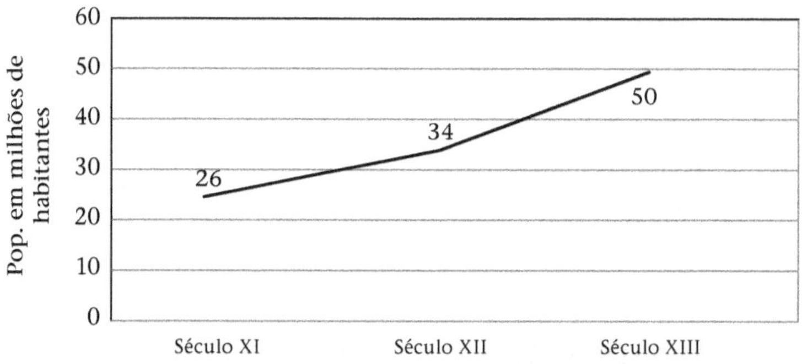

Fonte: Braick; Mota, 2006, p. 53, citadas por Historiajaragua, 2012.

Os mercados protegidos, que passaram a ocupar a praça central de cidades fortificadas, mesmo nas novas cidades criadas por franquia, acabaram sendo identificados como *burgos* ("fortaleza" em latim), e seus habitantes, como *burgueses*. Essa organização comercial originada da expansão agrícola e dos excedentes, a qual envolvia os ofícios artesanais de modo geral, soma-se à cidade mais tradicional, a dos senhores e dos eclesiásticos, e transforma-se numa nova força social, política e econômica.

Le Goff (1992) nos informa que os burgueses tinham três preocupações principais para defender "seus" direitos: o de enriquecer; e o de administrar; o de dispor de mão de obra. Além disso, o medievalista francês afirma que os dois sistemas, o dos senhores feudais com seus castelos e privilégios e o dos burgueses com sua luta por direitos sobre os burgos, conviveram em diversas cidades, sendo a oposição mais acirrada entre estes últimos e a classe eclesiástica, a qual via os direitos dos burgueses como sacrílegios, pretensões que feriam o poder espiritual da Igreja sobre a organização social. A essa convivência, Le Goff denomina "sistema feudo-burguês" (Le Goff, 1992).

Entretanto, essa dualidade vai se institucionalizar em novos direitos e garantias aos burgueses, bem como no perfil dessa cidade renovada via foral na condição de propriedade coletiva, o que pode ser atestado pela criação do conselho da cidade, de seu próprio selo, do paço municipal e de outros edifícios pertencentes à municipalidade (Le Goff, 1992). Por outro lado, o foral estipulou uma organização econômica eficaz, promovendo maiores benefícios ao comércio burguês.

Mas em que essencialmente essa burguesia medieval difere da burguesia das cidades industriais do século XIX? Os burgueses do período medieval eram definidos como uma categoria jurídica objeto de direitos específicos ligados às suas atividades econômicas, o que não impediu que também fossem identificados como uma classe com independência financeira e dotada de um estilo de vida próprio. O sino pode ser tomado como um símbolo desse novo estilo de vida urbano, pois passou a regular o ritmo de trabalho, por exemplo, nas cidades dedicadas à produção têxtil. Cabe destacar, ainda, a criação de escolas laicas, nas quais se ensinava aos filhos dos burgueses, além da leitura e da escrita, a prática comercial; a grandeza dos monumentos urbanos, inclusive os religiosos, notadamente a catedral. Os burgueses industriais do século XIX, para Le Goff, são testemunhas e protagonistas do processo específico da Revolução Industrial, desenrolada desde o final do Setecentos. No meio do caminho, porém, houve uma pandemia, e muita coisa mudou.

Figura 2.7 – Iluminura de 1411 representando um casal contaminado pela peste bubônica, então chamada de *peste negra*

A pandemia causada pela peste negra, antes de tudo, é um fenômeno característico de um mundo conectado. A propagação da bactéria *Yersinia pestis* ao longo das rotas comerciais, terrestres e marítimas, é exemplo da concretização de uma rede na primeira metade do século XIV. O tráfego de mercadorias, bem como os intercâmbios culturais, traz em seu bojo vetores inesperados, como a transmissão de doenças infectocontagiosas. Durante uma década, a disseminação e os efeitos dessa peste (que pode ser bubônica, pneumônica ou séptica) estiveram cotidianamente presentes em vastas regiões da Europa, da Ásia e da África, tendo o auge ocorrido entre os anos de 1347 e 1352. A doença foi desencadeada, no continente europeu, pela entrada da bactéria pelos portos comerciais, em especial os existentes na Península Itálica, então entrepostos estratégicos entre Oriente e Ocidente.

Figura 2.8 – Rua da cidade de Londres, em 1665, durante uma epidemia de peste negra, com as cruzes pintadas de tinta vermelha nas casas dos acometidos pela doença

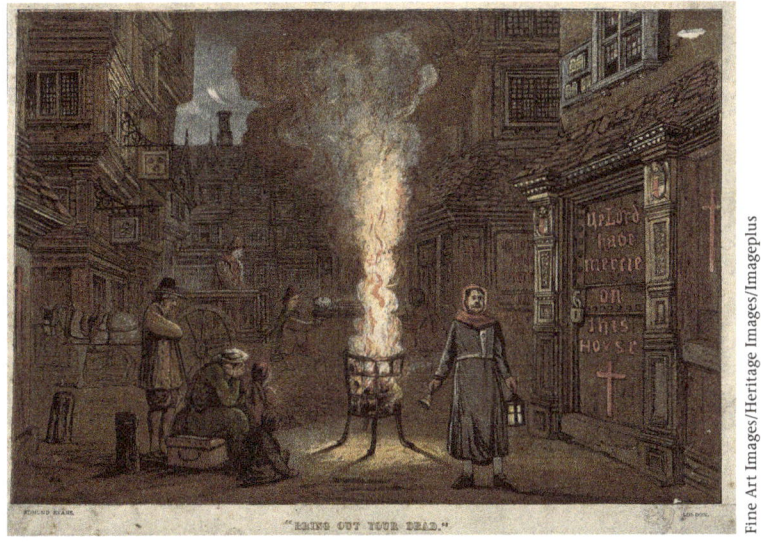

Um dos melhores métodos de prevenção contra essa infecção, que dizimou milhões de pessoas, era, simplesmente, a fuga. Aqueles que podiam, os mais ricos, isolavam-se em locais menos populosos, saindo das cidades, e os demais se conformavam com a ideia de se

tratar de um castigo divino.[4] As cidades do século XIV atingidas pela peste, como Veneza, Milão, Barcelona, Lyon, Florença e Sevilha, sofreram uma perda demográfica prolongada. Por outro lado, as cidades buscaram implantar, institucionalmente, regras, normas, regulamentos e práticas administrativas para sobreviverem ao flagelo da peste.

Não sendo o fator determinante, mas sem dúvida um precipitador de mudanças, a peste negra foi seguida por uma nova legislação econômica e social e pelo reforço de uma nova ordem política, mais centralizada. Mumford (1998) denomina esse novo cenário de "organização barroca". O que seria isso? O resultado da rivalidade entre dois modelos de poder: de um lado, o poder real e, de outro, o poder municipal, ou seja, a disputa entre as cidades feudalizadas sob o domínio da nobreza e do clero e as cidades livres criadas por cartas de foral sob o domínio da burguesia. Nessa disputa, a "cidade do príncipe" vai prevalecer. No século XVIII, a vitória do modelo da "cidade do príncipe" consolidou-se numa política centralizada em torno de Estados nacionais, e os reinos se tornaram mais importantes, como referência à condição de cidadania, sobrepujando nesse quesito as cidades. Dessa centralização fez parte o incremento da burocracia, com a aplicação da contabilidade governamental e o recenseamento da população, dos estoques de suprimentos etc.; a concentração de poderes nas mãos de poucas famílias nobres detentoras de grandes territórios; o fortalecimento do rei e das forças militares; novos traçados urbanos, mais grandiosos. Tais elementos acabaram por se

---

4 *A peste esteve presente na Europa, com reincidências, até o século XVIII, tendo reaparecido nas Américas pela primeira vez, inclusive no Brasil, entre o final do século XIX e o começo do XX. Ainda hoje, eventualmente, causa mortes nos Estados Unidos e é endêmica em alguns locais do planeta, como Madagascar, Congo e Peru. Em 2014, por exemplo, foram registrados 650 casos de peste bubônica no mundo, atestando-se um índice de mortalidade de 10% quando aplicado o tratamento à base de antibióticos.*

sobrepor às cidades livres governadas pelas associações municipais nascidas da força do comércio e do artesanato (manufaturas) e alimentaram e foram alimentados por um estilo de vida, o da corte palaciana. Uma nova ordem de valores, segundo Mumford, agora no formato de Estado-nação: demonstrações de poder temporal e de riqueza estavam entre esses elementos classificados como "estilo barroco".

Estudos oriundos de outras áreas da produção do conhecimento científico lançam mão da história das cidades medievais e de seus cidadãos como instrumentos de análise para a compreensão de fenômenos urbanos de nosso tempo presente. Ao examinarem o urbanismo contemporâneo, os professores norte-americanos Nezar Alsayyad e Ananya Roy (2009) utilizam o medievalismo como referência conceitual. Isso porque "a cidade medieval traz à mente os paradoxos, as exclusões e as segmentações que sempre estiveram associados à estrutura das cidades e à organização urbana" (Alsayyad, Roy, 2009, p. 107). Os enclaves dentro do território urbano destinado aos nobres, por exemplo, assemelham-se, segundo os autores, aos enclaves sociais existentes nas cidades pós-modernas enclausurados em sistemas de segurança que os desconectam do restante da cidade, mas que, ao mesmo tempo, demonstram riqueza extrema.

Mas o que aconteceu entre o fim do medievalismo e a disseminação das metrópoles a partir da segunda metade do século XX? Um dos elementos que chamam a atenção para a situação das cidades de hoje, certamente, é a exclusão social. Um olhar para as mudanças dos conceitos sobre a pobreza pode nos ajudar a entender o processo de modernização das cidades. Vimos que na Idade Média havia uma tolerância para com os mendigos, mas não com aqueles identificados como "vagabundos", o que se relacionava ao pecado capital da preguiça. Diante de uma realidade regida por novos valores pós-peste negra, como o luxo, a riqueza e a valorização do dinheiro como fonte de acumulação, Mumford (1998) viu um novo sistema, identificado desde o século XVII, para o qual adotou o conceito de capitalismo, diferenciando-o daquele que se constituiria duas centúrias depois, quando tais valores aumentaram em larga escala global. O espírito do capitalismo penetraria em todas as partes das cidades, a partir da praça comercial, onde funcionavam o mercado e as feiras, comandado pela força do comércio internacional, para além das guildas de ofícios, as quais foram perdendo espaço para a especulação, para os riscos calculados desses novos empreendedores no lugar da proteção mútua, principalmente aquela que se voltava irmãmente para os doentes e os pobres, entre eles os mendigos. Ainda havia a convivência entre o nobre e o burguês, porém tal relação era movida por outros objetivos, deslocados cada vez mais da busca coletiva para a salvação eterna em direção à busca da felicidade individual.

> O capitalismo, dessa maneira, por sua própria natureza, solapou a autonomia local, tanto quando a autossuficiência local, e introduziu um elemento de instabilidade, aliás, de corrosão ativa, nas cidades existentes. Em sua ênfase na especulação, não na segurança, nas inovações lucrativas antes que nas tradições conservadoras do valor e na continuidade, o capitalismo tendeu a desmantelar toda a estrutura da vida urbana e a colocá-la numa nova base impessoal: o dinheiro e o lucro. (Mumford, 1998, p. 451)

A pobreza ficaria sem seus intermediários, e entre ela e o trabalhador se inseriu a capacidade de oferecer, diretamente, a mão de obra diante das oportunidades postas pelos empregadores. Na condição de direito, o trabalho deveria ser utilizado para a conquista da riqueza e do próprio destino, tendo sido desvanecido do valor espiritual: do elogio à pobreza ao elogio ao trabalho. Em contraposição a essa economia de mercado dinamizada por "inovações lucrativas", o historiador inglês E. P. Thompson (1924-1993) defendeu existir uma "economia moral" da classe dos trabalhadores, economia baseada em costumes pré-industriais (cultura oral) passados de geração em geração. Rebeliões urbanas acontecidas ao longo do século XVIII, como aquelas contra a alta do preço do pão, por exemplo, para Thompson, ligavam-se ainda a essas antigas tradições do direito à segurança e ao preço justo não especulativo típicos do medievalismo, configurando-se como resistências às mudanças que prejudicavam os mais vulneráveis. Não era propriamente uma revolução social contra a natureza da pobreza, mas contra a carestia e a fome, reivindicando, em tempos mais difíceis, que o abastecimento local fosse prioritário em relação aos ganhos com a exportação.

Entre o final do século XVII e ao longo do subsequente, a cidade de Londres foi uma das que mais presenciaram tais motins de subsistência, as chamadas *mobs*, uma vez que lá a economia moderna industrial avançava, centralizando a produção das mercadorias. O medo da mobilização das multidões logo entrou no cotidiano das autoridades governamentais. Nesse período, surgiu o que o filósofo francês Michel Foucault (1926-1984) classificou como o fenômeno do "medo urbano" (tema abordado, como vimos no Capítulo 1, pela historiadora brasileira Maris Stella Bresciani). Com isso, também entraram em cena formas de controle dessa multidão, sendo o espaço urbano um dos meios para lograr o domínio sobre a crescente população. A praça do mercado, por exemplo, foi um dos locais tradicionais que se modificaram, quando os novos traçados urbanos não permitiram mais tamanha aglomeração, surgindo as lojas especializadas por detrás de vitrines, deixando as feiras, de preferência, para a área rural. O futuro dessas transformações, nas cidades da Europa Ocidental, é um cenário bem conhecido, como descreve Mumford (1998, p. 483):

Se o capitalismo tendia a expandir os domínios do mercado e transformar cada parte da cidade numa comodidade negociável, a mudança dos trabalhos manuais urbanos organizados para a produção fabril em larga escala transformou as cidades industriais em sombrias colmeias, a fumegar ativamente, a bater, guinchar, a expelir rolos de fumo de doze a quatorze horas do dia, algumas vezes durante as vinte e quatro horas.

A insegurança também pode ser acrescida a esse contexto, e alguns mecanismos para se proteger contra ela foram acionados, como a expansão marítima, o processo colonizador e outras formas de organizações e de resistências trabalhistas que não as guildas. Entre esses mecanismos de sobrevivência, vamos observar mais de perto, e brevemente, o movimento colonizador sobre o continente americano, em especial o do Brasil.

Os principados criados em torno das cidades, desde o século XIV, os quais se ampliaram para o formato de estados monárquicos, basearam-se, em grande parte, nas regulamentações das comunas organizadas pelos burgueses (comerciantes e artesãos) em torno da manutenção do abastecimento da economia urbana com matérias-primas e alimentos. No entanto, tal preocupação com o provimento dos burgos comerciais foi adquirindo outra proporção à medida que a regulamentação da economia se transformou em política de Estado governado pelos nobres. Dessa política fez parte o preceito da diminuição o quanto possível do volume das importações e das exportações de matérias-primas, de modo a favorecer as manufaturas locais, criando-se, para tanto, mecanismos de proteção por meio do intervencionismo governamental na economia. No coração dessa política econômica, à qual se dá o nome de *mercantilismo*, estava a expansão marítima e colonial para o sustento dos cofres públicos com reservas de metais preciosos, com destaque para o ouro e a prata, então moedas correntes. Apesar de não ter se constituído como uma política econômica padronizada em todas as monarquias europeias, entre os séculos XVI e XVIII o mercantilismo possibilitou a construção de um pensamento econômico mais planificado, incluindo a modernização progressiva burocrático-administrativa do Estado, à qual se juntou uma nação, um povo. A Revolução Industrial ocorreu no quadro dessa política mercantilista, portanto, com a presença do Estado em coligação com a nobreza e a burguesia.

A colonização do que hoje é o Brasil foi um processo sistemático para a manutenção desse capital mercantil, dos nacionalismos econômicos. O impacto entre as culturas dos povos originários e a presença europeia no território hoje brasileiro é acentuado quando se analisa a formação dos primeiros centros urbanos no espaço colonizado. Contudo, se tradicionalmente esses primitivos núcleos urbanos coloniais foram interpretados como frutos restritos à iniciativa dos grupos de colonizadores, explicações sob a ótica da multidisciplinaridade atualizam essa perspectiva desde a inserção dos grupos locais dominados na condição de sujeitos históricos ativos. O conceito de **rede urbana** faz parte dessas investigações renovadas, uma vez que, sendo

> o fato urbano uma decorrência direta do processo de urbanização, seu estudo deve tomar como ponto de partida a rede urbana, que é o conjunto das respostas às solicitações do processo. A significação dos núcleos ou de suas partes só pode ser compreendida quando referida ao contexto mais amplo, que é a rede. (Reis Filho, 1968, p. 78)

O contexto mais amplo que envolve os primeiros fatos urbanos na costa litorânea brasileira requer, pois a observação dos sítios ocupados pelas etnias indígenas, nesse caso as dos grupos da língua tupi. Estudos de várias áreas da ciência (arqueologia, arquitetura e urbanismo, antropologia etc.) sobre as vilas litorâneas do atual estado de São Paulo (Santos, São Vicente, São Sebastião, Cananeia, Iguape, Ubatuba) "evidenciam a significativa contribuição das sociedades indígenas nas ocupações do colonialismo [...]" (Gianesella, 2012, p. 165). E, mesmo que a arquitetura resultante desse processo histórico não seja tão evidente aos nossos olhos contemporâneos, há que se considerar o aspecto ambiental então "compartilhado", o qual funcionava como uma rede, ligando os assentamentos a fontes diversificadas de subsistência oriundas do mar, da mata, de rios, florestas, lagunas, mangues etc. As escolhas das ocupações coloniais levaram em conta esse antigo sistema, verificando-se que

> nesse processo histórico, a ocupação pré-colombiana entre aldeias, acampamentos e trilhas foi apropriada, pela funcionalidade colonial, enquanto povoações, núcleos urbanos e caminhos – ou seja, pelo enquadramento espacial da rede urbana. As iniciativas do colonizador, bem-sucedidas, não desqualificaram as antigas escolhas dos sítios, muito menos as vias de comunicação continental. Ao contrário, parece-nos que o mérito do colonizador português está em perceber que a assimilação das virtudes culturais primitivas favorecia seus anseios de conquista do novo mundo. (Gianesella, 2012, p. 169)

Essa nova geração de pesquisadores que se dedica aos estudos sobre o fenômeno urbano nos presenteia com novas descobertas, uma vez que busca possibilidades e aproveita novas fontes e acervos para estabelecer perguntas diferentes ao problematizar esse tema, principalmente a respeito do urbanismo lusitano aplicado no Brasil. Tendo tido seus primeiros frutos nos anos 1950, a história da urbanização no Brasil, levada adiante por arquitetos e urbanistas, pode servir de inspiração para a produção historiográfica nessa seara, sendo o conceito de rede urbana um dos mais instigantes nesse sentido, a fim de compreendermos o contexto moderno no qual nossas primeiras cidades surgiram. Vale lembrar que veremos com maiores detalhes a formação das cidades brasileiras desde o período colonial até o século atual no Capítulo 4 deste livro.

(2.4)
CIDADES E MUNDO PÓS-INDUSTRIAL

A multidão citadina, que desde o Oitocentos se mobilizou contra a carestia, a fome e os preços injustos dos alimentos, tornou-se, nesse mesmo século XIX, uma questão para além do controle governamental. Os literatos, conforme a historiadora Maria Stella Bresciani analisou no livro *Londres e Paris no século XIX: o espetáculo da pobreza* (1992), sentiram-se impulsionados a observá-la de perto, imiscuindo-se nas ruas a fim de apreender *in loco* a população e seus comportamentos. Naquele momento, o ritmo industrial daquelas duas capitais europeias, Londres e Paris, havia não apenas atraído pessoas em direção ao núcleo urbano, mas também se espraiado para as regiões menos densas agora ocupadas ao longo das linhas férreas e em torno das indústrias lá concentradas, regiões mais baratas para morar.

Mumford (1998) defende a tese de que a tecnologia e o emprego de novas técnicas no mundo do trabalho provocam transformações urbanas que trazem aspectos não apenas progressistas para o cotidiano, mas sobretudo negativos e que afetam a qualidade de vida da população. Para esse autor, tanto a máquina a vapor, símbolo da Revolução Industrial clássica eclodida em meados do século XVIII, quanto a ferrovia estimularam o desenvolvimento de inovações tecnológicas, mas também trouxeram em seu bojo a aglomeração urbana e a questão social dela decorrente: "Os principais elementos do novo complexo urbano foram a fábrica, a estrada de ferro e o cortiço" (Mumford, 1998, p. 496). Subordinadas à fábrica, estabelecimento que se apossava das localidades próximas das vias ferroviárias e aquáticas, as habitações adensaram-se cada vez mais em espaços menores e de piores condições. O mesmo estudioso observou que esse novo complexo urbano, gerador de um exército de trabalhadores fabris (homens, mulheres e crianças) desapropriados de seus antigos privilégios protetores das corporações de ofícios, fez germinar a multidão que tanto fascinou os escritores contemporâneos e amedrontou os governos.

Na metade do século XIX, Londres contava com mais de 2 milhões de habitantes e logo não foram apenas os literatos a serem atraídos pelos enigmas dessa massa anônima da multidão; havia também os observadores e os reformadores sociais. Ao lado das demais especialidades surgidas do contexto da industrialização e da urbanização, como anteriormente visto, a exemplo de higienistas, urbanistas e filantropos, os reformadores sociais vão marcar presença no espaço urbano das grandes cidades, investidos da missão de orientar os grupos excluídos, de preferência, para o trabalho e a constituição de famílias estáveis.

Na década de 1840, o jovem filósofo Friedrich Engels, como já observamos no capítulo inaugural deste livro, viajou para a Inglaterra com o objetivo de estagiar numa das empresas da qual sua família era associada, no ramo da tecelagem, viagem que resultou em detalhadas observações sobre os bairros operários da região de Manchester e as condições gerais do proletariado inglês. Em Londres, por detrás da multidão que se aglomerava e se confundia no trânsito das ruas, havia os recônditos das moradias das classes mais empobrecidas, dos quais a descrição de Engels se tornou uma das mais citadas para apreender o quadro vivo do capitalismo urbano-industrial em plena ebulição; o texto de Engels afastou a ideia da pobreza que assegurava à filantropia e à salvação espiritual a naturalização desse fenômeno social, inserindo-a no discurso político transformador revolucionário.

Eis uma das passagens (longa, porém essencial) do registro desse pensador no livro *A situação da classe trabalhadora na Inglaterra* (editado em alemão em 1845 e publicado em inglês somente no ano de 1887):

> Depois de pisarmos, por uns quantos dias, as pedras das ruas principais, depois de passar a custo pela multidão, entre as filas intermináveis de veículos e carroças, depois de visitar os "bairros de má fama" desta metrópole – só então começamos a notar que esses londrinos tiveram de sacrificar a melhor parte de sua condição de homens para realizar todos esses milagres da civilização de que é pródiga a cidade, só então começamos a notar que mil forças neles latentes permaneceram inativas e foram asfixiadas para que só algumas pudessem desenvolver-se mais e multiplicar-se mediante a união com as de outros. Até mesmo a multidão que se movimenta pelas ruas tem qualquer coisa de repugnante, que revolta a natureza humana. Esses milhares de indivíduos, de todos os lugares e de todas as classes, que se apressam e se empurram, não serão **todos eles** seres humanos com as mesmas qualidades e capacidades e com o mesmo desejo de serem felizes? E não deverão **todos eles**, enfim, procurar a felicidade pelos mesmos caminhos e com os mesmos meios? Entretanto, essas pessoas se cruzam como se nada tivessem em comum, como se nada tivessem a realizar uma com a outra e entre elas só existe o tácito acordo pelo qual cada uma só utiliza uma parte do passeio para que as duas correntes da multidão que caminham em direções opostas não impeçam seu movimento mútuo – e ninguém pensa em conceder ao outro sequer um olhar. Essa indiferença brutal, esse insensível isolamento de cada um no terreno de seu interesse pessoal é tanto mais repugnante e chocante quanto maior é o número desses indivíduos confinados nesse espaço limitado; e mesmo que saibamos que esse isolamento do indivíduo, esse mesquinho egoísmo, constitui em toda a parte o princípio fundamental da nossa sociedade moderna, em lugar nenhum

ele se manifesta de modo tão impudente e claro como na confusão da grande cidade. A desagregação da humanidade em mônadas, cada qual com um princípio de vida particular e com um objetivo igualmente particular, essa atomização do mundo, é aqui levada às suas extremas consequências. (Engels, 2010, p. 67-68, grifo do original)

As ruas das cidades de Londres e Paris foram palco não apenas dessa multidão enigmática composta de indivíduos isolados uns dos outros, mas também da resistência focada contra as condições degradantes de vida e de trabalho, apesar da desagregação denunciada no texto de Engels. Era preciso criar uma consciência de classe entre os proletários, e esse foi o rumo que o jovem filósofo tomaria ao construir, junto a Karl Marx, a crítica comunista à sociedade burguesa capitalista industrial, a qual se vislumbra nesse ensaio de 1845 e em relação à qual Engels era, naquele momento, bastante otimista. Sua disposição em ver a iminência de uma revolução social na Inglaterra talvez possa ser justificada, entre outros fatores, pelo fato de que poucos anos antes dessa sua estadia naquele país os donos dos meios de produção e o poder constituído haviam enfrentado o Movimento Cartista. No final dos anos 1830, ativistas distribuíram a Carta ao Povo, documento por meio do qual defendiam amplos direitos, como a maior participação política das classes mais baixas, o sufrágio universal que não limitasse o acesso ao voto por conta da renda, a votação secreta e a realização de eleições anuais. Essa posição reivindicatória cresceu entre os proletários, os quais executaram diversas ações que vieram a reforçar essas solicitações, desde distúrbios urbanos até a entrega de uma petição ao Parlamento Britânico assinada por 3 milhões de pessoas. Os resultados não foram imediatos, mas a partir de então houve progresso nas leis trabalhistas voltadas para maior proteção aos operários. As ruas das cidades industrializadas, assim, tornaram-se uma opção de comunicação e luta concreta para uma multidão mais definida em seus objetivos, e outras cidades europeias, além de Londres, foram testemunhas de movimentos sociais que se utilizaram do espaço público urbano para defender interesses de classes. Em Paris, no ano de 1848, a cidade foi agitada pelas barricadas, as quais posicionaram em lados opostos trabalhadores e burguesia, fazendo com que essa diferença de classe guiasse, desde então, a efervescência revolucionária ao longo daquele século. Dessa vez, a burguesia se sobressaiu e promoveu a derrocada da monarquia constitucional e a implantação de uma república. Pouco mais de 20 anos depois, entre março e maio de 1871, e após uma breve restauração monárquica (1852-1870), foi a vez da Comuna de Paris estabelecer uma gestão popular da cidade. Apesar da curta duração da autogestão de livre associação das comunas federadas, a qual estendeu a todo cidadão francês o direito de participação política, a ressonância dessa experiência significa tanto o fortalecimento da luta política dos trabalhadores urbanos quanto o acirramento de sua disciplinarização por parte dos governos nacionais.

Figura 2.9 – Daguerreótipo de barricada numa rua de Paris, em 1848

PWB Images / Alamy / Fotoarena

Quando esse cenário urbano-industrial se transformaria impulsionado, entre outros motivos, pelos movimentos sociais? Antes de tudo, mais uma vez vamos chamar Mumford (1998) para nos lembrar de que um dos aspectos negativos desse capitalismo industrial seria a explosão da cidade, ou a sua desintegração pela falta de coesão entre seus habitantes, como havia observado Engels ao conhecer as cidades industriais inglesas e nelas presenciar o ritmo frenético do capitalismo urbano, atomizando os indivíduos, cada um voltado para si, para sua vida particular, em detrimento do coletivo. Desse modo, esses aspectos negativos exigidos pela máquina voraz da tecnologia industrial, ganhariam força ainda maior nas megalópoles do século XX, as quais se formam tendo como base o adensamento demográfico e o aumento contínuo da área de influência da cidade industrial para além de seus limites, moldando o campo e as regiões rurais com as formas urbanas.

A tecnologia é o que também contribui para definir a sociedade pós-industrial, nesse caso a da informação; a economia caracterizada pela prestação de serviços, mais do que pela industrialização; a sociedade da era da informação.

Mumford publicou o livro que estamos acompanhando até aqui (*A cidade na história: suas origens, transformações e perspectivas*) no ano de 1961, mas o "modelo medieval" de cidade é um instrumento analítico que continua atual nas reflexões sobre a cidade contemporânea pós-industrial. Mas de que forma o modelo medieval de cidade poderia inspirar as cidades pós-industriais para se tornarem mais dignas e abrigarem uma sociedade mais justa e solidária, com um viés de coletividade e interesses mútuos, a exemplo das corporações de ofício?

Para enfrentarem esse questionamento, alguns estudiosos defendem que elencar o modelo medieval de cidade contribui, sim, para o debate atual sobre cidade e cidadania na era pós-industrial. O modelo analítico medieval (isto é, a cidade medieval como conceito) coloca em questão, antes de tudo, a pergunta "Para onde vamos?". Isso, porque não custa lembrar que o termo *Idade Média* fora criado posteriormente, pelos contemporâneos do Renascimento que se consideravam mais modernos e próximos da Antiguidade Clássica, separados dela apenas por um tempo médio (visto de forma negativa), um tempo de transição em direção a algo novo. Assim, da mesma maneira, os agudos problemas enfrentados pelas cidades atuais, sobretudo dos anos 1970 em diante – época em que mesmo o chamado *Terceiro Mundo* composto pelos países em desenvolvimento, presenciava um acelerado processo de urbanização –, seriam temporários e, certamente, estaríamos rumo a algo renovador, capaz de restaurar a qualidade de vida no espaço urbano. Um futuro auspicioso para as cidades pós-modernas? A tecnologia poderia ajudar na construção desse futuro esperançoso?

Isso pode não ser apenas um sonho, pois algumas áreas do conhecimento, principalmente entre economistas e ambientalistas, veem a cidade como um ambiente gerador de riqueza e prosperidade por alguns fatores: a concentração populacional viabiliza o transporte público, diminuindo, assim, o uso do carro individual e, consequentemente, a emissão de dióxido de carbono; as linhas de fornecimento de energia elétrica são mais eficientes do que em áreas com população menos densa, exigindo mais materiais para a transmissão; e as cidades liberam espaço para a atividade agrícola, uma vez que a população mundial está nelas concentrada. Contudo, essa visão depende da maneira como os gestores planejam e administram as cidades, tornando-as mais resilientes e sustentáveis, bem como democráticas e acessíveis, ou, pelo contrário, acirrando as desigualdades nos territórios urbanos.

O questionamento da cidade como um lugar onde possam vigorar condições mais justas e igualitárias cresceu, nos movimentos sociais e na produção do conhecimento, no mesmo momento em que as maiores delas vivenciavam efeitos devastadores subsequentes ao grande desenvolvimento industrial desde o século XIX, como a poluição do ar e da água. Desde a década de 1960, diversas iniciativas locais e globais voltaram-se para o debate sobre o futuro das cidades e do planeta, surgindo conceitos e ações ligados ao tema do ecodesenvolvimento, inclusive no Brasil, haja vista a criação, em 1973, da Secretaria Especial do Meio Ambiente (Sema), a qual levou para o círculo da opinião pública temas relacionados ao sentimento alarmista a respeito da sustentabilidade do globo e, poucos anos depois, instituiu a Política Nacional do Meio Ambiente (PNMA). Tal contexto geral tinha uma articulação com o passado, como explicitado a seguir:

> A partir da segunda metade do século passado [século XX] a humanidade pôde acompanhar as consequências de um sistema remanescente da Revolução Industrial que, por visar apenas a produtividade com foco no crescimento econômico, não zelou pela qualidade do ambiente e a consequente saúde da população. Contaminações de rios, poluição do ar, vazamento de produtos químicos nocivos e a perda de milhares de vidas foram o estopim para que, partindo da população e passando pela comunidade científica, governantes de todo o mundo passassem a discutir e buscar formas de remediação ou prevenção para que tamanhas catástrofes não se repetissem. (Pott; Estrela, 2017, p. 271)

Apesar dessas realidades, o adensamento das cidades mundo afora acirrou o cenário atual afetado pelas mudanças climáticas, com a intensificação das temperaturas, quente e fria, a violência das águas, incêndios florestais e outros fenômenos que incidem sobre as populações urbanas e urbanizadas, dos pequenos núcleos às atuais megalópoles. Na sequência, refletiremos sobre a radicalização da forma capitalista e o impacto na qualidade de vida nesses espaços urbanos contemporâneos.

(2.5)
CIDADE, GLOBALIDADE E PÓS-MODERNIDADE

Também nos anos 1960, se presenciava o surgimento das megalópoles. Além de Nova York, aquela década testemunhou a entrada de mais duas cidades nesse rol, ambas no Japão: Osaka e Tóquio. Como seria a vida urbana nesses megacentros? Essa era a problemática central que então instigava reflexões e perguntas direcionadas às cidades, seu passado e seu futuro.

Nesse contexto, o sociólogo e filósofo francês Henri Lefebvre (1901-1991) elaborou um modelo interpretativo do espaço urbano baseado no "direito à cidade" na condição de direito à vida urbana renovada.[5] Sem pretender dar acepção jurídica ao termo, Lefebvre o concebeu como a bandeira dos movimentos sociais urbanos em prol de uma cidade que pode vir a existir, distanciada da lógica capitalista. Contudo, esse projeto de viés utópico e sem lastro jurídico vem inspirando ações práticas a fim de inserir o direito à cidade nas pautas governamentais. Por outro lado, como ideia, o direito à cidade vem sendo apropriado por tendências políticas a ele antagônicas, inclusive pelos grupos que produzem um espaço urbano de exclusão social, como os agentes da especulação imobiliária. Na essência desse novo urbano, para Lefebvre, precisa estar um modelo de cidade mais humanizada, com maior participação política, apoderamento dos espaços coletivos, manifestações artísticas, enfim, trocas não determinadas pelo valor econômico, mas dele separadas; uma revolução urbana protagonizada, especialmente, pelas classes despossuídas.

Neste século, o conceito de direito à cidade foi retomado pelo inglês David Harvey, um dos mais importantes representantes da Geografia Urbana na atualidade. Segundo ele, o processo de modernização das cidades nos últimos cem anos está vinculado historicamente a outro, o da urbanização. Mais do que uma "imparcial" ciência nova dedicada ao pensamento sobre as cidades e às intervenções nesses territórios, Harvey sustenta que o urbanismo está nas origens das cidades modernas porque atrelado à produção excedente do

---

5   A expressão direito à cidade *foi divulgada em livro homônimo publicado por Lefebvre no ano de 1968 (*Le droit à ville, *no idioma original).*

capital e ao controle deste nas mãos de minorias: "Sob o capitalismo, emergiu uma conexão íntima entre o desenvolvimento do sistema e a urbanização" (Harvey, 2013). Para demonstrar seu ponto de vista, ele expõe algumas das mais impactantes reformas urbanistas entre as quais aplicada em Paris na segunda metade do século XIX, sob o comando de Georges-Eugène Haussmann (1809-1891), encarregado por Luís Bonaparte III (1808-1873) das obras públicas na cidade. Nessa reforma, foi providenciada uma escala grandiosa, dotada de monumentalidade, do espaço urbano para o capital se expandir, removendo e demolindo bairros populares inteiros e alargando ruas de modo a tornar Paris

> "a cidade das luzes", o grande centro de consumo, turismo e prazer, os cafés, as lojas de departamento, a indústria da moda e as grandes exposições mudaram o modo de vida para que pudesse absorver vastos excedentes através do consumismo. Mas, em seguida, o sistema financeiro e a estrutura de crédito, extensivos e especulativos, quebraram em 1868. Haussmann foi demitido. (Harvey, 2012, p. 76)

Foi demitido por excessivo gasto público, algo que comprometeu até a própria figura de Napoleão, bem como o sistema financeiro e de crédito da França, após um canteiro de obras que durou duas décadas.

Logo depois da Segunda Guerra Mundial, os Estados Unidos promoveram uma intervenção semelhante na escala aplicada em Nova York e sua região metropolitana, cujos efeitos lembraram os da Paris de Haussmann, isto é,

> acarretou uma transformação radical dos estilos de vida, trazendo novos produtos domésticos, como refrigeradores e condicionadores de ar, assim como dois carros na garagem e um enorme aumento do consumo de petróleo. Ela também alterou o panorama político, como a casa própria subsidiada para a classe média [...]. (Harvey, 2012, p. 77)

David Harvey vê uma ligação íntima entre a reforma de Haussmann e a Comuna de Paris (1868), assim como entre a reforma de suburbanização da região de Nova York e os movimentos civis norte-americanos de 1968; um intervalo de cem anos que expôs os graves resultados sociais de uma mudança radical no estilo de vida urbano desde as intervenções em larga escala nessas duas grandes cidades mundiais. Com base nessas observações dos fenômenos históricos, o geógrafo inglês reforça que a revolução social hoje é, obrigatoriamente, urbana, considerando, além disso, que a urbanização avançou também sobre o campo e o fato de mais de 70% da população mundial viver em cidades.

Mas se o processo de urbanização para a expansão do capital e do consumo afetou diretamente aquelas duas cidades, qual é o cenário atual quando esse mesmo processo avança sobre o território global? O direito à cidade seria a principal resposta, inclusive com a sua face jurídica instaurada nos corpos legislativos das nações, como veremos no Capítulo 4 ao abordarmos o Estatuto da Cidade, inserido na legislação brasileira em 2001. A luta do direito à cidade, ademais precisa ser uma luta contra o capital financeiro, pois, segundo Harvey, hoje a urbanização se realiza nessa escala global. Há esperanças diante de uma luta aparentemente tão difícil?

> Um passo na direção de unificar essas lutas é adotar o direito à cidade tanto como lema operacional quanto ideal político, justamente porque ele enfoca a questão de quem comanda a conexão necessária entre a urbanização e a utilização do produto excedente. A democratização deste direito e a construção de um amplo movimento social para fortalecer seu desígnio é imperativo, se os despossuídos pretendem tomar para si o controle que, há muito, lhes tem sido negado, assim como se pretendem instituir **novos modos de urbanização**. Lefebvre estava certo ao insistir que a revolução tem de ser urbana, no sentido mais amplo deste termo, ou nada mais. (Harvey, 2012, p. 88, grifo nosso)

Os novos modos de urbanização reivindicados por esse geógrafo são gerados no contexto da pós-modernidade. Mas como podemos balizar esse contexto pós-moderno? Um dos critérios possíveis é caracterizá-lo pela tensão entre nações e globalização, quando este último fenômeno ameaça controles antes exercidos pelas soberanias nacionais sobre sua população diante da influência de algo que abarca a tudo e a todos. De todo modo, o que está em mudança nessa conjuntura contemporânea é o abalo dos chamados *pilares da modernidade*, os quais podem ser resumidos, de acordo com Sergio Paulo Rouanet, por três pilares:

> A **universalidade** significa que ele visa todos os seres humanos, independentemente de barreiras nacionais, étnicas ou culturais. A **individualidade** significa que esses seres humanos são pensados como pessoas concretas e não como integrantes de uma coletividade e que se atribui valor ético positivo à sua crescente individualização. A **autonomia** significa que esses seres humanos individualizados são aptos a pensarem por si mesmos, sem a tutela da religião ou da ideologia, a agirem no espaço público e a adquirirem pelo seu trabalho os bens e serviço necessários à sobrevivência material. (Rouanet, 1993, p. 9, grifo nosso)

A urbanização moderna, portanto, estaria nesse conjunto de sustentação de uma nova ordem, a qual, para alguns, teve início com as revoluções científicas do século XVI, reforçada pelas revoluções burguesas da França, em 1789, e pela industrial, impulsionada na Inglaterra, uma totalidade de elementos que enfatizaram a racionalidade, os saberes técnicos, o poder da criação e da descoberta e controle da natureza, a superação pelo progresso científico. A crença nesses ideais, por outro lado, fez movimentar o desejo de manutenção dessa ordem moderna, metamorfoseando algo que nasceu de modo revolucionário em uma meta conservadora. A condição pós-moderna, *grosso modo*, passa a questionar esse conservadorismo na medida em que duvida de tudo o que se sustenta sobre uma suposta verdade absoluta. Afinal, a tecnologia ainda não garantiu uma qualidade de vida uniforme aos habitantes das cidades, por exemplo; muito pelo contrário, acirrou as diferenças sociais no tempo e no espaço.

Perry Anderson (1999), ao remontar às origens do conceito de pós-modernidade, aponta que ele teria aparecido, pela primeira vez, no universo estético-artístico, tendo sido o termo *pós-moderno* empregado pelo poeta espanhol Federico de Onís, nos anos 1930. Duas décadas mais tarde, a expressão foi utilizada pelo historiador britânico Arnoldo Toynbee (1889-1975) para delimitar um período histórico iniciado no final do século XIX, especificamente com o fim da Guerra Franco-Prussiana (1870-1871). Ambos os sentidos, contudo, tinham carga negativa: na poesia, significaria um retrocesso diante do modernismo cultural e, na organização da escrita da história, uma baliza para marcar a decadência da burguesia industrial nacionalista como classe dominante.

Nos anos 1970, a condição pós-moderna adentrou o universo das ciências sociais, sendo um marco a publicação do livro (*A condição pós-moderna*) do filósofo Jean-François Lyotard (1924-1998), considerado um dos principais pensadores sobre a pós-modernidade. Anderson observa que, para esse intelectual francês, a pós-modernidade foi acionada junto com o surgimento da sociedade pós-industrial, "na qual o conhecimento tornara-se a principal força econômica de produção [...]". Nesse caso, trata-se do valor do conhecimento, e não somente o conhecimento científico-tecnológico, relativizando as narrativas que se legitimavam nesse âmbito. Porém, a importância desse livro, lançado na França em 1979, foi inscrever a pós-modernidade como uma mudança da condição humana.

Com a queda do Muro de Berlim, em 1989, e o colapso da União Soviética, dois anos depois, Perry Anderson defende que uma das principais marcas da pós-modernidade passou a ser a vitória de uma grande e universal narrativa, que é o mercado global; ainda, afirma a importância do espaço como elemento intrínseco dessa nova condição humana. Esse aspecto nos faz retornar a Harvey, que identifica a baliza inicial da pós-modernidade na década de 1970, quando ocorreu a flexibilização do trabalho, mediante novas formas de contratos, temporários, efêmeros, com a crescente mão de obra migrante, tudo isso ritmado pelo capital sem fronteiras.

Essa baliza ancorada nos anos 1970 é a que mais partilha consenso na delimitação da era pós-moderna, bem como uma de suas características, qual seja, a presença maciça da tecnologia no cotidiano. Se, para Anderson, nesse quesito a disseminação da televisão é um divisor de águas entre a modernidade e a pós-modernidade, para Mumford, a cidade de meados do século passado era concebida e gerida como uma "megamáquina" capaz de erigir objetos em grande escala, como arranha-céus, usinas de eletricidade, *shoppings*, aeroportos, parques etc. Esse cenário era um devir desumanizador para os espaços urbanos, um anúncio da tragédia na qual as megalópoles, que então apontavam, mergulhariam. O gigantismo dessas cidades estaria no limiar de uma decisão definitiva: ou se valorizam as formas passadas das cidades, nas quais imperava a medida humana, ou se caminha para esse "lugar desumanizado" habitado pelo que Mumford (1998) denominou de "homem pós-histórico".

O estudo das formas urbanas em diversos contextos históricos, portanto, pode fornecer uma perspectiva temporal para repensar nossas cidades. O olhar do profissional da História sobre esse tema, assim, é fundamental para dar sustentáculo ao direito à cidade como lema e ideal.

Síntese

A linha temporal multissecular, que vai das cidades da Antiguidade às pós-modernas – da experiência histórica clássica da pólis grega à era da pós-metrópole e da megalópole –, expõe as problematizações do tempo presente para o estudo de nosso tema, a cidade e o futuro dela. O olhar analítico, ainda que panorâmico, sobre os diferentes contextos e mundos urbanos abarcou variadas aproximações a eles feitas, tecendo, paralelamente, contextos historiográficos e multidisciplinares.

Em termos metodológicos, o uso da metáfora do ímã aplicado às cidades se mostrou viável para observar como algumas formas urbanas atraíram habitantes para si. Entendemos que as cidades são objetos especiais de atração, por interesse em alguma atividade, seja religiosa, seja social, seja comercial. Nas cidades modernas, de meados do século XIX, na passagem da modernidade para a pós-modernidade, o poder da tecnologia, contudo, acaba se tornando um fator desumanizador da experiência urbana, o que converge com as ideias gerais das ciências sociais acerca dos graves problemas enfrentados nos ambientes urbanizados, desde então.

Atividades de autoavaliação

1. Sobre o Renascimento Urbano, é correto afirmar que:
    a) Desenvolveu-se entre os séculos XI e XIII.
    b) Forçou o aumento de campos para cultivo de alimentos.
    c) Um de seus aspectos fundamentais foi a presença das praças de mercado como ponto central das urbes.

d) Seus mercados eram denominados *burgos*, pois eram os locais onde moravam os burgueses.

e) As cidades dotadas de mercado se somaram às cidades medievais tradicionais dominadas pelos senhores feudais e/ou pelos bispos.

2. Analise com atenção as duas imagens e responda se são verdadeiros (V) ou falsos (F) os pontos sugeridos, a fim de promover uma reflexão comparativa entre passado e presente:

Ilustração de médico durante peste negra.

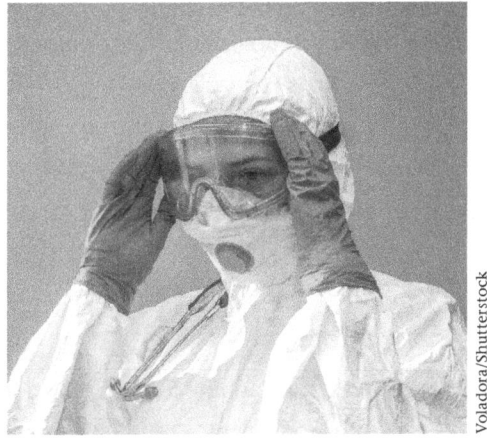

Profissional de saúde no combate à pandemia de covid-19, em 2020.

( ) Ambas as máscaras foram utilizadas para combater transmissão de uma doença.

( ) As formas de combate à disseminação de uma doença infectocontagiosa na atualidade continuam iguais às usadas na Idade Média.

Tatiana Dantas Marchette

( ) Apenas na Idade Média houve perda de população em decorrência de epidemias.
( ) Apenas na atualidade os médicos se tornaram profissionais responsáveis pelo tratamento de doenças infectocontagiosas.
( ) A teoria do miasma é atualizada nas pandemias.

3. Analise a afirmações a seguir, a respeito das características da cidade do príncipe e das cidades livres no período medieval, e assinale V para as verdadeiras e F para as falsas:
( ) Da cidade do príncipe decorrerram, mais tarde, os Estados nacionais centralizados.
( ) A cidade livre era baseada nos burgos.
( ) A cidade do príncipe era dominada por um senhor feudal ou um bispo.
( ) A cidade livre era focada na atividade manufatureira.
( ) A cidade do príncipe era criada por meio da carta comunal, ou foral.

4. Leia o texto e e aponte a alternativa correta.

> A cidade – *pólis*, em grego – é um pequeno estado soberano que compreende uma cidade e o campo ao redor e, eventualmente, alguns povoados urbanos secundários. A cidade se define, de fato, pelo povo – *demos* – que a compõe: uma coletividade de indivíduos submetidos aos mesmos costumes fundamentais e unidos por um culto comum às mesmas divindades protetoras. Em geral uma cidade, ao formar-se, compreende várias

tribos; a tribo está dividida em diversas fatrias e estas em clãs, estes, por sua vez, compostos de muitas famílias no sentido estrito do termo (pai, mãe e filhos). A cada nível, os membros desses agrupamentos acreditam descender de um ancestral comum, e se encontram ligados por estreitos laços de solidariedade. As pessoas que não fazem parte destes grupos são estrangeiros na cidade, e não lhes cabe nem direitos, nem proteção. (Funari, 2007, p. 25)

a) O conceito de pólis associava-se somente à área central, não incluindo os arredores, como as estradas e os caminhos.

b) Na hierarquia entre os componentes que formaram as pólis, os estrangeiros eram acolhidos como cidadãos de segunda classe.

c) A forma primordial de identificação entre os cidadãos da pólis era a ancestralidade comum.

d) As famílias gregas eram a maior unidade social das pólis gregas da Antiguidade.

e) O povo da pólis grega abrangia todos os seus moradores, da cidade e do campo.

5. Observe atentamente a imagem e assinale V para as afirmações verdadeiras e F para as falsas quanto à relação entre comércio e vida urbana na cidade medieval:

( ) O crescimento do comércio nas cidades medievais impulsionou o surgimento de um novo grupo social, aquele ligado às atividades artesanais e mercantis.

( ) Com o incremento do comércio, a vida urbana nas cidades medievais se tornou estável, sem problemas com abastecimento de alimentos e água.

( ) As atividades comerciais e bancárias e a realização de feiras impulsionaram o desenvolvimento urbano.

( ) A industrialização surgiu nas cidades medievais graças ao avanço das atividades urbanas ligadas ao comércio.

( ) A burguesia tem seu embrião nos burgos comerciais medievais.

Atividades de aprendizagem

Questões para reflexão

1. A filósofa de origem judia Hannah Arendt (1906-1975) foi uma estudiosa atenta sobre a natureza da política. Faz parte marcante de seu pensamento o "lado negativo" da política em decorrência dos eventos de governos totalitários do século XX e da força da energia atômica como arma de guerra fatal para toda a humanidade. Isso se caracterizaria como uma política moderna? Leia o trecho a seguir, retirado de sua obra *A condição humana*, publicada originalmente em 1958.

> Nem o labor nem o trabalho eram tidos como suficientemente dignos para constituir um "bios" [modo de vida a partir de Aristóteles], um modo de vida autônomo e autenticamente humano; uma vez que serviam e produziam o que era necessário e útil, não podiam ser livres e independentes das necessidades [...]. Se o modo de vida político escapou a este veredicto, isto se deve ao conceito grego de vida na pólis que, para eles, denotava uma forma de organização política muito especial e livremente escolhida, bem mais que necessária para manter os homens unidos e ordeiros. (Arendt, 1987, p. 21)

Após uma leitura atenta, formule questões para promover um conceito de política para a sociedade da Grécia Antiga, articulando os conceitos de pólis e modo de vida político.

2. Com base na leitura de um trecho da Carta Mundial pelo Direito à Cidade (documento referencial dos movimentos sociais urbanos, aprovado no Fórum Social Mundial em 2006), justifique a relação do conteúdo do documento com os efeitos do processo massivo de urbanização.

> A carta mundial do direito à cidade é um instrumento dirigido a contribuir com as lutas urbanas e com o processo de reconhecimento no sistema internacional dos direitos humanos do direito à cidade. O direito à cidade se define como o usufruto equitativo das cidades dentro dos princípios da sustentabilidade e da justiça social. Entendido como o direito coletivo dos habitantes das cidades em especial dos grupos vulneráveis e desfavorecidos, que se conferem legitimidade de ação e de organização, baseado nos usos e costumes, com o objetivo de alcançar o pleno exercício do direito a um padrão de vida adequado. (Fórum Social Mundial Policêntrico, 2007)

Atividade aplicada: prática

1. Elabore um plano de aula sobre a cidade pós-moderna.
   Para isso, inspire-se no modelo indicado a seguir.
   COMO fazer um plano de aula nota 100. **Central de Notícias Uninter**, 29 jul. 2021. Disponível em: <https://www.uninter.com/noticias/como-fazer-um-plano-de-aula-nota-100>. Acesso em: 25 ago. 2023.

Indicações culturais

ENTREVISTA com o Professor Pedro Paulo Abreu Funari. **Heródoto Revista**, 17 mar. 2018. Disponível em: <https://www.youtube.com/watch?v=oZd-WVO7JTM>. Acesso em: 21 set. 2023.

Conheça mais de perto um dos principais historiadores brasileiros especialistas em História Antiga assistindo à entrevista com o historiador Pedro Paulo Abreu Funari.

LABECA – Laboratório de Estudos sobre a Cidade Antiga. MAE-SP – Museu de Arqueologia e Etnologia da Universidade de São Paulo. Disponível em: <http://labeca.mae.usp.br/pt-br/>. Acesso em: 25 ago. 2023.

Conheça o Labeca, do MAE-USP, que surgiu em 2006 e reúne professores, estudantes e pesquisadores do Brasil, que se dedicam ao tema da pólis.

Tatiana Dantas Marchette

Capítulo 3
Cidade, memória e patrimônio urbano

Neste capítulo, investigaremos as relações entre cidade, memória e patrimônio com o objetivo de problematizar e formular questões que buscam iluminar o jogo entre as lembranças e os esquecimentos e que perpassa tanto as regras das políticas públicas de preservação do patrimônio urbano quanto a formação de memórias individuais e coletivas decorrentes das experiências diversas nas e sobre as cidades. Se o(s) conceito(s) de cidade se impõe(m) em todo o conteúdo deste livro, os de memória e de patrimônio serão nesta terceira parte especialmente explorados, visto que ambos estão conectados a algo primordial que é o desenvolvimento de estruturas culturais.

Analisaremos a memória e o patrimônio urbanos de uma perspectiva temporal, desde a formação da noção de patrimônio cultural no século XIX. Isso fica mais fácil de assimilar quando voltamos o olhar para os movimentos sociais do tempo presente que buscam aplicar o direito à cidade. Já nosso conhecido, o direito à cidade se concretiza em variadas formas de ação e pela iniciativa de diversos grupos sociais, mas destacaremos neste capítulo a ocupação de espaços urbanos (que cremos ser o cerne desse direito), inclusive os patrimoniais, para serem revestidos de novos significados e funções.

Para trazermos o tema para mais perto de nós, abordaremos programas, planos e ações que, no Brasil, articularam cidade e memória na execução de políticas públicas de preservação patrimonial urbana, mostrando as articulações nacionais com normas e preceitos internacionais da área.

(3.1)
Memória e cidade

Entre os meses de junho e agosto de 2020, um assunto disputou espaço nas mídias com a pandemia de covid-19 e seus milhares de vítimas fatais no Brasil. De várias partes do mundo nos chegavam notícias de intervenções e até derrubadas de estátuas e de monumentos públicos, como a de Cristóvão Colombo na cidade de Boston, que foi decapitada, a do padre Antônio Vieira, vandalizada em Lisboa, a do comerciante de africanos escravizados Edward Colston, arrancada do pedestal e jogada no rio na cidade inglesa de Bristol, e a queima da estátua de grande dimensão do bandeirante Borba Gato, em São Paulo. O que esses eventos apresentam em comum? Que ideias são partilhadas pelas memórias desses personagens históricos transformados em monumentos?

Figura 3.1 – Ilustração de Banksy

Edward Colston Sketch, Courtesy of Pest Control Office, Banksy, Bristol, 2020

Essas perguntas, antes de tudo, localizam-se no âmbito da memória pública, visto que os alvos dessas intervenções são monumentos que, em alguma ocasião, foram eleitos para serem erigidos no espaço urbano em nome de uma memória coletiva para que a história dita *oficial* fosse preservada, perpetuada ao longo das gerações. Aquilo que deve ser lembrado ou, pelo contrário, esquecido ou apagado é fruto, no entanto, de um processo de negociação entre partes diferentes e, muitas vezes, desiguais.

Segundo os dicionários, *negociação* é um entendimento sobre tema polêmico ou controverso. O patrimônio é, sem dúvida, um assunto que desperta controvérsias, uma vez que se constitui por um conjunto de bens (materiais) e de práticas (imateriais) reconhecidas pelo poder público em suas esferas federal, estadual e municipal como representativo de um povo, mas também é alvo de disputas sobre quais bens e práticas de fato promovem e valorizam as identidades e a autoestima dos diferentes grupos sociais formadores desse povo.

Para o antropólogo mexicano Néstor Canclini, o passado precisa ser reconhecido para além daquilo que já se encerrou, nele agregando aquilo que ainda o mantém vivo nos processos culturais, práticas e valores em uso no presente (Canclini, 2011). A temporalidade mais remota, assim, não deve ser o único norte a guiar as políticas públicas culturais, com o risco de, com isso, pôr a perder os vínculos com sua (re)significação no presente. Reações a um passado congelado concretizam-se, portanto, nessas derrubadas de estátuas, atos estes que, no fundo, buscam tornar visível o que se oculta por detrás desses monumentos, como os motivos de determinada obra de arte urbana estar exposta num espaço público. Um dos elementos-chave desse processo de negociação, e para que não sejam implantadas políticas imobilizadas num passado sem sentido para o coletivo e congelado no tempo, é tornar esse processo mais participativo e levar em conta a diversidade das identidades, sendo a memória um dos instrumentos mais importantes para isso. Mas qual memória?

Desde o começo do século XIX, a História, como disciplina científica, defende a memória como um fenômeno social constituído a partir das interações entre indivíduos e coletividades, não se restringindo, pois, às explicações biológicas e psicológicas quanto à capacidade de o ser vivo armazenar informações. O sociólogo francês Maurice Halbwachs (1877-1945) é o principal responsável por essa contribuição, introduzindo o conceito de memória no campo instrumental das ciências sociais e tendo criado a categoria de **memória coletiva**, termo veiculado em seu livro póstumo *A memória coletiva*, publicado em 1950. Para ele, a "memória individual é um ponto de vista sobre a memória coletiva" (Halbwachs, 2013, p. 30), é uma garantia da rememoração de fatos e objetos que individualmente alguém possa ter esquecido, mas que vivenciou em certo momento da vida como parte de um processo social de referências comuns, desde a família até o país, além de lugares diversos, sons, imagens, sensações etc.

Halbwachs, todavia, faz uma distinção entre memória coletiva e memória histórica, entre o passado mágico das rememorações e lembranças e o passado "inventado" da escrita organizada a partir de fatos selecionados e segundo métodos científicos próprios. Entretanto, tal distinção, por muito tempo marcada por uma convivência pacífica entre as respectivas finalidades, transformou-se na imposição da História sobre a memória na medida em que, desde a industrialização, a percepção dos acontecimentos se acelerou, sendo exemplo disso o cada vez mais distante passado das comunidades camponesas, cujos valores tradicionais vêm sendo abocanhados velozmente pelo modo de vida urbano ritmado pelo fluxo ininterrupto das tecnologias e das mídias. Esse é um panorama posto em debate por outro pensador francês, o historiador Pierre Nora, o qual toma a memória, ou melhor, o desaparecimento dos meios de transmissão dela, como um elemento central de sua produção científica. Esse autor afirma que as sociedades modernas estão condenadas, na verdade, ao esquecimento em meio a um oceano de informações, restando apenas a história como reconstrução universal, a qual supostamente representaria todos e todas.

Tal paradoxo da modernidade conduziu à criação, segundo Nora (1993, p. 12), de "**lugares de memória**", os quais carregam determinado tempo, que é o tempo em que "desaparece um imenso capital que nós vivíamos na intimidade de uma memória, para só viver sob o olhar de uma história reconstituída". Nesse contexto moderno do império da história sobre as memórias afetivas, estas últimas passariam a ser abrigadas nesses "lugares" como um espaço de nostalgia, algo que não existe mais no tempo vivido, mas apenas naquele descrito por terceiros, por intermediários; tais "lugares" existem porque a memória espontânea passou a ser controlada, organizada, classificada e exposta, uma memória mediada pelos suportes variados do poder e pelos discursos da ciência.

Esses lugares de memória são muitos, e entre eles estão os que se tornariam, ao longo do século passado, espaços e fontes por excelência dos profissionais da História, como os museus e os arquivos, as coleções documentais e os monumentos públicos. Por outro lado, pelo apagamento dos vínculos afetivos da memória coletiva em nome de algo maior, como a nação, a multiplicação desses "lugares" é um efeito que se dá em nosso cotidiano e não apenas institucionalmente, haja vista tudo o que armazenamos na "memória" de nossos celulares, conteúdos intermediados pela rede social! Pierre Nora, porém acredita que essa captura da memória pela História possa ser revertida, ou pelo menos equilibrada, e isso pode concretizar-se com as transformações pelas quais os lugares de memória vêm passando em um momento histórico de questionamentos da imposição de uma história única e de reencontro em direção às memórias coletivas sem mediações. Nesse sentido, podemos tentar responder àquelas perguntas feitas no início desta seção, a respeito do movimento de derrubada de estátuas e monumentos públicos acontecidos recentemente pelo mundo afora.

Em primeiro lugar, observa-se que os casos mencionados de intervenção em estátuas unem-se pelo fato de estarem inseridos num processo de reparação simbólica às vítimas da opressão e da violência de Estado decorrentes, principalmente, da colonização, da escravização, dos fascismos e das ditaduras militares, as quais geraram preconceitos raciais, perseguições políticas e desigualdades sociais e econômicas. A essa constatação segue-se, em segundo lugar, que tais intervenções acontecem nos espaços urbanos, independentemente de serem pequenos, médios, grandes ou megas. Um terceiro aspecto se refere ao estudo das experiências passadas, retomando-se na escrita da História, as práticas de "vandalismo" perpetradas desde a Revolução Francesa, quando houve a demolição da arquitetura e dos símbolos do regime monárquico, passando pelo Brasil da ditadura civil-militar da década de 1970 e o "ensacamento" de bustos em São Paulo (movimento 3NÓS3), quando sacos plásticos foram postos na cabeça das obras de arte em alusão à tortura então praticada pelo Estado militar, até chegar aos casos mais recentes citados no começo deste texto.

As intervenções no espaço urbano podem ser configuradas como práticas marginais aos processos oficiais de seleção daquilo que é monumentalizado. Em nossos dias, essas práticas não somente se diversificaram, mas adquiriram uma dimensão mais ampla no bojo da crise dos centros urbanos desde os anos 1960, da emergência de mobilizações sociais e identitárias em circuito internacional (*Black Lives Matter*) e das mudanças da natureza da memória como instrumento de luta social, saindo dos lugares de memória oficiais, muitas vezes artificiais, e invadindo espaços informais de convivência comunitária, como os museus de periferia[1].

Figura 3.2 – Museu da Maré, no Rio de Janeiro

Giuseppe Bizzarri/Folhapress

O Museu da Maré é um museu social criado pela própria comunidade, com vistas a promover nesse espaço uma autorrepresentação.

---

[1] Sobre museus comunitários, sugerimos a seguinte leitura: PÉCHY, A. Novas perspectivas históricas surgem com museus comunitários. **AUN – Agência Universitária de Notícias**, 17 ago. 2018. Disponível em: <https://aun.webhostusp.sti.usp.br/index.php/2018/08/17/novas-perspectivas-historicas-surgem-com-museus-comunitarios/>. Acesso em: 25 ago. 2023.

Surgem, assim, variadas práticas urbanas que questionam uma memória coletiva oficial (im)posta como universal e admitida na condição de representativa do conjunto dos habitantes de determinada cidade, reclamando outra memória e negociando outros patrimônios que estejam articulados ao tempo presente e ao olhar participativo e não exclusivamente contemplativo em relação a um passado.

As observações a respeito desses movimentos urbanos de intervenções nos monumentos públicos estão sendo transformadas em objetos de estudos não apenas para o campo da História, mas desde um diálogo multidisciplinar com profissionais das áreas do patrimônio cultural, da arquitetura e da história da arte. Todos esses especialistas, com ênfase para o profissional da História, têm aqui uma oportunidade de questionar o desenvolvimento do próprio ofício, refletindo sobre os processos de monumentalização dos quais muitas vezes participam junto às municipalidades na condição de participantes de comissões de patrimônio cultural, trazendo propostas para novos relacionamentos entre a comunidade e os monumentos urbanos, problematizando a memória e o patrimônio e "ouvindo" experiências passadas que evocam as reivindicações de grupos sociais minorizados.

Em entrevista concedida em 2011 para a *Revista Espacialidades*, a historiadora brasileira Cristina Meneguello afirma o seguinte:

> a partir do momento em que passarmos a considerar a necessidade de preservar o passado porque o consideramos vivo e importante no presente, e a partir do momento que isso implicar em preservar áreas nas quais se dão práticas tradicionais ou rituais – que é o que define o patrimônio imaterial – o embate entre uma cidade atomizada em ilhas de consumo e uma cidade plena de sentidos, mesmo que contraditórios, só vai se acirrar, cada vez mais. (Meneguello, 2011, p. 6)

O direito à memória soma-se ao direito à cidade, mas a cidade precisa incorporar o passado vivo e, por conta dessa tendência, os espaços urbanos também se transformam, assim como a convivência entre a urbanização e a preservação do patrimônio precisa ser equilibrada para que a primeira não submeta, sequestre e esvazie a segunda. Na próxima seção, vamos tratar da constituição desse patrimônio como política pública nacional e mapear programas governamentais e problemáticas daí advindas a respeito desse campo no cenário do acirramento entre o consumo globalizado e a valorização da experiência do passado, entre uma cidade para poucos e uma cidade democrática.

(3.2)
PATRIMÔNIO URBANO: O QUE É?

No Brasil, com a Constituição Federal de 1988, o patrimônio cultural brasileiro é assim definido, conforme o art. 216:

> Art. 216. *Constituem patrimônio cultural brasileiro os bens de natureza material e imaterial, tomados individualmente ou em conjunto, portadores de referência à identidade, à ação, à memória dos diferentes grupos formadores da sociedade brasileira, nos quais se incluem:*
>
> I. as formas de expressão;
> II. os modos de criar, fazer e viver;
> III. as criações científicas, artísticas e tecnológicas;
> IV. as obras, objetos, documentos, edificações e demais espaços destinados às manifestações artístico-culturais;
> V. os **conjuntos urbanos** e sítios de valor histórico, paisagístico, artístico, arqueológico, paleontológico, ecológico e científico.

§ 1º O Poder Público, com a colaboração da comunidade, promoverá e protegerá o patrimônio cultural brasileiro, por meio de inventários, registros, vigilância, tombamento e desapropriação, e de outras formas de acautelamento e preservação.

§ 2º Cabem à administração pública, na forma da lei, a gestão da documentação governamental e as providências para franquear sua consulta a quantos dela necessitem.

§ 3º A lei estabelecerá incentivos para a produção e o conhecimento de bens e valores culturais.

§ 4º Os danos e ameaças ao patrimônio cultural serão punidos, na forma da lei.

§ 5º Ficam tombados todos os documentos e os sítios detentores de reminiscências históricas dos antigos quilombos. (Brasil, 1988, grifo nosso)

Pela ordenação jurídica máxima da nação brasileira, observa-se que o espaço urbano aparece tanto de forma explícita (conjuntos urbanos) quanto como um lugar no qual são abrigadas todas as demais manifestações que venham a se somar ao conjunto do patrimônio cultural nacional. Os primeiros tombamentos[2] realizados pelo Serviço do Patrimônio Histórico e Artístico Nacional (Sphan), criado em janeiro de 1937 pela Lei n. 378 e hoje chamado Instituto do Patrimônio Histórico e Artístico Nacional (Iphan), foram conjuntos arquitetônicos que expressavam, segundo os responsáveis por aquele órgão recém-criado, a arte barroca, então considerada a originalidade brasileira por excelência, tornando-se o símbolo da identidade nacional a ser preservada e referenciada como nosso passado comum.

---

2   Principal e mais antigo instrumento jurídico de Estado em vigência para a proteção dos bens culturais brasileiros, o tombamento foi estabelecido pelo Decreto-Lei n. 25, de 30 de novembro de 1937 (Brasil, 1937).

Assim, em 1938, foram inscritos no Livro do Tombo[3] das Belas Artes seis conjuntos arquitetônicos e urbanísticos do barroco mineiro: São João del-Rei, Ouro Preto, Tiradentes, Mariana, Diamantina e Serro. A proteção da arquitetura colonial brasileira do século XVIII inaugurou os serviços de acautelamento e preservação daquilo que estava sendo constituído como o cerne do patrimônio nacional: para a legislação da época, tais conjuntos arquitetônicos e urbanísticos uniam-se não apenas pela originalidade da arte barroca, mas também por sua monumentalidade e por seus valores excepcionais únicos em beleza artística e estética.

Um pouco antes, a cidade de Ouro Preto havia ganhado o selo de "monumento nacional", por meio do Decreto-Lei n. 22.928, de 12 de julho de 1933 (Brasil, 1933), estabelecendo-se procedimentos de preservação capazes de conquistar um objetivo primordial: o da recuperação da originalidade dos bens integrados em qualquer conjunto urbano tombado. Uma das principais preocupações visíveis nessas primeiras ações do Estado para a preservação dos bens culturais era a iminente perda deles em decorrência dos processos mais amplos de urbanização e industrialização. Apesar de a sociedade brasileira ter sido majoritariamente rural até a década de 1960, os anos 1920 e 1930 passaram a testemunhar uma dispersão da população nacional, via migrações internas em rota de fuga da fome, da seca e da falta de emprego, em direção a alguns centros urbanos, principalmente Recife, São Paulo e Rio de Janeiro (então capital do Brasil). Ademais,

---

3 Os livros do tombo recebem e registram as inscrições dos bens culturais que, a partir de então, passam a constituir o conjunto do patrimônio cultural brasileiro. O Decreto-Lei n. 25/1937, estabeleceu que o Sphan/Iphan tenha quatro livros do tombo, a saber: Livro do Tombo Arqueológico, Etnográfico e Paisagístico; Livro do Tombo Histórico; Livro do Tombo das Belas Artes; Livro do Tombo das Artes Aplicadas. Cada um desses livros pode ter vários volumes e ficam sob a guarda do Arquivo Central do Iphan.

havia o fato de o modo de vida urbano ser cada vez mais imperativo, mediante a concentração, nas cidades, das atividades econômicas de serviços e de exportação, e de se tornarem referência de estilo de vida e de consumo.

Na chamada primeira fase do Iphan (utilizaremos a partir daqui a sigla atual), entre sua criação, em 1937, e o término da gestão de seu primeiro presidente, o intelectual Rodrigo Melo Franco de Andrade, em 1967, o órgão nacional buscou formar e aplicar uma consciência na sociedade a respeito da importância da política patrimonial por ele conduzida, mas a partir de bens culturais já selecionados e que supostamente representariam uma nação inteira. A questão da excepcionalidade se encaixa nessa perspectiva, ao privilegiar a linguagem monumental diante de outras estéticas e temporalidades que não a colonial do século XVIII, tida como excepcional no conjunto das demais linguagens urbanas edificadas.

Pesquisas recentes demonstram que, nessa primeira fase, logo após as primeiras intervenções do Iphan, não eram raras as reações contrárias. Um estudo sobre o tombamento do conjunto arquitetônico e urbanístico da cidade mineira de São João del-Rei expõe que, assim que "as ações da repartição federal alcançavam os imóveis privados, procurando regular todos os processos de intervenção sobre o centro histórico, surgia uma enxurrada de objeções ao tombamento [...]" (Tavares, 2012, p. 95). Com certeza, não foram apenas essas vozes dissonantes, ciosas da proteção da propriedade privada "ameaçada" em consequência da preservação patrimonial, que vieram à tona. No entanto, é difícil encontrar registros diretos de possíveis críticas às ações de tombamento oriundas dos grupos sociais populares, menos favorecidos, cabendo lembrar que o Brasil de então (1938, ano do tombamento) tinha quase 70% de analfabetos em sua composição populacional, o que certamente dificultava o acesso aos documentos escritos referentes a essas intervenções, ou mesmo aos jornais para divulgar alguma reação. Isso, contudo, não quer dizer que essa parte da população brasileira não pudesse desenvolver algum pensamento sobre a política patrimonial e a presença dela no cotidiano dos centros históricos das cidades tombadas. Práticas sociais novas passaram a fazer parte desses espaços urbanos atingidos pelos tombamentos patrimoniais, desde a criação e difusão das regras de cuidado com o bem cultural tombado, até a demanda em prol da maior participação na seleção daquilo que é representativo no rol do patrimônio cultural do país, configurando nessa trajetória temporal, da criação do Iphan aos dias de hoje, uma série de lutas simbólicas em torno de interesses diferentes e por vezes conflitantes.

O acirramento dos efeitos negativos da urbanização no Brasil provocaria mudanças no eixo das relações entre cidade, patrimônio e sociedade. Um dos aspectos dessas transformações, e que coincide com a chamada segunda fase do Iphan (a partir dos anos 1970), foi o apelo crescente vindo diretamente da sociedade pela proteção dos bens culturais, e não somente como decisão dos agentes do Estado de cima para baixo. Nesse contexto, o próprio conceito de patrimônio se ampliava no mundo, ultrapassando a visão de algo delimitado às belas-artes e à história tradicional e rompendo com a noção de monumentalidade como elemento prioritário para a classificação dos bens a serem protegidos. Esse movimento de expansão se encontra no âmago das mudanças na definição de *cultura* no campo das ciências sociais, que passa a ser apreendida do ponto de vista antropológico, abarcando a diversidade das manifestações de um povo e de seus grupos sociais formadores nas dimensões material e imaterial. O patrimônio passou a significar as maneiras de o ser humano existir, pensar e se expressar, bem como as manifestações simbólicas dos seus saberes, práticas artísticas e cerimoniais, sistemas de valores e tradições. Essa noção de cultura, fomentada desde o início da década de 1980 nas convenções internacionais promovidas pela Organização das Nações Unidas para a Educação, Ciência e Cultura – Unesco, adquiriu maior magnitude em 1985, por ocasião da "Declaração do México". A caracterização ampliada da cultura, apresentada nesse documento, definiu o patrimônio como produções de "artistas, arquitetos, músicos, escritores e sábios", "criações anônimas surgidas da alma popular" e "valores que dão sentido à vida". (Pelegrini, 2006, p. 117)

Nessa conjuntura, em se tratando especificamente do cruzamento entre patrimônio cultural e patrimônio natural, as cidades são postas no centro dos debates na condição de artefatos sociais resultantes da ação humana no meio ambiente por meio de saberes e fazeres. Essa visão muito se deve ao consultor da Organização das Nações Unidas para a Educação, a Ciência e a Cultura (Unesco), o museólogo francês Hugues de Varine-Bohan, que criou uma tipologia para o patrimônio cultural ampliado, a qual serviu de modelo para a classificação dele em grandes categorias a serem seguidas nas orientações emitidas por aquela entidade internacional em suas cartas e recomendações, quais sejam: a) natureza e meio ambiente; b) produção intelectual humana (aspectos intangíveis); c) artefatos e objetos. Segundo Lemos (1981, p. 11), "Assim, um objeto isolado de seu contexto deve ser entendido como um fragmento, ou um segmento, de uma ampla urdidura de dependências e entrelaçamentos de necessidades e interesses satisfeitos dentro das possibilidades locais da sociedade a que ele pertence ou pertenceu".

Figura 3.3 – Estação da Luz

cifotart/Shutterstock

A estação da Luz, na capital de São Paulo, foi declarada patrimônio cultural da cidade em 1982. O prédio foi transformado em Museu da Língua Portuguesa, unindo, assim, valores concretos (arquitetura) e simbólicos (língua como código social).

As cidades passam a ser vistas no seu todo, e o isolamento da preservação patrimonial focado nos centros históricos é posto em desfavorecimento diante da necessidade da conexão entre tais centros e os demais setores urbanos, compreendendo-se a intervenção como vetor de melhoria da qualidade de vida em geral, para os habitantes e para o meio ambiente, e não apenas como uma representação estética e artística da identidade nacional.

 Hugues de Varine-Bohan havia apresentado sua tipologia do patrimônio cultural em aulas ministradas no Brasil, no ano de 1974, dois anos após a divulgação da Recomendação de Paris, que foi resultante da Convenção sobre o Patrimônio Mundial, Cultural e Natural, por sua vez solicitada pela Conferência das Nações Unidas sobre o Meio

Ambiente Humano. Importante observar a categoria de patrimônio mundial então agregada, significando uma preocupação comum, de caráter global, quanto à relação entre a conservação da memória e das identidades e a manutenção da qualidade do meio ambiente, bem como a legitimação do uso das categorias de patrimônio cultural e de patrimônio natural. Convém lembrar que, naquele período, uma das perguntas mais urgentes do momento histórico dizia respeito à garantia do futuro da humanidade e do planeta Terra, haja vista a degradação profunda do meio ambiente combinada com a aceleração da urbanização, quando a cidade e suas questões se tornaram objeto de estudos de várias áreas da produção do conhecimento e de ações governamentais.

No Brasil, as primeiras ações de ampliação da noção de patrimônio cultural e sua inter-relação com o meio ambiente encontraram-se com outro movimento, o da redemocratização do país com o declínio da ditadura civil-militar, entre o final dos anos 1970 e o início da década de 1980. Em 1987, ocorreu o 1º Seminário Brasileiro para Preservação e Revitalização de Centros Históricos, quando foi produzida a Carta de Petrópolis, pela qual foi substituído o termo *centro histórico* por *sítio histórico urbano*. Com isso, a cidade passa a ser vista como um organismo histórico, e a delimitação de seu patrimônio cultural em áreas específicas não deveria excluir outros usos dela, como moradia, trabalho, emprego e lazer local, além do turismo. Nessa combinação entre democratização, preocupação para com as cidades e preservação do patrimônio cultural mundial, é "na confluência desses processos – globalização, democratização e conquista de direitos sociais – que se elucidam os sentidos dos avanços e limites da prática de construção do patrimônio enquanto vetor da memória social" (Tourinho; Rodrigues, 2020, p. 8).

O direito à cidade e o direito à cultura estão imbricados na produção do patrimônio cultural, cuja definição orientadora é dada, entre nós, pelo art. 216 de nossa Carta Constitucional.[4] Por sua vez, como elemento constitutivo da cultura e do patrimônio, a memória também é um direito contemporâneo, erguendo-se, assim, um edifício de direitos humanos indivisíveis. Na base desse edifício está o princípio da função social da propriedade, isto é, o ajuste entre direitos privados e coletivos para que o seu uso (rural ou urbano) atenda, além dos direitos dos proprietários, ao interesse comum, condicionado a este. Presente desde a Declaração Universal dos Direitos Humanos (ONU, 1948, art. 17, n. 1) e nos ordenamentos jurídicos modernos, no que tange à propriedade urbana os objetivos são garantir as funções sociais da cidade e assegurar o bem-estar de seus cidadãos, os quais foram reforçados no Estatuto da Cidade, instituído pela Lei Federal n. 10.257, de 10 de julho de 2001. Entende-se por *bem-estar* não apenas o cuidado com o meio ambiente, mas também a atenção com a cultura, a memória e o patrimônio. Essa proteção indivisível da natureza e da cultura se expressa nas políticas de desenvolvimento urbano, visto o crescimento das cidades brasileiras acentuado desde os anos 1970, passando a desafiar o equilíbrio entre renovação e preservação para recuperar a economia degradada pela conjuntura desencadeada com as crises do petróleo que desestabilizaram as economias nacionais naquele momento.

---

4   *Importante ressaltar que a Constituição Federal de 1988 alterou a qualificação do termo* patrimônio, *indo de* patrimônio histórico e artístico, *quando da inauguração do serviço de proteção do patrimônio, na década de 1930 (denominação presentes na sigla do órgão federal Sphan), a* patrimônio cultural. *Françoise Choay (2011) lembra que este último termo, na França, passou a ser empregado a partir do final da década de 1950, na estrutura e nas atribuições do Ministério da Cultura daquele país. De todo modo, neste capítulo, utilizaremos a opção* patrimônio cultural *inclusive quando tratarmos de ações datadas dos primórdios do Sphan/Iphan.*

De um lado, cartas patrimoniais, ou documentos internacionais indicativos para o trato dos bens culturais no mundo, como a Recomendação de Paris de 1972, e, de outro, movimentos mais amplos de preocupação com a degradação do meio ambiente do planeta e a incidência de seus efeitos sobre as concentrações urbanas plenas de desigualdades sociais e em direção ao limite do crescimento sustentável, acompanhados do recrudescimento da luta em prol dos direitos humanos indissociáveis, colocaram em andamento políticas públicas pensadas a partir do desenvolvimento local.

No Brasil, isso se deu de forma mais estruturante nos anos 1970 sob o regime civil-militar, por meio de planos nacionais de desenvolvimento. O II Plano Nacional de Desenvolvimento (PND 1975-1979) delineou uma política urbana para atuar na interface entre a preservação do meio ambiente e a do patrimônio cultural.

> Não é preciso recordar que, nesse período, acirraram-se as disputas entre o autoritarismo com repressão e as oposições à ditadura, em um país com alta concentração de renda, altos índices de analfabetismo e de exclusão social e política. Foi um período de pactos, [...] o realizado entre o governo federal e os estaduais a fim de incluir as unidades federativas menos industrializadas no jogo político e econômico e, assim, promover o desenvolvimento regional e, por conseguinte, nacional. Para seu funcionamento, o governo elaborou projetos integradores no formato de polos – como o PoloNordeste, em uma das regiões do país com menor crescimento –, movidos por fundos orçamentários especiais. Foi o Fundo de Desenvolvimento de Programas Integrados que viabilizou o PCH, por exemplo. (Marchette, 2016, p. 71)

O Programa Integrado de Reconstrução de Cidades Históricas (PCH), que vigorou entre 1973 e 1987, foi concebido pela Secretaria de Planejamento da Presidência da República (Seplan/PR) e teve a participação do Departamento de Assuntos Culturais do Ministério da Educação e Cultura (MEC) e do Conselho Federal de Cultura, este criado em 1966 com o objetivo de elaborar o Plano Nacional de Cultura. Para o PCH, esse consórcio federal criou critérios de preservação do patrimônio cultural e uniu cidade, meio ambiente e memória histórica, fazendo vir à tona o conceito de patrimônio ambiental urbano. Voltado para as cidades históricas dotadas de conjuntos urbanos tombados, no âmbito dessa categoria patrimonial, o PCH visava, então, à exploração das vantagens de seu uso turístico, sendo essa a bandeira prioritária para o polo do Nordeste (PoloNordeste), região onde o programa começou por ser esta, então, a mais debilitada do país em termos econômico-sociais. Foi esse o viés dado ao PCH quando esteve sob a coordenação da Seplan/PR, até o ano de 1979, para implantar a política urbana aliada ao desenvolvimento regional via turismo, combinando regionalismo e descentralização. Com isso, "a economia do turismo local financiaria a conservação dos monumentos. Essa proposta também deveria ser apoiada pela concessão de incentivos fiscais por parte dos estados e municípios à iniciativa privada para 'restauração e manutenção' dos monumentos" (Corrêa, 2012, p. 140).

Em 1977, o órgão federal ampliou o alcance do PCH para outras regiões, como Rio de Janeiro, Espírito Santo e Minas Gerais, e lançou o *Manual de instruções: Programa de Cidades Históricas*, por meio do qual foi ressaltada a necessidade da preservação integral dos monumentos, evitando-se o isolamento deles em relação ao entorno, algo que foi conceitualmente qualificado no campo profissional da preservação patrimonial quando o programa passou para a responsabilidade do Iphan, em 1979, inaugurando uma segunda fase. Na alçada do Iphan, o PCH foi revestido com noções e conceitos emitidos pela Declaração de Amsterdã (1975)[5], principalmente a proposta de estabelecer e manter o diálogo entre os preservacionistas e os planejadores urbanos, bem como conquistar a opinião pública para as ações daí decorrentes. Além disso, o Iphan se consolidou como órgão estruturante da política patrimonial no Brasil, por meio da interação entre os poderes, acrescido do protagonismo da sociedade a partir da Constituição de 1988.

No entanto, essa interação e o apoio da população às intervenções no conjunto do patrimônio ambiental urbano pretendidos pelo PCH não foram plenamente conquistados, denunciando a original e insistente presença da excepcionalidade dos monumentos como critério primário para receberem recursos para sua salvaguarda, a contínua desigualdade social nos espaços urbanos diante da tão sonhada qualidade de vida e de bem-estar estendida a todos os seus cidadãos e a iconoclastia do próprio poder público, em todas as suas esferas, com a crônica falta de manutenção dos bens culturais tombados. Muitas críticas foram feitas naquele momento, entre elas a valorização imobiliária combinada com a expulsão da população mais empobrecida desses locais.

> Os recursos foram canalizados de forma desigual, dirigidos às regiões protagonistas, ou seja, com a inclusão do Sudeste a desconcentração proposta pelo PCH acabou anulada. Apesar de instaurado para resgatar o Nordeste da miséria, o PCH, submetido à Secretaria do Planejamento, aparentemente pode ter reduzido, mas foi incapaz de superar os desequilíbrios locais e regionais com a utilização do patrimônio para o desenvolvimento econômico. Além de parte dos valores do Programa terem

---

5   *A Declaração de Amsterdã foi emitida por ocasião do Congresso do Patrimônio Arquitetônico Europeu, em 1975, que foi marcado como o Ano Europeu do Patrimônio Arquitetônico. Por ela se reconhece a arquitetura particular da Europa no conjunto do patrimônio mundial, portanto, como patrimônio comum de todos os povos.*

sido direcionados à construção de hotéis e pousadas no Nordeste, poucos imóveis foram aproveitados para moradias e, da intenção de um "sistema nacional", resultaram sistemas isolados de preservação federal, estaduais e municipais. (Fridman; Araújo; Daibert, 2019, p. 626)

O patrimônio ambiental urbano se recolheu nas atividades inerentes aos órgãos de preservação, de forma isolada nas esferas estaduais e municipais, e saiu de cena como protagonista das políticas urbanas amplas, deixando um cenário de desproporcionalidade entre cidade e memória e fragmentando a ideia de união que essa categoria patrimonial surgida nos anos 1970 trouxera à baila no ambiente das políticas públicas de desenvolvimento local.

Mesmo com a circulação de cartas patrimoniais desde o fim da Segunda Guerra Mundial, como a Carta de Veneza, de 1964 – que deu visibilidade à contextualização histórica de cada bem cultural e à valorização dos sítios urbanos, e não somente dos monumentos excepcionais – e a Carta de Quito, de 1967 – que deu ênfase ao turismo e ao desenvolvimento nacional vinculado ao patrimônio histórico –, as intervenções promovidas pelo PCH privilegiaram os bens excepcionais em detrimento de outros monumentos talvez mais significativos para a comunidade ampla.

Tal ressalva é necessária na medida em que alguns estudiosos do tema da patrimonialização no Brasil apontam a continuidade de visões equivocadas a respeito da salvaguarda dos bens culturais nacionais, cujos erros estariam, originalmente, no PCH. Justamente um dos obstáculos que reincidem na política nacional patrimonial ao longo do tempo, desde então, levando-se em conta programas de grande porte, é o difícil equilíbrio entre a agenda da economia e os pressupostos técnicos e conceituais de preservação do patrimônio cultural. Foi o que ocorreu no Programa Monumenta, elaborado pelo governo federal na gestão do Presidente Fernando Henrique Cardoso, no processo de redemocratização do Brasil e sob uma nova estrutura constitucional.

Mediante a participação da iniciativa privada, por meio da gestão descentralizada e de parcerias público-privadas, sendo exemplo a presença do Banco Interamericano de Desenvolvimento (BID) – uma agência multilateral que orientaria os gastos públicos na área da preservação patrimonial com vistas a uma "maior eficácia", atuando nos municípios –, o Monumenta atrelou o desenvolvimento dos centros históricos das cidades brasileiras à privatização do patrimônio ambiental urbano ao elevar o consumo da indústria cultural ao patamar dos interesses da economia globalizada. O Iphan, pelo contrário, tentava manter a aproximação com as recomendações internacionais para planejar e promover a preservação patrimonial acima dos objetivos mercadológicos, e vivenciava certo esvaziamento diante dos mecanismos de terceirização das atividades nessa área.

Com a mudança de governo da esfera federal, o Monumenta iria para a responsabilidade do Iphan, quando passou a receber incentivos para desenvolver uma segunda linha que sempre existira, mas na qual não haviam sido depositados investimentos tão volumosos, que era a destinada à revitalização de imóveis históricos privados pertencentes às classes menos favorecidas ou por estas utilizados, a fim de manter a população em seus locais originais. Contudo, permaneceu o viés desenvolvimentista de compreensão dos bens culturais como ativos turísticos, bem como a presença de entidades externas na coordenação dos projetos, principalmente os ligados a grandes eventos.

A crise econômica neoliberal mundial desenrolada de forma aguda desde 2008 teve como resposta brasileira o planejamento e a implementação de políticas nacionais estruturantes de combate à pobreza, sendo a requalificação dos ambientes urbanos um dos eixos principais. Para tanto, foi criado o Programa de Aceleração do Crescimento Cidades Históricas (PAC-CH), por meio do qual a

> preservação do patrimônio cultural vinculava-se à ambiência e ao meio ambiente como indutores da reabilitação urbana. E indicava uma nova ideia: aliar os instrumentos do planejamento urbano das municipalidades às ações de restauração, não limitadas às intervenções físicas sobre os conjuntos históricos. Podem ser destacados ainda os modelos de gestão participativa, de estímulo econômico e de educação patrimonial no sentido de dilatar os planos de conservação com projetos de longo prazo. (Fridman; Araújo; Daibert, 2019, p. 631)

Não obstante o turismo continuar a ser entendido como indutor do desenvolvimento econômico, voltou-se para o incentivo de um turismo interno acessível às classes menos favorecidas e para a distribuição de linhas de créditos, oriundas de bancos públicos, a empresas pequenas e médias que atuassem nesse setor. Por outro lado, o papel estratégico desempenhado pelo Iphan, por meio das superintendências estaduais, ao coordenar o PAC-CH nos estados e nos municípios, promoveu uma transformação no conceito de cidades históricas, ampliando sua escala para a relação centro/periferia, abrangendo tanto os pontos edificados para a preservação tradicional quanto seu entorno e área de influência e, finalmente, recuperando a ideia de cidade como organismo vivo, incluindo as dimensões material e imaterial do patrimônio. Assim, as ações de defesa do patrimônio não se limitariam aos conjuntos urbanos tombados, estendendo-se também àqueles em processo de tombamento; ainda, atenderiam à necessidade de articulação da preservação patrimonial às demais ações públicas, principalmente as dedicadas a educação, emprego e renda. O debate é contínuo.

> No momento atual, é significativa a retomada das discussões em torno do conceito de patrimônio ambiental urbano. Mais do que em 1980, vivemos a destruição, quer dos valores sociais, quer do meio ambiente, objeto que envolve disputas de territórios. Entre os desafios de ações que valorizam certas áreas urbanas, impõe-se manter as populações em seus lugares originais; sem isso, acentua-se o desrespeito aos direitos à memória e à cidade e perpetua-se a imensa desigualdade que caracteriza nossa sociedade. (Tourinho; Rodrigues, 2020, p. 28)

Nessa retrospectiva de quatro décadas de programas federais de proteção e promoção do patrimônio presente nas cidades brasileiras – do PCH, passando pelo Monumenta, até o PAC-CH –, a defesa de nosso legado cultural esteve presente como estratégia de Estado, mesmo em contextos políticos diferentes e até opostos, e recebeu aportes financeiros, sendo o PAC-CH o maior deles até hoje, apesar de desvios e de resultados que não chegaram a contribuir para a melhoria efetiva da qualidade de vida nas cidades. No entanto, o país chegou a um ponto crítico de desmonte quase completo do Iphan, assim como à extinção, em 2019, de um ministério dedicado à cultura, o que acarretou a desestruturação sistêmica dos processos criativos da indústria cultural. Por conseguinte, o debate, a recuperação, o planejamento e a aplicação de ações voltadas para o patrimônio ambiental urbano continuam pendentes e são cada vez mais urgentes, devendo ser retomados por meio de uma política assentada sobre as definições constitucionais de patrimônio e que valorize a diversidade cultural.

(3.3)
CIDADES E PRÁTICAS DE PRESERVAÇÃO E CONSERVAÇÃO PATRIMONIAL: CONCEITOS E PROCEDIMENTOS

O campo patrimonial é atravessado por diversos conhecimentos especializados das áreas de preservação, conservação, restauração e conservação preventiva. Isso significa que esses saberes e suas definições não podem ser desarticulados do desenvolvimento do conceito de patrimônio cultural. No Brasil, segundo a pesquisadora Silvana Bojanoski, esses termos especializados foram estabelecidos no Código de Ética dos Conservadores-Restauradores Brasileiros, de 2005, sendo o de preservação o mais abrangente deles, o qual "compreende todas as ações que visam retardar a deterioração e possibilitar o pleno uso dos bens culturais" (Bojanoski, 2018, p. 102). Entretanto, essa autora escolhe o termo *conservação* como identificador mais apropriado ao seu campo de atuação profissional, e assim o justifica: "Entendemos que este é o termo mais adequado para as propostas de salvaguarda do patrimônio cultural, que deve ser, em sua essência, mais conservativa, optando-se pelas intervenções que caracterizam a restauração somente em situações muito específicas" (Bojanoski, 2018, p. 106), isto é, conservar para evitar intervenções mais profundas, caras e complexas.

Editado pelo Arquivo Nacional do Brasil em 2005, o *Dicionário brasileiro de terminologia arquivística* define *conservação* da seguinte maneira: "Promoção da preservação e da restauração dos documentos" (Brasil, 2005, p. 53). Para *preservação*, o mesmo dicionário apresenta a seguinte definição: "a prevenção da deterioração e danos em documentos, por meio de adequado controle ambiental e/ou tratamento físico/químico" (Brasil, 2005, p. 135). Podemos observar, desse modo, que *conservação* guarda em seu âmbito propostas para salvaguardar o patrimônio cultural em todas as suas manifestações materiais, atentando-se para a necessidade de promover os cuidados que venham impedir danos irrecuperáveis, ou seja, prevenindo a deterioração por meio da aplicação de técnicas preservativas, como a *restauração*. Este último termo, por sua vez, refere-se a um "conjunto de procedimentos específicos para a recuperação e reforço de documentos deteriorados ou danificados" (Brasil, 2005, p. 149). Comparando a posição de Bojanoski com tais definições dicionarizadas pelo Arquivo Nacional do Brasil, observa-se nas entrelinhas a importância da prevenção sistemática da deterioração dos bens culturais por meio da manutenção das atividades especializadas pertinentes nas instituições responsáveis pelo patrimônio cultural, evitando-se, assim, intervenções radicais.

Antes de avançarmos em direção ao tema da conservação e preservação dos bens culturais urbanos, vale a pena trazer à cena a clássica defesa de Jacques Le Goff de que, para a historiografia moderna, tanto os documentos quanto os monumentos são, ambos, materiais da memória coletiva e da história (Le Goff, 1996). O historiador francês lembra que, até meados do século XIX, o termo *monumento* era utilizado para designar coleções de documentos, sobretudo os oficiais (*corpus* de legislação, de finanças etc.), e servia como fonte para a escrita da história, os corpos monumentais de documentos escritos oficiais. O termo *documento*, por sua vez, começa a entrar em ascensão e triunfa com a Escola Metódica Alemã, que o identifica como suporte do texto escrito, testemunha da veracidade e da objetividade dos fatos. Sem descartar o termo, cada vez mais presente entre historiadores de diversas tendências, ele foi se ampliando, e a frase célebre do historiador e arquivista Charles Samaran (1879-1982), em seu prefácio a uma obra coletiva editada na França, em 1861, sobre o método histórico – **"não há história sem documento"** –, deve ser vista em seu contexto, qual seja, o de apreensão do documento para além do texto escrito, inserindo-se no campo historiográfico registros sonoros, audiovisuais, ilustrados etc. Esse entendimento se arraigou na Escola dos *Annales* desde sua criação, como manifestado por um de seus fundadores, Marc Bloch:

> Seria uma grande ilusão imaginar que a cada problema histórico corresponde um tipo único de documentos, específico para tal emprego [...] Que historiador das religiões se contentaria em compilar tratados de teologia ou coletâneas de hinos? Ele sabe muito que que as imagens pintadas ou esculpidas nas paredes dos santuários, a disposição e o mobiliário dos túmulos têm tanto a lhe dizer sobre as crenças e as sensibilidades mortas quanto muitos escritos (Bloch, 2001, p. 80)

Diante desse cenário de êxito do termo *documento* sobre o de *monumento* para a escrita da História Científica, desde o final do século XIX, qual lugar é concedido a este último? Le Goff (1996) avalia que foi o desenvolvimento do próprio ofício do profissional da História o fator responsável por (re)introduzir no campo o termo *monumento*, especificamente pelo aprimoramento da crítica aos documentos. Explorar a natureza do documento como tal pavimentou uma ponte que o reconectou ao termo *monumento*, considerando-se o poder. Todo e qualquer documento utilizado não é fruto do acaso, e sim "um produto da sociedade que o fabricou segundo as relações de força que aí detinham o poder" (Le Goff, 1996, p. 102). Assim, se até meados do século XIX os monumentos eram sinônimos de conjuntos de documentos oficiais, isto é, produzidos em decorrência do exercício de certo poder, os documentos carregam consigo esse sentido político amplo desde o nascimento da história como disciplina científica: a produção de documentos tem uma intencionalidade, a qual o monumento reclamava somente para si. O profissional da História, portanto, é um produtor de documentos na medida em que os seleciona, ou mesmo os descarta, e os interpreta na condição de representação de uma época com base nos fatos.

Se a produção de documentos e de monumentos é um ato político, é, pois, inerente a qualquer grupo social, pois são as matérias-primas condicionadas da memória coletiva e da História. Mas, nem sempre foi assim. Obras da Antiguidade Clássica, por exemplo, apenas no Renascimento passaram a ser vistas como objetos de conhecimento do passado e, até o século XVIII, o manuseio delas para estudo era restrito a grupos de "historiadores, colecionadores, construtores, estetas e caçadores de tesouros" (Sant'Anna, 1990, p. 18). A ampliação desse interesse para as esferas públicas, políticas e econômicas, contudo, não significou a imediata proteção e preservação dessas obras por parte das estruturas governamentais. Nesso sentido, a Revolução Francesa é um evento de ruptura, uma vez que colocou em movimento ações de salvamento de imóveis e móveis pertencentes à nobreza e ao clero do alvo do vandalismo revolucionário. Nesse deslocamento de interesses, os bens da aristocracia passaram para outra categoria, mais simbólica, a de patrimônio nacional, bem como para outro proprietário, o Estado, inserindo-se como representantes da história do povo francês. O Museu do Louvre foi um dos quatro inaugurados a partir da aprovação de propostas das assembleias revolucionárias na Convenção Nacional (1792) e foi inaugurado no dia 10 de agosto de 1793 com uma exposição de pinturas quase todas confiscadas da realeza e do clero da Igreja Católica.

> O museu prestava-se muito bem às necessidades da burguesia de se estabelecer como classe dirigente. [...] o Museu do Louvre, aberto em 1793, e disponível ao público, indiscriminadamente, três dias em cada dez, com o fim de educar a nação francesa nos valores clássicos da Grécia e de Roma e naquilo que representava sua herança contemporânea; o Louvre, além das coleções reais, foi enriquecido por material vindo de igrejas saqueadas pelos revolucionários [...] (Suano, 1986, p. 28)

O interesse político viabilizado pela herança cultural da Antiguidade Clássica, somado às novas coleções formadas no processo revolucionário burguês, tornou possível, nessa mesma conjuntura, "o surgimento dos saberes, procedimentos, operações e instituições que conformaram, primeiramente no Ocidente, e, depois, em todo o mundo, a prática de preservação em sua feição moderna" (Sant'Anna, 1990, p. 19). Nos primórdios da história do patrimônio cultural está, de certa maneira, a história do vandalismo, uma vez que as intervenções redefinem o que se preserva ou não, num movimento dialético entre destruição e monumentalização. Entretanto, os termos *conservação* e *restauração*, que andam juntos desde o final do século XVIII, foram se materializando em objetos cercados por novos conceitos e procedimentos, abarcados por novas disciplinas, como a História e a Arqueologia, e aplicados em instituições específicas, como os arquivos e os museus, além de fazerem circular novos comportamentos sociais diante do conjunto do patrimônio cultural. A outra face da mesma moeda é a formação de uma comunidade conectada por algo abstrato, que seria a identidade nacional, da qual passam a fazer parte os monumentos históricos que a representam.

Tatiana Dantas Marchette

Figura 3.4 – Oficina de restauração no Museu do Louvre

Richard A. McGuirk/Shutterstock

Ao longo do século XIX, as práticas preservacionistas voltaram-se, sobretudo, a grandes obras da Antiguidade Clássica, aos templos religiosos e castelos medievais, todos marcados pela monumentalidade e com potencial para imprimir uma tradição histórica de um longo passado comum. Esse perfil de seleção e proteção somente viria a mudar de forma mais ampla, em termos de diversidade patrimonial e de outras áreas geográficas além da Europa Ocidental, em meados do século seguinte, no pós-Segunda Guerra Mundial, mas tendo como protótipo os procedimentos desenvolvidos no continente europeu. E foi lá, na Europa Ocidental, que as práticas de preservação, conservação e restauro tomaram o espaço urbano como oficina para essas ações: primeiramente, como enquadramento para as grandes obras presentes nas cidades; depois, a partir dos anos 1960, integradas às políticas de desenvolvimento urbano de modo mais sistêmico.

Ocorreu então, nesse momento [1960], a transformação da cidade no objeto patrimonial por excelência e, ao mesmo tempo, a disseminação, nesse continente, de uma conduta de preservação no seio do planejamento e da gestão urbana que ampliou a inclusão do patrimônio urbano no circuito da mercadoria. A preservação sedimentou-se nos países europeus, a partir dos anos 1980, como uma norma que orienta processos de produção e de gestão urbana, consolidando-se, por fim, como uma das formas preponderantes de urbanização. (Sant'Anna, 1990, p. 20)

De acordo com Marcia Sant'Anna, o aspecto econômico, que orientou a conformação do conceito de patrimônio nacional no final do Setecentos, ao lado do viés político no processo revolucionário francês, prevaleceu sobre o simbólico quando do recrudescimento da globalização desde as últimas décadas do século XX, com o estímulo, inclusive, ao turismo cultural e à valorização imobiliária de regiões urbanas antigas recuperadas, mediante a remoção de populações de seus lugares originais. Com a industrialização, as contradições entre destruição e monumentalização curvaram-se em direção ao acolhimento das transformações urbanas implementadas no final do século XIX em cidades como Paris e que determinaram a demolição de ruas e casas populares para dar espaço a grandes avenidas, implementando um urbanismo monumental legitimado pelo poder de expropriação do Estado. Foi quando nasceu a disciplina do urbanismo, como vimos anteriormente.

Na condição pós-moderna, a noção de monumento histórico se aprofunda na qualidade de recurso de política pública e dispositivo de poder, mesmo mediante as novas tecnologias da informação e a onipresença do mundo digital; o patrimônio cultural extrapolou os muros das instituições de preservação para também tomar as ruas, porém não como um movimento popular, mas instrumentalizado como mercadoria, muitas vezes desprezando o valor atribuído pela comunidade local ao bem preservado diante do valor econômico dele vinculado a uma cultura massificada, pasteurizada, desatando os nós afetivos entre os produtores dos bens e seus consumidores.

O uso quase indiscriminado da categoria de patrimônio cultural urbano revela, ainda, o lado especulativo de seu uso nas cidades globalizadas pelo capital financeiro excedente investido nos territórios urbanos. A presença atual e atuante mais forte de resistência contra essa economia especulativa nas cidades é proporcional aos efeitos concretos dela, como a gentrificação, um mecanismo de remoção das comunidades de baixa renda em preferência a classes mais abastadas, por meio de ações intervencionistas (com nomes variados, como *requalificação, regeneração, recuperação* e *revitalização*). Assim, se o patrimônio nacional nasceu em diálogo com o vandalismo durante o processo revolucionário francês, resultando num conjunto comportamental novo em termos sociais, políticos e científicos diante dos monumentos históricos, nos dias atuais a contradição tem se dado entre a produção especulativa do espaço urbano e os movimentos sociais de resistência, elevando o nível de decisões referentes aos destinos dos bens culturais com a entrada do "capital fictício", o qual tem o poder, até mesmo, de desprezá-los.

(3.4)
CIDADES E PRÁTICAS DE PRESERVAÇÃO E CONSERVAÇÃO DO PATRIMÔNIO URBANO NO MUNDO

Vimos que *restauração*, segundo o *Dicionário brasileiro de terminologia arquivística*, é um "conjunto de procedimentos específicos para a recuperação e reforço de documentos deteriorados ou danificados" (Brasil, 2005, p. 149). A definição dessa prática, acolhendo a dicotomia documento/monumento, pode ser transposta para a esfera da proteção da arquitetura histórica, no sentido de a restauração dos edifícios ser um conjunto de procedimentos voltado para deter os danos materiais e físicos neles incidentes, recuperando-os para o presente por meio do entendimento do significado daquela obra para a comunidade que a concebeu e a construiu, bem como para as gerações posteriores.

No Brasil, foi no Museu Nacional, criado em 1818, que teve início uma política patrimonial com a criação da Inspetoria de Monumentos Nacionais, em 1934. Logo no ano seguinte, essa entidade realizou sua primeira ação técnica, restaurando antigas edificações da cidade mineira de Ouro Preto, com o intuito de recuperar as funções para as quais cada uma delas havia sido criada. A orientação era de recuperar não apenas a originalidade, mas também as funcionalidades: no caso de um chafariz, por exemplo, a inspetoria buscou utilizar os mesmos materiais com os quais ele fora construído, além de garantir que voltasse a jorrar água: "Devolver água aos chafarizes era como devolver vida a algo que se encontrava morto, uma vez que sua utilidade original era restabelecida" (Magalhães, 2017, p. 266). Essa postura, que prevaleceu na França em boa parte do século XIX, era defendida por um dos principais teóricos do patrimônio, o francês Viollet-le-Duc (1814-1879), denominando-a de *restauração estilística*, ou *radical*, a qual tinha como objetivo a recuperação funcional do estado primitivo do monumento.

Especificamente para o campo da arquitetura e do restauro, a principal referência, hoje, é a teoria da restauração, de Cesare Brandi (1906-1988), publicada em Roma no ano de 1963 e entendida como a principal promotora da profissionalização dessa área após a Segunda Guerra Mundial. As devastações e ruínas herdadas do conflito bélico desenrolado entre 1938 e 1945 demonstraram que o conhecimento apenas estético de um monumento, recuperando-se integralmente sua função, material e técnicas originalmente utilizadas, não estava dando conta de recuperá-lo quanto ao aspecto documental, isto é, apagava a passagem do tempo. Brandi, então, torna-se um dos principais representantes da corrente do "restauro crítico", uma intervenção a partir das singularidades de cada bem, privilegiando o ato de restauração das obras de arte em suas autenticidades materiais e potencialidade, ou seja, recuperando-as para permanecerem na condição de obras de arte, porém naquilo que é possível a partir dos fragmentos. A preocupação pós-Segunda Guerra com a recuperação das edificações históricas destruídas pelos bombardeios era prioridade naquele momento em que Cesare Brandi refletia sobre as ações de preservação; o critério era o de repor a função estética e artística de cada obra, e não o de restituir sua unidade original perdida, algo impossível a não ser pela falsificação, apagando-se a densidade do tempo e, portanto, a história.

Figura 3.5 – Museu Neues, na Ilha dos Museus, em Berlim

Criado na primeira metade do século XVIII, o Museu Neues, em Berlim, foi bastante danificado na Segunda Guerra Mundial. Em 2009, foi restaurado sob os princípios da teoria brandiana, segundo a qual as marcas do tempo não devem ser invisibilizadas, como pode ser visto nas paredes.

O viés urbano do patrimônio cultural adentrou o universo das ações de preservação a partir da década de 1960, quando começou a se consolidar um conjunto normativo de alcance internacional.

Nesse aspecto, a Carta de Veneza, de 1964[6], também conhecida como Carta Internacional para a Conservação e Restauro de Monumentos, é fundamental até nossos dias, pois é nela que aparece o termo *contextualização histórica*, quando o "significado cultural passou a sobrepujar a forma estética e a funcionalidade [...]" (Marchette, 2016, p. 140). Antes, o termo *patrimônio urbano* havia sido apenas tangenciado nas diversas recomendações técnicas, como na Carta de Restauro de Atenas, de 1931[7], não sendo capaz de abarcar essa ideia expandida de conjunto urbano e mantendo a essência do debate e das práticas na centralidade do monumento principal como moldura das cidades históricas.

O arquiteto brasileiro Gian Carlo Gasperini (1926-2020) participou do II Congresso Internacional de Arquitetos e Técnicos em Monumentos Históricos, em 1964, na cidade italiana de Veneza, tendo exercido a função de relator da delegação brasileira, composta por cinco profissionais da área do patrimônio, todos eles representantes do Instituto de Arquitetos do Brasil. Esse congresso foi responsável pela elaboração e promulgação da Carta de Veneza e, portanto, o Brasil é signatário desse documento, cuja importância reside, antes de tudo, no alargamento da noção de bem cultural, com a valorização

---

6 *"[...] com a participação de profissionais de diversas nações, dos blocos capitalista e socialista, em plena Guerra Fria, [a Carta de Veneza, de 1964] [...] serviu como documento-base para a fundação de uma organização internacional civil não governamental, em 1965. [...]. Ligada à Unesco, a organização, que recebeu a denominação Conselho Internacional de Monumentos e Sítios (Icomos), é uma entidade consultiva do Comitê do Patrimônio Mundial, sendo responsável pela proposição dos bens que recebem o título de patrimônio da humanidade"* (Marchette, 2016, p. 142). Há um Comitê Icomos Brasil, com sede no Rio de Janeiro, fundado em 1978.

7 A Carta de Restauro de Atenas, de 1931, foi o primeiro documento elaborado com normas universais para a proteção do patrimônio cultural e orientações técnicas para o restauro dos bens edificados.

de obras arquitetônicas mais modestas, e no estabelecimento de princípios das práticas preservacionistas válidos pelas décadas seguintes.

Apesar de ter enviado representantes para aquele II Congresso Internacional, o Brasil de então privilegiava o urbanismo moderno em detrimento da restauração dos bens culturais do passado, conforme recomenda a Carta de Veneza. Essa tendência nacional se torna mais visível quando são observadas as conexões entre o projeto de construção da nova capital, Brasília, e a Carta de Atenas de 1933, e não a de 1931, justamente pelo fato de aquela estar ligada ao movimento moderno. Antes de tudo, o que seria esse movimento?

> O Movimento Moderno na arquitetura foi desenvolvido pelas vanguardas artísticas, que também acompanhavam os movimentos socialistas utópicos. Aconteceu no período entre as duas guerras mundiais (1914-1945) na Rússia, Itália, França, Holanda, Alemanha, e também no Brasil. Estes movimentos propunham rupturas estéticas apresentadas em textos-manifestos e através de obras realizadas. Como linguagem da sociedade industrial rompeu com o modelo Beaux Arts baseado em conceitos clássicos de execução artesanal. Os cinco princípios de Le Corbusier resumem o movimento: estrutura independente (concreto armado ou aço); planta livre (divisão interna independente da estrutura); pilotis (térreo livre para integração com a natureza); utilização de laje de terraço jardim (ausência de telhados aparentes); e janelas em fita. No modernismo, a 'forma segue a função' e as soluções apresentadas são 'abstratas', sem adornos ou referências figurativas. [...] (Gnoato, citado por Marchette; Costa, 2013, p. 17).

A Carta de Atenas de 1933, marco do urbanismo modernista, resultou do IV Congresso Internacional de Arquitetura Moderna (Ciam), que colocou no centro dos debates a funcionalidade das cidades contemporâneas, tendo o arquiteto franco-suíço Le Corbusier

(1887-1965) sido o principal personagem, responsável inclusive pela redação final desse documento internacional. Nessa mesma década, exemplares de edificações modernistas já se faziam presentes nas cidades brasileiras, sendo exemplo máximo a sede do Ministério da Educação e Saúde, no Rio de Janeiro, mais conhecido como Edifício Gustavo Capanema, erguido entre 1937 e 1945.[8]

Figura 3.6 – Edifício Gustavo Capanema, no Rio de Janeiro

Wallace Teixeira / Fotoarena.

Edifício Gustavo Capanema, no Rio de Janeiro, um bloco de concreto armado, com *pilotis* no térreo (vão) e terraços ajardinados, conforme os princípios de Le Corbusier – uma "obra-manifesto".

---

8 Para detalhes a respeito dessa construção, marco do movimento moderno brasileiro, consulte o site *do Instituto Niemeyer* em: <https://www.institutoniemeyer.org/edificio-palacio-gustavo-capanema/>. Acesso em: 25 ago. 2023.

Contudo, a cidade de Brasília é a obra ícone do movimento moderno no Brasil por acumular os sentidos do urbanismo modernista, uma vez que nela se fazem presentes as marcantes matrizes que se desenvolveram entre o final do século XIX e as primeiras décadas do XX no âmbito urbanístico: a cidade-jardim, de Ebenezer Howard, e a cidade-industrial, de Tony Garnier (1869-1948). Vimos o primeiro modelo vimos anteriormente. Por sua vez, o do arquiteto francês Garnier teorizava uma cidade ideal que "abrigaria em torno de 35 mil habitantes, teria a área industrial separada por uma zona verde e os sistemas de transporte residencial e industrial funcionariam de maneira independente. Outro diferencial do projeto era o uso do concreto armado, potencialidade estética do século XX" (Rubin, 2013, p. 60). A partir dessas matrizes modernistas do urbanismo, Brasília, assim, é uma releitura dos pontos de Le Corbusier, e conforme os princípios da Carta de Atenas de 1933.

A criação da nova capital federal do Brasil, erguida a partir do Plano Piloto de 1957, de autoria do arquiteto e urbanista Lúcio Costa (1902-1998), está vinculada intimamente à hegemonia do urbanismo modernista no país. Instrumento visto como racional e transformador do espaço urbano brasileiro, a arquitetura moderna se torna uma das principais estratégias sobre as tradicionais cidades e o planejamento de novas, aplicando os preceitos de setorização das funções urbanas em áreas específicas destinadas ao trabalho, ao lazer, à circulação e à moradia, permeadas por espaços verdes. Mas, nessa organização racional e setorial do projeto modernista, onde ficou o direito à cidade?

Entre as metas da arquitetura moderna para lograr uma novo modelo de cidade estava a de solucionar a questão da habitação, principalmente o déficit de moradias para as classes trabalhadoras. Um dos aspectos foi a construção de unidades de vizinhança, as unidades habitacionais, a exemplo da realizada na cidade francesa de Marselha projetada por Le Corbusier, conceituada da seguinte maneira pelo italiano Leonardo Benevolo, estudioso da história das cidades:

> Contém em seu interior ou seus prolongamentos todos os serviços necessários para completar a vida familiar: estacionamentos, lojas, creches, lavanderias, espaços para o lazer e os exercícios físicos. Essa é a célula fundamental para o tecido da cidade moderna, porquanto permite destinar a maior parte do terreno a zonas verdes, embora conservando uma densidade elevada, e simplificar as redes viárias, mantendo diferenciados os vários tipos de circulação. (Benevolo, 2004, p. 682)

E é justamente esse aspecto que traz à tona as contradições da cidade modernista localizada no coração do Brasil, desde o seu início. Problema generalizado pelo país afora, a falta de moradia popular passou a ser alvo de políticas públicas em nível federal em meados do século passado, sendo um dos primeiros programas dessa dimensão a Fundação da Casa Popular, de 1946, precursora do Banco Nacional de Habitação (BNH), de 1964, que promoveu moradia popular via financiamento habitacional com uso do Fundo de Garantia por Tempo de Serviço (FGTS). Essa dificuldade nacional se acentuava quando da construção de Brasília, pois era um período de acirramento da evasão rural em direção aos centros urbanos. Os trabalhadores que ergueram a nova capital, inclusive, eram migrantes e, à medida que as obras iam sendo finalizadas, muitos deles, com as famílias, fixaram-se nos arredores do Plano Piloto, em locais que então serviam para receber os resíduos sólidos gerados das construções, surgindo uma das primeiras favelas de Brasília, a Cidade Estrutural. A locação dos grupos urbanos empobrecidos nos arredores do centro é um aspecto essencial das cidades brasileiras, mas esteve presente desde o começo do erguimento da nova capital segundo moldes modernistas.

Figura 3.7 – Brasília, Distrito Federal

Appreciate/ShutterStock

A capital federal do Brasil e sede do governo do Distrito Federal, Brasília, foi inaugurada em 1960 e é considerada um dos projetos urbanísticos que mais aplicaram os princípios da Carta de Atenas de 1933.

Em 2017, no Observatório das Metrópoles[9], foi publicado um artigo científico sob o título "A carroça ao lado do avião: o direito à cidade metropolitana em Brasília", no qual a proposta foi abordar as imensas desigualdades entre a capital brasileira e as demais cidades que compõem a região metropolitana de Brasília. A partir da imagem do Plano Piloto (avião) em face das regiões distantes, conclui-se que os habitantes dependem totalmente do eixo central da cidade:

---

9   *O Observatório das Metrópoles é um Instituto Nacional de Ciência e Tecnologia (INCT) que reflete sobre os desafios metropolitanos por meio da compreensão das mudanças das relações entre a sociedade, a economia, o Estado e os territórios conformados pelas aglomerações urbanas brasileiras. Para saber mais, consulte: <https://www.observatoriodasmetropoles.net.br/apresentacao/>. Acesso em: 25 ago. 2023.*

> Ele [o plano-piloto] atrai e "puxa" a carroça que é sua dependente, uma vez que boa parte da população da periferia metropolitana viaja diariamente de modo pendular em razão de trabalho e serviços [...], no avião. Assim, a absoluta maioria dos brasilienses não reside no avião (mais de 90% da população do Distrito Federal mora fora do plano piloto), mas dele muitos, talvez a maioria, dependem direta ou indiretamente.
> (Schvarsberg, 2017, p. 316)

As críticas às cidades modernistas se fortaleceriam ao tempo em que Brasília era construída, em meados do século passado, e isso depois de essa concepção urbanística ter sido implantada em várias cidades ao redor do mundo, principalmente nos Estados Unidos. Entre essas críticas, destaca-se o livro de autoria de Jane Jacobs (1916-2006), *Morte e vida de grandes cidades* (2009), publicado originalmente em 1961 e até hoje uma das mais importantes referências para os estudos e a gestão urbanos. Na condição de observadora da "morte e vida" nos Estados Unidos, essa ativista norte-americana via na formação dos subúrbios, como setores especializados para a moradia, e na desvalorização dos centros tradicionais excessos do urbanismo modernista. Em vez disso, Jacobs lutou em prol da mistura das funções, assegurando um movimento constante, ao longo do dia, das ruas. Portanto, as ruas não deveriam servir apenas como um canal para ir e vir entre trabalho e casa, mas como um aspecto vital para a convivência social, para a segurança das pessoas e para a proteção do patrimônio cultural arquitetônico urbano. Em Brasília, essa convivência diversificada ainda não se concretizou.

Mas, diante da importância dada ao urbanismo brasileiro ao aplicar os preceitos da arquitetura moderna preconizados na Carta de Atenas de 1933, o que mudou no país a partir da adesão aos conceitos estabelecidos na Carta de Veneza (1964) em termos de proteção ao patrimônio urbano brasileiro?

(3.5)
CIDADES E PRÁTICAS DE PRESERVAÇÃO E CONSERVAÇÃO DO PATRIMÔNIO URBANO NO BRASIL

Antes de buscarmos as possíveis respostas à indagação que encerra a seção anterior, vejamos o conceito de monumento defendido na Carta de Veneza:

> A noção de monumento compreende não só a criação arquitetônica isolada, mas também a moldura em que ela é inserida. O monumento é inseparável do meio onde se encontra situado e, bem assim, da história da qual é testemunho. Reconhece-se, consequentemente, um valor monumental tanto aos grandes conjuntos arquitetônicos, quanto às obras modestas que adquiriram, no decorrer do tempo, significação cultural e humana. (Carta ..., 1964)

Na condição de testemunho da história dos grupos sociais diversos, o monumento finca raízes mais profundas nos territórios das cidades, considerando o valor dos conjuntos arquitetônicos menos luxuosos, porém com dimensão histórico-cultural e, assim, tornando as ações de conservação, preservação e restauro inseparáveis da gestão urbana e da negociação da memória. Como a Carta de Veneza não explicitou os critérios para classificar o que seriam "obras modestas", tal delineamento ficou a cargo de seus leitores e signatários, de acordo com seus contextos de atuação. Na América Latina, por exemplo, foram destacadas

> a promoção da mobilidade urbana com o incentivo ao uso do transporte coletivo e a comunicação entre diversos setores urbanos de modo dinâmico, considerando-se a integração dos monumentos históricos no

desenvolvimento urbano com o privilégio do uso social e dos interesses coletivos sobre o individual. (Marchette, 2016, p. 154)

Foi com essa preocupação instigada pela Carta de Veneza, que, em 1967, sob os auspícios da Organização dos Estados Americanos (OEA), reuniram-se em Quito, no Equador, autoridades e profissionais ligados à preservação de monumentos, entre os quais estava o arquiteto brasileiro Renato Soeiro, então presidente do Iphan, afirmando-se: "Todo monumento nacional está implicitamente destinado a cumprir uma função social. Corresponde ao Estado fazer que a mesma prevaleça e determinar, nos vários casos, a medida em que a dita função social é compatível com a propriedade privada e o interesse dos particulares" (Normas de Quito, 1967, citado por Lemos, 1981, p. 87).

Diante dessa renovada conjuntura, cabe problematizar a relação entre os profissionais do patrimônio cultural no Brasil e os princípios impressos naquele documento técnico internacional de 1964 no sentido de enfrentar, naquele momento, a legislação nacional de preservação assentada pelo Decreto n. 25/1937, que criou o Iphan. A Carta de Veneza, portanto, impôs novas posturas diante da preservação dos monumentos entre nós, e tal questionamento é necessário, uma vez que nesse período vigorava, como critério de proteção do bem cultural, o valor artístico de monumentos representativos, sobretudo, das arquiteturas colonial e moderna, notadamente as de caráter excepcional. Os bens representantes desse modelo patrimonial foram inscritos, via tombamento, no Livro das Belas Artes.

Do ponto de vista didático, os cursos de conservação e restauração de monumentos ministrados no Brasil ao longo da década de 1970 integraram em seus programas o debate acerca das normas desdobradas com o impacto da Carta de Veneza na legislação patrimonial brasileira. Vimos, no começo deste capítulo, o contexto emergente envolvendo o patrimônio ambiental urbano, do qual fizeram parte os projetos do governo civil-militar imbuídos do interesse em direcionar os bens culturais a vetores do desenvolvimento econômico, principalmente por meio do setor turístico no Nordeste do país, com destaque para o Programa de Cidades Históricas (PCH), atuante entre 1973 e 1987. Pouco tempo antes da instalação do PCH, o Encontro de Governadores, ocorrido em Brasília, em abril de 1970, e em Salvador, no ano seguinte, já havia recebido a demanda do MEC e do Iphan para que fossem viabilizados cursos de formação de profissionais especializados em patrimônio, demanda esta, na verdade, que se viu reforçada quando do início das ações do PCH. O panorama nacional quanto ao perfil profissional para dar conta da aplicação dessas diretrizes governamentais pode ser brevemente resumido da seguinte forma:

> Na década de 1970, a percepção da escassez de mão de obra especializada em patrimônio cultural em diversos níveis justificou a organização dos cursos. Eles foram um importante fórum de debates sobre a prática e a teoria da preservação. Congregando professores e alunos com vivências e práticas diversas, eram ponto de encontro dos especialistas que tiveram nos cursos (aulas expositivas e práticas, viagens e bancas de defesa dos trabalhos finais) espaço para debate das muitas práticas de preservação daqueles anos. (Nascimento, 2016, p. 207)

Mas, em termos práticos, quais foram as aplicações desses cursos na preservação efetiva dos monumentos e conjuntos históricos e para os avanços do conceito de patrimônio urbano entre nós? Foi no curso de 1974 que se deu a participação, entre outros professores estrangeiros, do museólogo Hugues de Varine-Bohan, autor da classificação das categorias patrimoniais que adentrou nas recomendações da Unesco sobre o patrimônio mundial, considerando a dimensão simbólica ou imaterial. Esse traçado pode ser visto no programa do curso acontecido em São Paulo, na Faculdade de Arquitetura e Urbanismo (FAU-USP), que

> revela a preocupação de seus organizadores em abarcar o campo do patrimônio (note-se que na documentação aparece a nomenclatura patrimônio cultural) na sua interdisciplinaridade e na multiplicidade de opções de trabalho. Embora dedicado ao patrimônio edificado e à sua restauração, os temas das aulas no decorrer do curso foram do museu à cidade, passando por artefato e legislação, além de discutir conceitos e metodologias. Temas novos na década de 1970, como documento-monumento, propostos pela Nova História francesa e a legislação internacional como Carta de Veneza e as Normas de Quito [...]. (Nascimento, 2016, p. 217)

Interdisciplinaridade (neste livro, damos preferência ao termo *multidisciplinaridade*), cidade, relação entre documento e monumento misturaram-se nessas correntes em movimento, articulando a estrutura nacional então existente para abarcar a política patrimonial desde esses novos conceitos. As edições do Curso de Especialização em Restauração e Conservação de Monumentos e Conjuntos Históricos, conhecidos pela sigla Cecre (atual curso de mestrado profissional da Universidade Federal da Bahia – UFBA), aconteceram em São Paulo (1974), Pernambuco (1976), Minas Gerais (1978) e Salvador (1981 e 1984). Se, da perspectiva didática e formativa, os resultados apareceram a curto prazo, com a introdução de novos profissionais na área e seguindo diretrizes do governo militar em "tecnicizar" o ensino superior, os frutos conceituais e legislativos amadureceriam com o fim da ditadura, ao longo da década de 1980, desembocando no art. 216 da Constituição Federal de 1988, no qual se define *patrimônio cultural brasileiro*.

Para compreender melhor esse processo construtivo da diversidade cultural sob a qual nos identificamos como nação, é interessante retornar a um ponto específico, o Encontro de Governadores de 1970 e de 1971. No "Compromisso de Brasília", resultante do primeiro encontro, um trecho se destaca pelo fato de ser algo que presidirá a gestão patrimonial desde então: "a inadiável necessidade de ação supletiva dos Estados e dos Municípios à atuação federal no que se refere à proteção dos bens culturais de valor nacional" (Compromisso... 1970). Esse compartilhamento com vistas a efetivar melhor a preservação dos bens culturais nacionais é classificado como um "transbordamento de funções" (Nascimento, 2016, p. 209), com o auxílio, para tanto, oriundo de instituições variadas, como o próprio PCH, nascido no Ministério do Planejamento, e por meio de assinaturas de convênios entre entes das diversas esferas de poder e de ação. Mas o ponto que queremos ressaltar aqui é que haverá demandas cada vez mais variadas acerca da seleção dos bens culturais representativos de determinado grupo social oriundas de regiões específicas, as quais necessariamente não se identificariam com a integralidade da nação, sendo um contraponto ao viés nacionalista inerente à criação do Sphan, lá em 1937. Essa tendência de diversidade vai fortalecer a noção de um patrimônio cultural não apenas composto de obras de belas-artes, mas também de "obras modestas".

O Encontro de Governadores de outubro de 1971, na capital da Bahia, além de ratificar o Compromisso de Brasília, apresentou, entre outros pontos, a recomendação da criação do Ministério da Cultura e de secretarias e fundações culturais nas unidades federativas; a orientação do Iphan para a elaboração de planos diretores e urbanos; a criação de fundos e incentivos fiscais para auxiliarem no atendimento à proteção dos bens culturais; a necessidade de diploma legal para os governos estaduais, permitindo e reconhecendo que estes administrem as cidades consideradas monumento nacional; o tombamento do sítio urbano de Lençóis, cidade localizada na região baiana da Chapada Diamantina. Com o título de II Encontro de Governadores para a Preservação do Patrimônio Histórico, Artístico, Arqueológico e Natural do Brasil, e sob a responsabilidade do Iphan e do MEC, a toada à época era a de articular o patrimônio nacional ao desenvolvimento regional, mas também a de promover mudanças nas práticas de preservação, pelos fatores que vimos até aqui, atreladas a outros critérios econômicos e sociais. A dinâmica das cidades e de seus habitantes/cidadãos, detentores dos bens culturais e depositários da renda deles advinda, passa a ser um dos eixos da política patrimonial no Brasil.

Figura 3.8 – Cidade de Lençóis, na Bahia, tombada em 1973

Vinicius Tupinamba/Shutterstock

Um dos pontos do Compromisso de Salvador anteriormente elencados que merece ser visto mais de perto é o pedido de tombamento do conjunto arquitetônico e urbanístico da cidade baiana de

Lençóis, e isso porque a demanda partiu da comunidade e não do corpo técnico do Iphan. Cidade formada em meados do século XIX em decorrência da atividade da exploração de jazidas de diamantes, por ocasião do II Encontro de Governadores, na capital do estado, a comunidade se mobilizou para apresentar documentos e material audiovisual para os participantes, a fim de sensibilizá-los para a solicitação coletiva. Naquele momento, início da década de 1970, já era distante a riqueza advinda da atividade diamantífera colonial, a população havia decrescido de modo acentuado e a maior parte dos imóveis históricos de Lençóis encontrava-se em estado de abandono.

No ano seguinte ao Encontro, esse mesmo material reunido por um grupo de cidadãos de Lençóis foi mostrado para o diretor da Empresa Brasileira de Turismo (Embratur), num evento oficial de turismo em Salvador. Enfim, a cidade de Lençóis se tornaria o 12º conjunto urbano tombado pelo Iphan, ação pioneira quanto à origem do pedido, vindo dos próprios moradores. Estes, de classes sociais e profissões diversas, delinearam como de interesse de preservação não apenas os imóveis, o casario, mas lugares que referenciavam a atividade histórica da mineração e que estavam ligados ao ofício do garimpo e da lapidação. Contudo, a aprovação do tombamento se deu pela excepcionalidade do patrimônio edificado, o qual era articulado ao ciclo mineiro e, assim, às cidades mineiras, estabelecendo um diálogo entre as primeiras ações de tombamento do Iphan, nos anos 1930, com essa demanda popular, ou seja, rearranjando a solicitação inusitada de Lençóis no enquadramento institucional do órgão federal de preservação. Por outro lado, o tombamento da "arquitetura tosca" (citado no processo de tombamento, o qual pode ser consultado no Arquivo Central do Iphan, no Rio de Janeiro) da pequena cidade baiana foi realizado com participação popular.

Tatiana Dantas Marchette

Esse tema pontual serve, portanto, como exemplo desse período de transição pelo qual as práticas e os conceitos preservacionistas, bem como os critérios e valores de seleção de bens culturais, moviam-se no Brasil, entre profissionais, técnicos, professores, servidores públicos e a população em geral, movimento que não pode ser perdido com o risco de retrocesso no que tange às políticas públicas e às conquistas sociais.

Síntese

Não há outro caminho para alcançar uma reflexão produtiva acerca das relações entre cidade, memória e patrimônio urbano que não seja o do viés político, aqui entendido de forma ampla e não restrito às atividades parlamentares representativas. Já analisamos a conexão entre a essência da pólis e os significados da cidadania nos espaços urbanos, mas, neste capítulo, outros termos foram acolhidos, entre eles o da institucionalização da política patrimonial.

No entanto, conceitos, procedimentos, teorias, práticas e ações populares se inter-relacionam nesse processo capitaneado pelo poder público, mas este não deve tomar decisões de forma unilateral ou sem ouvir a sociedade, muito menos excluindo cidadãos. É isso que ensina a Carta Constitucional que nos guia desde 1988, quando estabelece como princípio a parceria entre os poderes em todas as suas esferas e a sociedade em geral no que se refere à proteção e à preservação dos bens culturais que compõem nosso patrimônio cultural. Quando esse princípio não é aplicado, movimentos são gerados em nome de maior participação política e representatividade por meio dos símbolos que integram as paisagens urbanas.

A seguir, exemplificamos as características e o contexto em que surgiram as cartas patrimoniais de 1931, 1933 e 1964, abordadas no capítulo.

Quadro 3.1 – Cartas patrimoniais de 1931, 1933 e 1964

Ano	Local	Nomes	Aspectos	Contexto Brasileiro
1931	Atenas	Carta de Atenas de 1931; Carta de Restauro de Atenas	• Primeiro documento internacional elaborado para orientar a proteção do patrimônio e os processos de restauração de bens edificados, inclusive os urbanos. • Promovida pelo Escritório Internacional dos Museus, da Liga das Nações. • Escrita durante o Primeiro Congresso Internacional de Arquitetos e Técnicos em Monumentos.	• A Carta Constitucional de 1934 estabeleceu a obrigatoriedade de o poder público proteger os bens culturais. • O Decreto-Lei n. 25/1937, instituiu o instrumento do tombamento como um ato de Estado.
1933	Atenas	Carta de Atenas, IV Congresso Internacional de Arquitetura Moderna (Ciam)	• Estabelece os princípios do movimento moderno da arquitetura sob a influência principal de Le Corbusier, sendo um deles a setorização espacial das funções: de trabalho, moradia, lazer e circulação.	• Projeto e execução do Plano de Piloto da nova capital do Brasil, a cidade de Brasília.

(continua)

(Quadro 3.1 – conclusão)

Ano	Local	Nomes	Aspectos	Contexto Brasileiro
1964	Veneza	Carta de Veneza; Carta Internacional para a Conservação e Restauro de Monumentos	• Retoma aspectos da Carta de Restauro de Atenas (1931), ao valorizar os vestígios do passado, da história, em relação à modernização urbana. • Promovida pelo II Congresso Internacional de Arquitetos e Técnicos de Monumentos Históricos; contexto da Guerra Fria; base da fundação do Conselho Internacional de Monumentos e Sítios (Icomos)[10], entidade consultiva do Comitê do Patrimônio Mundial da Organização das Nações Unidas para a Educação, a Ciência e a Cultura (Unesco), sendo responsável pela proposição dos bens culturais a receberem o título de patrimônio da humanidade.	• Efeitos desse documento internacional são visíveis na década de 1970, apesar da ênfase brasileira em recuperar, na íntegra, as feições originais dos bens restaurados, tentando apagar o que a Carta de Veneza propõe em seu âmago, que é a visibilidade da passagem do tempo.

---

10   O Icomos Brasil foi fundado em 1978. Conheça mais em: <https://www.icomos.org.br/>. Acesso em: 25 ago. 2023.

Atividades de autoavaliação

1. Sobre a definição de *patrimônio cultural* na Constituição de 1988, assinale V para as proposições verdadeiras e F para as falsas:
   ( ) O art. 216 define o que é patrimônio cultural no Brasil.
   ( ) O patrimônio cultural brasileiro é formado por bens de natureza material e imaterial.
   ( ) Os quilombos estão abrangidos como alvo de tombamento.
   ( ) Reconhece-se apenas o tombamento como forma de proteção e preservação.
   ( ) Os conjuntos urbanos não são considerados patrimônios culturais.

2. Para a Escola Metódica, o termo *documento*:
   a) tem o significado de "suporte do texto escrito".
   b) é portador da objetividade dos fatos.
   c) é sinônimo de monumento.
   d) é sinônimo de história.
   e) é sinônimo de texto oficial.

3. Sobre as cartas patrimoniais de 1931, 1933 e 1964, assinale V para as afirmações verdadeiras e F para as falsas:
   ( ) O Plano Piloto de Brasília dialoga diretamente com a Carta Patrimonial de Atenas de 1931, pois foi escrita durante o Primeiro Congresso Internacional de Arquitetos e Técnicos em Monumentos.
   ( ) A Carta de Atenas de 1931 foi o primeiro documento internacional elaborado para orientar a proteção do patrimônio e os processos de restauração de bens edificados, inclusive os urbanos.

Tatiana Dantas Marchette

( ) Em 1964, em Veneza, a Carta Patrimonial da vez valorizou a impressão dos vestígios da passagem do tempo nos bens patrimoniais restaurados.

( ) As cartas patrimoniais elaboradas no começo da década de 1930 resultaram de iniciativas individuais, uma vez que ainda não existia a Organização das Nações Unidas (ONU)/ Organização das Nações Unidas para a Educação, a Ciência e a Cultura (Unesco).

( ) Le Corbusier foi o principal influenciador da Carta de Atenas de 1933, cujos princípios tiveram influência no Plano Piloto de Brasília.

4. Sobre a relação entre museus nacionais e a construção de lugares de memória, indique a alternativa que a explica corretamente:

a) O decreto de Dom João VI, de 1818, que criou o Museu Nacional, na cidade do Rio de Janeiro, promoveu a centralização daquilo que oficialmente representava a ideia de identidade do Reino, considerando a cultura de todas as raças que formavam o povo no Brasil.

b) Os museus e os arquivos são considerados lugares de memória e são acessados apenas por pesquisadores graduados, como o profissional da História.

c) Os lugares de memória se multiplicaram numa época em que havia um sentimento de desenraizamento do indivíduo para com a sua história coletiva, permitindo uma memória reconstituída não voluntariamente.

d) Pierre Nora é o autor da relação entre documento e monumento.

e) Os lugares de memória são apenas físicos.

5. Pesquise sobre os conjuntos urbanos protegidos no Brasil, que somam um total de 88 bens, em sua região (Norte, Nordeste, Sudeste, Sul e Centro-Oeste) e assinale V para as afirmações verdadeiras e F para as falsas:

( ) Os bens culturais inseridos nos conjuntos urbanos fazem parte do patrimônio cultural brasileiro, que é definido e regido pela Carta Constitucional de 1988.

( ) Os conjuntos urbanos tombados pelo Instituto do Patrimônio Histórico e Artístico Nacional (Iphan) são as cidades consideradas históricas.

( ) As cinco regiões brasileiras contam com conjuntos urbanos tombados pelo Iphan.

( ) Desde 1937, quando surgiu o instrumento jurídico do tombamento, a escolha dos bens a serem inscritos nos livros do tombo tem tido a participação popular.

( ) Todos os 88 bens protegidos (conjuntos urbanos) hoje são tombados.

6. Com base no texto a seguir, indique as proposições verdadeiras (V) ou falsas (V):

Inaugurado a 8 de maio de 2006, corresponde ao modelo que, a partir de Georges Henri-Rivière e Hugues de Varine-Bohan e ao longo das últimas décadas do século XX, se desenvolveu como a tipologia mais completa, simultaneamente, global e transversal, na relação museu *versus* homem/meio. (Roque, 2014)

( ) O Museu da Maré é um exemplo de valorização da memória coletiva.

( ) As categorias de Varine-Bohan se condensam na concepção dos museus de periferia, no Brasil.

( ) Museus comunitários, ou de periferia, baseiam-se na perpetuação da memória histórica, a exemplo dos museus nacionais.
( ) No Museu da Maré há a possibilidade de diálogo entre o passado vivo e o presente representativo da comunidade.
( ) Um museu de periferia não pode ser jamais considerado um patrimônio cultural, segundo os princípios constitucionais da Carta Cidadã de 1988.

Atividades de aprendizagem

Questão para reflexão

1. Defenda a relação entre a ética burguesa no processo da Revolução Francesa e o surgimento do Museu do Louvre, ampliando a análise em direção ao papel dos arquivos nacionais, de acordo com sua visão e seus conhecimentos prévios do tema. Para ajudar nesse trabalho, acesse: <http://mapa.arquivonacional.gov.br/index.php/dicionario-primeira-republica/539-arquivo-nacional>.

Atividade aplicada: prática

1. Elabore uma linha do tempo da política pública brasileira do patrimônio urbano, considerando as principais instituições, programas e personagens.

Indicação cultural

ALBUQUERQUE, T. **Conhecendo:** 3nós3. 19 jan. 2013. Disponível em: <https://jornadadeintervencoes.blogspot.com/2013/01/conhecendo-3nos3.html>. Acesso em: 5 jun. 2023.

Esse texto relata a trajetória do grupo 3NÓS3, de São Paulo, que foi formado em 1979 e é um exemplo de movimento artístico contestatório de intervenção urbana. Sua atuação foi intensa, contando com 11 intervenções, apesar da curta duração, tendo sido dissolvido em 1982.

Tatiana Dantas Marchette

Capítulo 4
Cidade, imaginário,
identidades e funções

> *[...] é nos lugares que se forma a experiência humana,*
> *que ela se acumula, é compartilhada, e que seu sentido é*
> *elaborado, assimilado e negociado.*
> (Bauman, 2009, p. 35)

Nosso propósito, neste capítulo, é analisar as diferentes funções que as cidades podem assumir, observando, para tanto, a relação estabelecida entre centro e periferia, ou seja, entre o núcleo original de um assentamento urbano e seus entornos. Essa opção metodológica tem como referências principais dois historiadores, um estrangeiro e uma brasileira, respectivamente Jacques Le Goff e Sandra Pesavento, ambos já nossos conhecidos.

Le Goff propôs uma comparação entre a cidade medieval dos séculos X e XI, quando ocorreu o chamado Renascimento Urbano, e as cidades modernas de meados do século XX com base no critério da mudança de suas funções mediante as transformações entre o centro urbano primitivo e os arrabaldes. Nesse movimento analítico, o historiador francês localizou pontos semelhantes entre aqueles dois contextos históricos urbanos, os quais vamos explorar. Por sua vez, a autora brasileira nos legou um método de pesquisa capaz de demonstrar que o núcleo urbano original, o centro tradicional, muitas vezes histórico, atua como gerador das diversas funções, desde que o pesquisador examine a cidade sob o ponto de vista de três dimensões, simultaneamente: a geográfica (traçado físico), a de território social apropriado (identidades) e a das experiências vividas (simbólicas).

A combinação dessas balizas metodológicas nos permite trilhar um caminho, na condição de profissionais da História, com o intuito de compreender o objeto cidade em seu traçado físico, planejado ou não, no âmbito do imaginário, por meio das representações simbólicas diversas, e como produto e produtor de identidades sociais, pelas quais os grupos constroem percepções sobre si mesmos.

Desse modo, imaginário, identidades e funções compõem uma tríade conceitual essencial aos estudos das cidades, e não apenas para o campo da História, mas para outras disciplinas que se dedicam ao tema. Para a Geografia Urbana contemporânea, por exemplo, área do conhecimento que dialoga com a História desde o final do século XIX, o espaço físico é um produto continuado do social, portanto desigual tanto quanto as relações sociais o são; o espaço urbano é algo muito mais amplo do que o ambiente no qual se desenrolam as relações sociais e econômicas, pois é onde se desenvolve o cotidiano da vida moderna em todos os seus aspectos, promovendo até mesmo pensamentos utópicos. Veremos a seguir que a amplitude alcançada pelo modo de vida urbano na atualidade pode ter algumas raízes localizadas no período medieval. Esse exercício metodológico ajudará a aprofundar um pouco mais o estudo desse tema tão complexo e desafiante.

(4.1)
AS FUNÇÕES DA CIDADE: SOCIAL, ECONÔMICA, POLÍTICA E CULTURAL

Na Idade Média, a pouca extensão física das urbes cercadas por muralhas permitia que o mundo citadino fosse visto, ao mesmo tempo, como ninho seguro de proteção contra os perigos externos e cenário de apreensão em tempos de guerra, pois a ausência de paz causava o acúmulo de lixo e a propagação rápida de doenças e deixava vislumbrar a falta de alimentos e de água potável suficientes para toda a população lá concentrada. Lewis Mumford descreveu essa discrepância que pairava meaçadora sobre a cabeça dos habitantes da cidade medieval amuralhada:

> A importância psicológica da muralha não deve ser esquecida. Quando a ponte levadiça era erguida, e fechados os portões ao pôr do sol, ficava a cidade desligada do mundo. O fato de se achar assim fechada ajuda a criar um sentimento de unidade bem como de insegurança. [...] Mas, ainda uma vez, na comunidade medieval, a muralha provocava uma sensação fatal de insularidade, sobretudo porque o mau estado dos transportes terrestres aumentava as dificuldades de comunicação entre cidades. Como tantas vezes aconteceu antes na história urbana, a unidade defensiva e a segurança inverteram sua polaridade e se transformaram em inquietação, medo, hostilidade e agressividade, especialmente quando parecia que uma cidade próxima poderia prosperar à custa de sua rival. (Mumford, 1998, p. 331)

Consideradas os embriões das cidades modernas pelo fato de acumular várias funções, a começar pela convivência entre mercadores e artesãos (ver Capítulo 2, Seção 2.2), as cidades medievais foram vistas pelo medievalista francês Jacques Le Goff como passíveis de serem comparadas às cidades a ele contemporâneas (as da segunda metade do século XX). Segundo o autor, a centralidade contemporânea marcada pela interdependência entre o centro original ou primitivo de uma cidade e seus arrabaldes (periferia, ou subúrbios) é datada do processo de urbanização ocorrido entre os séculos X e XI, quando ao redor do palácio episcopal, ou do castelo do nobre, se formaram núcleos periféricos, classificados por Le Goff como os "burgos da periferia".

Com terras mais acessíveis na periferia, algumas organizações medievais, como as ordens mendicantes, lá primeiramente se instalavam e, somente à medida em que se tornavam mais importantes socialmente e ascendiam na escala econômica, seus conventos e suas igrejas se aproximavam do núcleo central. Vimos, no Capítulo 2, a relevância das ordens mendicantes para a definição daquilo que uma cidade deveria ser, um local seguro, justo, voltado para a paz e a tranquilidade. Essa delimitação do ideal urbano se afastava, cada vez mais, do mundo rústico dos camponeses medievais, inclusive pela presença física das muralhas. Assim, desde a cidade medieval o modo de vida urbano, para Le Goff (1998, p. 21), manifesta um "poder criador, um poder de dominação, um poder de difusão de riquezas" – o poder de expansão e da manutenção de um modo de vida que concentra as funções de produzir riqueza, cultura, prazeres, produção e trocas.

Ir para a cidade era usufruir de funções específicas que somente nela o camponês poderia experimentar, temporariamente. Morar na cidade, por sua vez, era fazer a cidade, uma vez que "o habitante da cidade teve que construir a própria possibilidade de ela existir" (Pereira, 2005, p. 103). A fim de legitimar o poder criador e de dominação, a cidade medieval era comumente representada pelos seus contemporâneos como um espaço dinâmico em constante renovação, onde edificações altas levavam a imaginação cristã a crer na proximidade do mundo invisível da morada divina. As cidades passam a representar e impulsionar – mesmo que abrigassem o mínimo da população ocidental da Idade Média até a segunda metade do século XX – o poder de circulação de riquezas, assim como a estética da verticalidade, tanto a das torres dos castelos medievais (quanto mais altas, mais perto de Deus) como a dos atuais edifícios das grandes cidades de hoje (símbolos de poder e da limitação do território a ocupar, em decorrência do aumento da população).

> A cidade da Idade Média é uma sociedade abundante, concentrada em um pequeno espaço, um lugar de produção e de trocas em que se mesclam o

artesanato e o comércio alimentados por uma economia monetária. [...].
Mas a cidade concentra também os prazeres, os da festa, os dos diálogos
na rua, nas tabernas, nas escolas, nas igrejas e mesmo nos cemitérios.
Uma concentração de criatividade [....]. (Le Goff, 1998, p. 25.)

Apesar da limitação das muralhas, a cidade medieval era dinâmica, e as fundações de casas e de edifícios eram uma constante, considerando-se, inclusive, construções fora da área amuralhada, para acomodar a população. O trabalho construtivo, contudo, diferentemente do que ocorre em nosso tempo, não era movido pela especulação imobiliária, pois ainda prevalecia o sentido de segurança como prioridade.

Figura 4.1 – A cidade medieval como um canteiro de obras

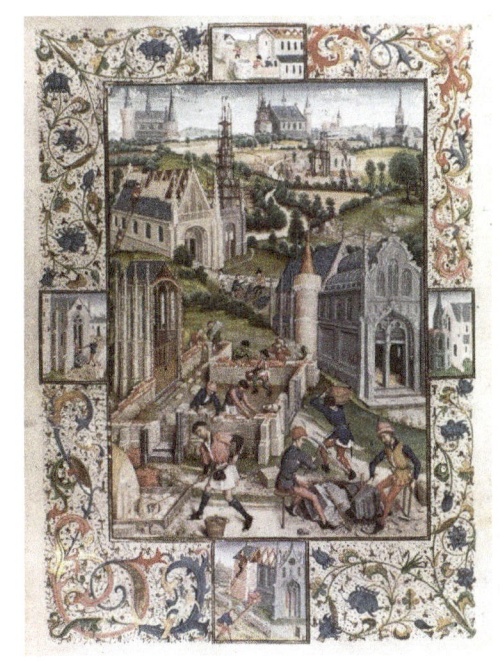

Granger/Imageplus

Portanto, mais do que simples cenário da convivência diversificada, desde a Idade Média o espaço urbano se apresenta múltiplo. Todavia, a fim de lograr ser uma comunidade criativa em busca da justiça e da paz num espaço físico não muito extenso, fazia-se necessário excluir grupos e práticas sociais e culturais não aceitas, como as consideradas heréticas, expondo as contradições do mundo urbano e burguês em formação.

Com a perda da função original das muralhas de defesa contra os inimigos externos, em decorrência, entre outros fatores, da expansão das atividades mercantis para além dessas fortificações, "a cidade abriu-se para o cenário internacional e se tornou, inclusive, cosmopolita, uma forma propriamente moderna de urbe. Por consequência, os fluxos de pessoas, mercadorias e ideias se acentuaram ainda mais, reconfigurando as relações entre espaço e lugar" (Brito, 2018, p. 49).

Mais tarde, a massa urbana empobrecida tornou-se, no processo de industrialização, o novo inimigo, que passa a ser localizado no interior das cidades junto com os excluídos anteriormente citados, acirrando as contradições sociais crescentes nos espaços urbanos. Em muitas ocasiões, desde então, buscou-se um "culpado" para os problemas urbanos, sendo a salubridade um deles. O vetor da propagação de doenças foi localizado, em várias ocasiões, em grupos urbanos específicos, isolando-se os corpos indesejáveis em locais separados do restante da comunidade. Segundo a perspectiva de Zygmunt Bauman (1925-2017), o século XXI instalou de vez o medo no interior das cidades, e novas "muralhas" são instaladas em estruturas de sistemas de segurança, ilhando grupos nos territórios urbanos. Observar a relação entre corpo e cidade é uma das estratégias para se aproximar das transformações das funções urbanas diante da expansão do modo de vida urbano.

Se as muralhas passaram a representar um obstáculo à expansão e à organização urbanas, sua demolição, nem sempre pacífica e aceita, desvaneceu a fronteira física e psicológica entre os mundos urbano e rural, permitindo a constituição de novos centros e periferias. Assim como Vidal de La Blache se impressionou com a vasta rede ferroviária rasgando o território dos Estados Unidos por todos os lados, acelerando as transformações no tempo e no espaço, nos anos 1990 Jaques Le Goff viu novos modelos urbanos, distantes do modelo medieval tradicional, ao visitar cidades norte-americanas dispostas como centros universitários, as quais perderam a natureza do centro primitivo, ou até mesmo nunca prescindiram dele. Chegou a testemunhar, também, o fenômeno do policentrismo numa escala monumental efetivada nas megalópoles, como a japonesa Tóquio, cidade que funciona a partir de vários centros conectados a uma rede de áreas metropolitanas e pequenas cidades. Nas cidades medievais, havia a disputa entre bispos e condes para saber qual exerceria maior poder de atração, mas a escala que o século XIX passa a imprimir a esse efeito urbano é incomparável.

Essas novas configurações do espaço urbano, portanto da relação entre centro e periferia, promovem outro significado e outra função para o núcleo tradicional da cidade ao longo de cinco séculos; todavia "o centro sobrevive e provavelmente sobreviverá por muito tempo pelo recurso do imaginário. O imaginário urbano que, acredito, se formou na Idade Média é, provavelmente, aquele que melhor sobrevive hoje ainda a um modelo urbano que perdurou do século XI ao XIX" (Le Goff, 1998, p. 153).

Para o medievalista Jacques Le Goff, por conseguinte, o imaginário urbano nasceu na Idade Média dada a importância do poder magnético do centro sobre as demais porções do território urbano de então. Com a expansão urbana, ocorre um aprofundamento da subjetividade à medida que a mobilidade se torna cada vez mais possível, levando a experiência humana para lugares distantes, para outros centros, a exemplo da chegada dos europeus ao continente americano no final do século XV. O recurso ao imaginário urbano, herança medieval, garante a permanência da conexão dos cidadãos com a função primitiva do núcleo da cidade, pois o centro magnético, onde tudo começou, sobrevive na camada simbólica do urbano.

Se tomarmos o caso de Brasília, podemos apostar que ela ocupa um lugar próprio na história do país e no imaginário dos brasileiros e das brasileiras como a capital modernista, conforme vimos no capítulo anterior, cuja função é de centro político do poder federal. No entanto, quando se trata de observar o que os habitantes veem nessa cidade cotidianamente, outras versões dessa mesma cidade certamente emergiriam num mosaico maior e diversificado e até mesmo imprevisível.

Neste ponto, cabe, oportunamente, diferenciar o que é cidade e o que é fenômeno urbano. Se o primeiro conceito, apesar da dificuldade em delimitá-lo de modo definitivo, diz respeito a um assentamento localizado no espaço e no tempo, originado a partir de um núcleo em relação aos seus arredores, e com critérios populacionais para melhor classificá-lo em suas diferentes escalas, o segundo corresponde às variadas experiências do viver em determinada cidade com suas características de tempo, espaço e densidade populacional diversas. Pelo fato de o desenvolvimento das cidades modernas, aqui localizado no período medieval do século X, ter feito expandir um modo de vida urbano em oposição ao modo de vida rural, os dois termos, desde então, sobrepõem-se, e as interpretações sobre as cidades devem partir dessa dupla acepção, uma urbes na qual é manifestado de formas variadas o fenômeno urbano. Nessa abordagem se encontra, estrategicamente, o imaginário social como ferramenta capaz de trazer à tona verdades subjetivas, individuais e coletivas, as quais, ainda que não correspondam a um ou mais fatos comprovados empiricamente, afetam sem cessar nossos meios de vermos e fazermos a cidade no dia a dia; o imaginário é uma construção social da realidade e pode se manifestar materialmente, haja vista a importância dos monumentos urbanos, e em representações simbólicas, a exemplo das descrições literárias.

O viver nas cidades não se concretiza unicamente nas sensações físicas propiciadas pelo ato de nelas morar, nem se esgota nos sentidos do olhar, da audição, do olfato e do tato; configura-se também em nossas soltas imaginações, como nos explica o antropólogo Néstor Canclini:

> Não apenas fazemos a experiência física da cidade, não apenas vivenciamos (recorremos) e sentimos em nossos corpos o que significa caminhar tanto tempo, ou ir parado no ônibus, ou estar sob a chuva até que conseguimos um táxi, senão que imaginamos enquanto viajamos, construímos suposições sobre o que vemos, sobre quem nos cruza, as zonas da cidade que desconhecemos e temos que atravessar para chegar a outro destino, em suma, o que se passa com os outros na cidade. Grande parte do que nos passa é imaginário, porque não surge de uma interação real. Toda interação tem uma cota de imaginário, ainda mais nestas interações evasivas e fugazes que propõe uma megalópole. (Canclini, 2011, p. 90)

Se o imaginário social é imprescindível ao estudo das cidades modernas, cuja semente pode estar nas tradicionais cidades medievais, o imaginário urbano mostra-se de maneiras diversas. Na próxima seção, daremos atenção a uma delas, as utopias urbanas e suas ressignificações.

(4.2)
IMAGINÁRIO SOCIAL E CIDADES

> Às cidades reais, concretas, visuais, tácteis, consumidas
> e usadas no dia a dia, corresponderam outras tantas
> cidades imaginárias, a mostrar que o urbano é bem a
> obra máxima do homem, obra esta que ele não cessa de
> reconstruir, pelo pensamento e pela ação, criando outras
> tantas cidades, no pensamento e na ação, ao longo
> dos séculos.
>
> (Pesavento, 2007, p. 11)

O imaginário, segundo os dicionários da língua portuguesa brasileira, somente tem existência no mundo da ficção. Contudo, as cidades imaginadas ao longo dos séculos são capazes de se imporem até mesmo sobre a visão da cidade real, afinal, a realidade é filtrada pelas nossas perspectivas individuais e coletivas. A faculdade de compreender o que é a cidade gera criações humanas diversas, das concretas às utópicas, todas com o intuito de representar o espaço urbano, gerando práticas sociais objetivas e legitimando intervenções concretas. Podemos afirmar que o urbanismo é uma representação do espaço urbano efetivada por meio de práticas tidas como racionais, científicas e com capacidade de planejamento.

Apreender a constituição de imaginários sociais em torno das cidades no tempo é, antes de mais nada, acolher uma nova abordagem do fenômeno urbano, valorizando uma dimensão da cidade que não a espacial, nem apenas a temporal, mas a da sensibilidade. E, sendo obra humana, a cidade é obra do pensamento. Assim, de simples superfície ocupada por um aglomerado de pessoas e construções, a cidade se transforma em território apropriado socialmente. Por consequência, são objetos legítimos do estudo da cidade tanto sua materialidade (ruas, praças, casas, etc.) quanto as construções imaginárias sobre ela, pois a cidade precisa ser vista e lida, num mesmo movimento.

Um dos possíveis caminhos de investigação a trilhar é o das **utopias**, que são descrições imaginativas sobre as cidades. O termo, na verdade, é de Thomas More (1477-1535), jurista inglês que batizou de Utopia uma ilha imaginária dotada de cidades e edifícios e de um sistema social e político ideal, um país inexistente divulgado por ele no livro homônimo, de 1516. Significando o **não lugar**, a utopia de More revela, na verdade, por contraste, o que ele próprio entendia por justo e harmônico, em oposição às sociedades de então. Para nós, é um instrumento do imaginário social que permite nos aproximarmos da época em que esse pensador viveu, a partir de preocupações que tenham sentido em nosso presente. Afinal, para que servem as utopias hoje?

Não foi Thomas More o primeiro a descrever um lugar imaginário capaz de abrigar uma sociedade perfeita. Os profissionais da história podem lançar mão de diversas outras formulações dessa categoria, inclusive anteriores a esse neologismo do século XVI, para refletir sobre as relações entre o passado e o presente, tendo como foco as problemáticas das cidades.

Na Antiguidade, Hipódamo de Mileto (a ele se atribuem o planejamento urbano e a autoria do *Estudo do Planejamento Urbano para o Pireu*, de 451 a.C.) imaginou uma cidade ideal, colocando no mesmo nível o traçado regular do solo urbano e a racionalidade social e política. Sabe-se disso graças ao filósofo Aristóteles, que, na obra *Política*, concorda com as ideias do arquiteto grego Hipódamo sobre a disposição das ruas e das casas que de fato este último aplicou em algumas cidades da Grécia Clássica na condição de urbanista.

Atualmente, em decorrência de pesquisas textuais e arqueológicas, o legado de Hipódamo é comprovado não apenas pela divisão urbanística do espaço, mas também pela natureza política idealizada na imagem da cidade-comunidade tripartite por ele concebida. Habitada por 10 mil cidadãos e 50 mil pessoas fora dessa categoria (mulheres, estrangeiros, crianças e escravos), para que fosse garantido seu funcionamento harmônico, a cidade deveria ser dividida em três ordens, classes ou estados: artesãos, agricultores/lavradores e soldados; três espaços especializados: o privado, o público e o sagrado; e três espécies de delito com as respectivas penas: ultrajes, danos e homicídio.

Figura 4.2 – Plano da cidade grega de Mileto planejada por Hipódamo

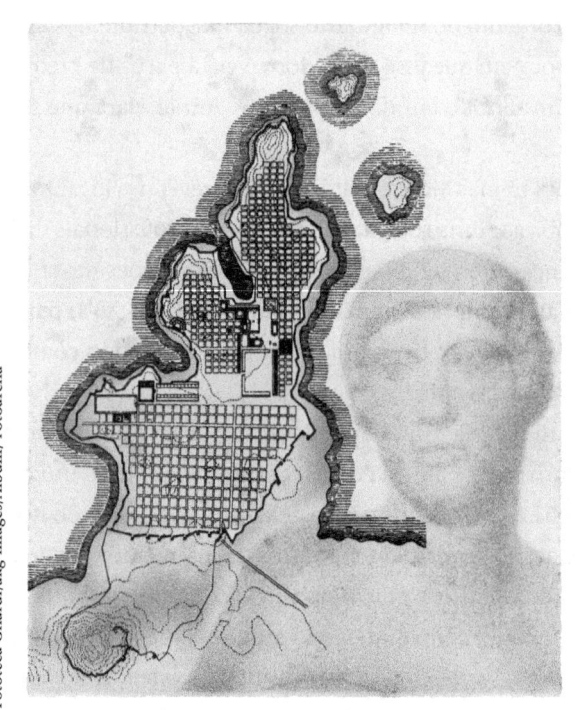

Já a utopia de More foi inspirada na conjuntura de um fenômeno global, que foi o desdobramento da chegada dos europeus ao continente americano, pois utilizou "como artifício o relato de um capitão português, Rafael, que teria encontrado uma ilha ideal, depois de ter viajado com Américo Vespúcio para as Américas" (Freitag, 2001, p. 7). Diante do caráter maravilhoso que a América exerceu por um tempo no imaginário dos europeus, o objetivo de More foi acentuar a imperfeição da sociedade na qual ele mesmo vivia, idealizando uma sociedade em que o sistema jurídico seria baseado na equanimidade.

Cada tempo presente pode apreender utopias anteriores ou elaborar as próprias, ou seja, as ideias utópicas são sempre históricas, pois estão relacionadas com as condições nas quais são criadas/recriadas. A pólis imaginada teórica/idealmente por Hipódamo, por exemplo, foi um marco apropriado pelo pensamento da modernidade do século XIX, que ancorou na Antiguidade Clássica o modelo urbanístico pelo qual lutava para ser aplicado nas cidades oitocentistas. Assim, a utopia de um arquiteto da Grécia Antiga foi posta em diálogo com a modernidade buscada no século XIX, advindo daí interpretações contemporâneas que resolveram reforçar a paternidade de Hipódamo sobre o plano regular ortogonal das ruas, traçado este típico de cidades modernas, como Nova York. Os urbanistas modernos transformaram uma teoria em prática, instrumentalizando um pensamento ideal e articulando-o a uma matriz de pensamento clássico, declarando-se, por consequência, herdeiros da civilização grega.

Lewis Mumford já afirmara que a utopia sempre acompanhou a ideia de cidade. A socióloga Barbara Freitag (2001), especialista nos estudos sobre as relações entre cidade e literatura, lembra que, pelo fato de as utopias serem parte inerente da concepção de cidade desde suas origens, as utopias urbanas têm alguns elementos recorrentes, como: isolamento (não lugar); tamanho ideal; natureza coletiva, condenando a propriedade de bens privados; traçado urbano regular, planificado. Tudo isso em nome de uma sociedade perfeita. Diante dessa perspectiva, Freitag (2001) elenca diversos exemplos de cidades utópicas ao longo da história, balizando a produção desse tipo de pensamento urbano da Antiguidade Clássica à queda do Muro de Berlim, quando no lugar das utopias se fortaleceram as distopias, ou as antiutopias (dominadas pelo que de "pior" a realidade nos oferece naquele momento, como os autoritarismos).

Figura 4.3 – Capa de uma das edições do livro *Utopia*, de 1518. Xilografia de Hans Holbein

Nota-se que a cidade idealizada, apesar de se concretizar em uma ilha, tinha a forma das cidades históricas (contemporâneas de More), que eram circundadas por muralhas.

Apesar de as idealizações urbanas existirem desde as cidades antigas, foi com a cunhagem do termo *utopia* por Thomas More, entretanto, que outras construções dessa natureza se tornaram mais frequentes, intensificadas com as possibilidades postas pelo movimento renascentista,

> quando, rompendo-se com a tradição cristã fundamentada no pensamento teocêntrico e dogmático, passa-se a valorizar o homem e seus atributos de liberdade e razão. A partir do século XV, as cidades ideais descritas ou pintadas por literatos e pintores apresentam, em todas as suas versões, extremo rigor geométrico, com formas puras e simétricas, onde se impunha a racionalidade na organização dos espaços físicos e da vida de seus habitantes [...]. (Lage, 2019, p. 3)

Diferentemente das idealizações de épocas anteriores, a aposta renascentista na razão e na liberdade apresenta os elementos típicos das utopias urbanas, como a organização espacial racional e o modo coletivo de vida, mas lança mão, por outro lado, de um conjunto diverso de novas ideias advindas de diferentes áreas do pensamento humano, como a da cidade idealizada pelo renascentista Tommaso Campanella (1368-1639) em *A cidade do sol*. O livro integra um conjunto de escritos literários classificados no gênero utópico, mesclando os saberes então em ascensão, como a observação dos objetos celestes, aos "defeitos" políticos e sociais das cidades "reais". Campanella chegou a ser preso por conta de suspeições da Inquisição a respeito de suas ideias que eram baseadas não apenas nos dogmas religiosos, mas também na ciência. Do mesmo modo, ao contrário das utopias da Antiguidade Clássica, as quais se circunscreveram ao campo de um modelo ideal inatingível, as utopias urbanas modernas projetam a materialização das imaginações, reivindicando uma condição concreta futura para as sociedades mais justas e lutando por isso.

As utopias modernas inauguraram, portanto, uma dimensão política. Nas reivindicações estudantis de maio de 1968, em Paris, uma das expressões contestatórias que ficaram mais famosas é "a imaginação no poder", com a qual se combatia, nas ruas daquela cidade, pela igualdade de gênero, pela defesa das minorias, pelas mudanças da ocupação do solo urbano e pela proteção ao meio ambiente. *A cidade do sol* é uma das primeiras utopias nesse sentido, acompanhada de *Nova Atlântida* (1627), de Francis Bacon (1561-1626), este considerado um dos principais nomes da ciência moderna baseada no empirismo. Essas duas obras utopistas apostaram na ciência e na tecnologia como principais instrumentos capazes de construir sociedades mais perfeitas: "Muito além do domínio da bússola, pólvora e imprensa, que são os exemplos de progresso tecnológico mais recorrentes no período, os solarianos já sabiam como fazer para reproduzir os fenômenos meteorológicos, para viver mais de cem anos e até mesmo como voar" (Oliveira, 2002, p. 45).

Se as obras utópicas do Renascimento não se concentraram tanto em renovações urbanísticas, cada vez mais o viés político-tecnológico marcou esse pensamento desde então. No século XVIII, soma-se a essa tendência política o universo do trabalho organizado em novas formas urbanas e inspiradas em referências cósmicas, como a cidade de Chaux idealizada por um arquiteto da corte francesa de Luís XVI, na qual "as casas eram organizadas ao redor de uma praça elíptica, que representava a trajetória do sol" (Lage, 2019, p. 4).

A relação entre cidade ideal e trabalho ficou mais explícita nas utopias socialistas do século XIX. Denominados *socialistas utópicos*, pensadores como o francês Charles Fourier (1772-1837) e seus seguidores assim foram vistos pelos filósofos que conceberam o marxismo ao longo do século XIX. A utopia de Fourier, assentada sobre o modelo dos falanstérios, ou grandes unidades de produção e de consumo em formato de palácios para abrigar o povo dividido em falanges, seria baseada na sociedade do trabalho, isto é, na existência da classe trabalhadora, algo que deveria ser superado conforme a dialética marxista.

Ao longo do século XIX, além da política e do mundo do trabalho, foi a arquitetura que mais dialogou com o pensamento utópico. Algumas das utopias urbanas, como as de Fourier, foram aplicadas, mesmo que em pequena escala e por pouco tempo, por alguns de seus seguidores, inclusive no Brasil, na colônia francesa do Saí, na região da cidade de Joinville, em Santa Catarina, em meados do século XIX, com a pretensão de harmonizar capital e trabalho em formas urbanas rígidas. Outro exemplo é a Cidade Radiosa, de autoria de Le Corbusier, cujas ideias foram corporificadas na Carta de Atenas de 1933, fruto, por sua vez, do IV Congresso Internacional de Arquitetura Moderna (Ciam). O modernismo na arquitetura é baseado no poder desse saber arquitetônico como solução racional para os espaços com vistas a uma melhor qualidade de vida, combinando forma e função. Com relação a esta última, entende-se que a "habitação é a função-chave a partir da qual se devem planejar as outras. Um grupo de células habitacionais (as moradias) conforma uma unidade habitacional, que deve ser provida de todos os serviços necessários à vida cotidiana, como abastecimento, saúde, educação, lazer etc." (Lage, 2019, p. 8).

Com isso, aplicações práticas desde modelos ideais se tornaram configurações isoladas, com pouca capacidade para transformar grandes estruturas globais, como o capitalismo e a urbanização. A formalidade excessiva do modernismo, por mais que tenha dado frutos concretos, como a cidade de Brasília, não alcançou a implantação de uma sociedade mais justa, de cidades mais democráticas e inclusivas. Contudo, diferentes representações sociais e espaciais da cidade ao longo do tempo não cessam, pois a cidade é compreendida, hoje, como processo e não como cenário rígido para aplicações teóricas; utopia e cidade continuam sendo a face de uma mesma moeda.

(4.3)
CIDADES, REPRESENTAÇÕES SOCIAIS E ESPACIAIS: OCUPAR E RESISTIR

Em termos conceituais, autores de diferentes áreas da produção do conhecimento lançam mão do pensamento do filósofo alemão Ernest Bloch (1885-1977) para uma ressignificação do conceito de utopia, resgatando-o do sequestro pelas distopias que cresceram no século XX após a experiência dos regimes totalitaristas, antidemocráticos, como o nazismo e o fascismo. Segundo Bloch (2005, p. 22),

> A categoria do utópico possui, além do sentido habitual [fantasia irrefletida, elucubração abstrata e gratuita], justificadamente depreciativo, também um outro que de modo algum é necessariamente abstrato ou alheio ao mundo, mas sim inteiramente voltado para o mundo: o sentido de ultrapassar o curso natural dos acontecimentos.

Ao considerarmos a descrição de Bloch sobre a condição utópica dotada de dois sentidos, um depreciativo e outro favorável à vida, torna-se importante a busca por diferentes representações sociais e espaciais relacionadas à cidade no tempo. A mudança com vistas a uma sociedade mais justa e igualitária é um processo ativo e contínuo de realização de desejos políticos múltiplos e que se dá, hoje, nos espaços urbanos expandidos.

A vinculação entre cidade e transformação social não é recente, claro, e desde a Antiguidade a representação do espaço urbano como um cenário democrático está presente no cotidiano das sociedades, conforme os usos que cada época faz desse ambiente. Ao deixarmos o passado longínquo para trás e adentrarmos no tempo presente, podemos reunir exemplos de movimentos urbanos postos em marcha pela concretização do "utópico" direito à cidade. Qual cidade queremos? Em 2013, nas Jornadas de Junho no Brasil, a luta principal girou, antes de tudo, em torno de preços mais justos e acessíveis do transporte público e resultou na ocupação dos poderes municipais de algumas cidades, como Salvador e São Paulo. O Ocupe Estelita, em Recife, por sua vez, em 2012, havia mobilizado diversos grupos sociais para defender da demolição uma parte histórica da cidade significativa para a memória coletiva, o Cais José Estelita, sob o grito "A cidade é nossa. Ocupe-a". Em outras partes do planeta, do mesmo modo, movimentos desencadeados pelo lema do "direito à cidade" preencheram diferentes espaços públicos, como a Praça Taksim, em Istambul, em 2013, contra as reformas antipopulares planejadas para alterar esse centro urbano tradicional. Em Nova York, em 2011, sob o título *Occupy*, cidadãos de várias cidades dos Estados Unidos foram às ruas para reivindicar igualdade econômica, democracia e liberdade.

O verbo *ocupar* merece atenção e pode ser o fio condutor para a reflexão a respeito dos usos e representações das cidades e do espaço vivido, no qual se entrecruzam e muitas vezes se contrapõem ações efetivas e memórias afetivas. Contraponto ao não lugar do pensamento utópico, essas lutas urbanas da atualidade promovem a ocupação de lugares, desde as ruas e praças até as Câmaras Municipais e as sedes de Bolsas de Valores, marcando pontos topográficos do movimento social. Trata-se de *ocupar* no sentido de "apoderar-se", "preencher espaços urbanos em prol da ampliação da cidadania". O movimento *Occupy* foi alvo de estudos do ativista político e linguista norte-americano Noam Chomsky já em 2012, sendo emblemático e inspirador para muitos outros então ocorridos. Esse autor aponta os seguintes avanços sociais com o *Occupy*:

> O Occupy eclodiu no momento em que era mais necessário, e acho a sua estratégia brilhante. Se me tivessem perguntado, não a teria recomendado. Nunca pensei que fosse funcionar. Por sorte, eu estava errado. Funcionou muito bem. Deram-se dois grandes processos, na minha opinião, e se puderem ser mantidos e ampliados, será extremamente importante. Um foi simplesmente mudar o discurso, colocando na agenda temas que estavam a ferver nos bastidores, mas nunca eram o foco principal – como a desigualdade, a corrupção financeira, a fragmentação do sistema democrático, o colapso da economia produtiva. Estes assuntos tornaram-se comuns. Isso foi muito importante. Outro fenómeno que surgiu, e é difícil de medir: foi a criação de comunidades. As comunidades do Occupy foram extremamente valiosas. Formaram-se espontaneamente, com base no auxílio mútuo, intercâmbio público e outras coisas que fazem muita falta, numa sociedade pulverizada como a nossa, onde as pessoas estão sozinhas. A unidade social por que o mundo dos negócios luta é apenas uma díade, um par. Você e sua televisão e seu computador. O Occupy quebrou isso de forma extremamente significante. A possibilidade de cooperação, solidariedade, apoio mútuo, discussão pública e participação democrática é um modelo que pode inspirar as pessoas. Muitas pessoas participaram disso, pelo menos de forma periférica. (Noam..., 2012)

Apesar de o "direito à cidade" de Henri Lefebvre ter nascido no ano de 1968, estudos urbanísticos críticos contemporâneos, notadamente da sociologia urbana norte-americana, não apreenderam tal conceito como dotado de potencialidade explicativa suficiente para a compreensão dos conflitos entre classes sociais nas cidades, tendo retornado com força apenas no século XXI. Em 2004, ganhou visibilidade na Carta Mundial do Direito à Cidade, fruto de uma elaboração originada no Fórum Social Mundial realizado em Porto Alegre, em 2001; em 2012, o sociólogo David Harvey abordou o tema em seu livro *Cidades rebeldes: do direito à cidade à revolução urbana*; no ano seguinte, o direito à cidade se transformou numa bandeira de luta apropriada pelos movimentos sociais ao redor do mundo.

Por outro lado, a luta pelo direito à cidade faz parte dos movimentos sociais urbanos no Brasil desde os anos 1960 e 1970, décadas nas quais termos como esse já haviam conquistado "a imaginação militante [...]" (Tavolari, 2016, p. 98).[1] Alguns autores retrocedem a baliza dos movimentos sociais urbanos no Brasil para os anos 1940, quando, na periferia das grandes cidades, a reivindicação se voltou para a garantia de melhorias na infraestrutura dos bairros, como os serviços de água encanada, esgoto, asfalto, transporte público, creche etc. (Bonduki, 1986). Posteriormente, o escopo dessa luta social se ampliou, articulando-se às questões políticas propriamente ditas, quando da redemocratização com o declínio da ditadura civil-militar que nos havia sido imposta em 1964.

Em capítulos anteriores, abordamos a política desenvolvimentista dos governos militares, que buscaram valorar as atividades culturais, com ênfase no tratamento do patrimônio cultural urbano dos centros históricos, primeiro no Nordeste e depois ampliando para outras regiões do país, por meio do turismo. Esse mesmo viés foi pensado nas remodelações das cidades, sem considerar nesse processo o significado de alguns lugares para a memória coletiva do bairro a ser

---

[1] *Interessante saber que o livro de Henri Lefebvre (O direito à cidade, de 1968) foi traduzido para o português brasileiro já em 1969, sendo então o livro dele mais conhecido por aqui entre intelectuais, pesquisadores e militantes em prol de cidades mais justas e democráticas.*

atingido pela urbanização, criando, então, um paradoxo: ao mesmo tempo que a vida urbana avançava para todos os lados, negavam-se a uma grande quantidade de habitantes seus direitos à cidade, ou seja, a condição de cidadãos.

Em 1973, na estrutura da política urbana, foram criadas, por meio de legislação federal, as primeiras regiões metropolitanas (RMs) nas principais capitais brasileiras: São Paulo, Belo Horizonte, Salvador, Curitiba, Porto Alegre, Recife, Fortaleza, Belém e Rio de Janeiro (1974, com a fusão dos estados da Guanabara e do Rio de Janeiro). As RMs eram, então, criadas pela União e geridas pelos respectivos governos estaduais como forma de integrar serviços entre a capital e os municípios vizinhos. Isso era realizado, entretanto, a partir da centralização administrativo-política que deixou as esferas municipais esvaziadas de poder decisório, mantendo o controle do governo federal sobre essas regiões estratégicas. A gestão tecnocrática típica daquele momento desconsiderou as relações espaciais e sociais preexistentes nesses locais alvos da remodelação urbana, não dando chance à participação popular.

Nesse período da história brasileira, contudo, o papel das associações de bairros fazia a "utopia" do direito à cidade alçar voos mais amplos. Em primeiro lugar, os bairros se tornaram os locais principais das lutas coletivas, pois foi onde surgiu o que Chomsky identifica como um dos ganhos do *Occupy*, a criação de comunidades como forma alternativa de organização política com capacidade de enfrentar os poderes do Estado e a desigualdade socioeconômica. Por consequência, essas formas comunitárias e associativas afrontaram a representação que se fazia delas de cima para baixo, invertendo o sentido da política autoritária da perspectiva de uma participação mais democrática nos destinos da cidade, sendo os próprios moradores os protagonistas, valorizando suas visões de mundo e as formas que devem conferir significado à vida cotidiana nas cidades.

A organização de favelas é um exemplo de comunidade ativa. Premidos pelas condições de trabalho e renda, os moradores dessas comunidades movimentam um processo de constituição de lugares comuns, tornando esses locais tão identificados a eles e às respectivas comunidades que é impossível contar sua formação, via lembranças e memórias, sem mencioná-los como referência coletiva.[2] Nesse sentido, o bairro é uma comunidade simbólica, característica que é estendida à cidade e que define o que é imaginário urbano. O sujeito urbano, assim, é trespassado por mais de uma identidade, sendo a identidade social englobada pela identidade de lugar, a qual destaca, por sua vez, a importância do entorno na composição das características sociais, que são compostas de representações e práticas.

O olhar do profissional da História para a cidade exige que esse objeto seja considerado na condição de fusão de identidades realizada no espaço urbano. Um modelo metodológico que pode ser aplicado às pesquisas históricas é o proposto por Sandra Jatahy Pesavento. Desde a década de 1990, e principalmente sob a influência da Nova História Cultural, novas abordagens do fenômeno urbano foram propiciadas, dando ao tema da cidade um prestígio elevado para a reflexão acerca das representações sociais que produz e das práticas sociais objetivadas. Ao mesmo tempo que a cidade é materialidade, ela é sociabilidade, pois os ícones urbanos a distinguem de outra realidade, a rural; o viver urbano é um fenômeno, portanto, cultural. A História Cultural Urbana busca a cidade produzida pelo

---

2   Sobre a preservação da memória e das identidades coletivas dos moradores das favelas, sugerimos uma consulta ao site: <https://wikifavelas.com.br/index.php/Wikifavelas:Projeto>. Acesso em: 23 ago. 2023.

pensamento, pelas urbes, "que são capazes de se apresentarem mais 'reais' à percepção dos seus habitantes e passantes do que o tal referente urbano na sua materialidade e em seu tecido social concreto" (Pesavento, 2007, p. 14).

A cidade é um lugar onde estão os objetos visíveis, invisíveis, imaginários, sensíveis, todos relacionados, porém, a um tempo e a um espaço. Essas unidades de tempo e de espaço, por outro lado, podem apresentar diversidades, uma vez que a cidade pode ser lida como um texto no qual convivem temporalidades diferentes, considerando-se a dimensão da memória presente nas espacialidades urbanas, nos vestígios concretos. Pesquisar as cidades do passado é verificar, assim, "as marcas de historicidade deixadas no tempo, [e] que se revelarão diante de si [ao profissional da História] como fontes, a partir da pergunta que ele fará ao passado, questão esta iluminada pelos conceitos que presidem nossa posição diante do real [...]" (Pesavento, 2007, p. 16).

À especialidade da História Cultural Urbana cabe reconstituir os valores e os significados atribuídos pelos atores sociais às suas vivências nos espaços urbanos. É por meio desses valores e significados que cada lugar se diferencia e se identifica. Os centros tradicionais, tema importante neste capítulo, oferecem identidade a determinada cidade por serem os núcleos primitivos a partir dos quais o fenômeno urbano de desenrola, servindo de referência simbólica para aquele lugar e conferindo a sensação de pertencimento, coesão social e reconhecimento individual. Pesquisar as cidades tomando seu centro como ponto de partida tem de ocorrer em três dimensões, segundo Pesavento (2008): a) traçado do espaço físico; b) experiências sociais nesse espaço ao longo do tempo; c) atribuição de valores e significados a esse espaço socialmente apropriado. Pesavento (2008, p. 5) detalha cada dimensão da seguinte forma:

primeiramente, os elementos, por assim dizer, estruturais que presidiram o traçado e organização do espaço físico e do espaço construído e que se revelam em termos de uma materialidade; a seguir, a apropriação deste espaço no tempo, construindo a experiência do vivido e transformando este espaço em território, dotado de uma função e onde se manifestam as relações de sociabilidade; por último, a dotação de uma carga imaginária de significados a este "espaço-território" no tempo, transformando-o em lugar portador do simbólico e das sensibilidades [...].

Entendidos como portadores de memória, de história e de identidade, ainda hoje é nesses espaços centrais das cidades que acontecem mobilizações coletivas que afetam e transformam o espaço urbano como um todo, conforme veremos na próxima seção.

(4.4)
CIDADES E CONSTITUIÇÃO DE IDENTIDADES

A imagem de um solitário estudante chinês em frente a uma fila de tanques de guerra para tentar impedir a repressão do Estado a um movimento estudantil desencadeado em Pequim, em 1989, é uma das cenas mais marcantes do final do século XX. Em 1992, aconteceram os motins de Los Angeles, nos Estados Unidos, em protesto contra a absolvição de policiais (dois brancos e um hispânico) responsáveis por agredir um homem negro no ano anterior. Entre esses dois acontecimentos houve a queda do Muro de Berlim, em outubro de 1989, outra imagem ícone do período, simbolizando um rearranjo de forças do capitalismo pós-moderno. Ao longo da década de 1990, o movimento zapatista, na região de Chiapas, no sul do México, tornou-se mundialmente conhecido por lutar pelos direitos indígenas e maior participação democrática.

Figura 4.4 – Estudante chinês enfrenta tanques do Exército, em 1989, o que ficou conhecido como o evento da Praça Tiananmen

Jeff Widener/AP Photo/Imageplus

Esses acontecimentos aparentemente isolados fazem parte de um fenômeno global que vem causando mudanças profundas no modo de vida nas cidades desde 1960, radicalizando-se nos anos 1990, quando eclodiram essas verdadeiras revoluções urbanas anteriormente citadas, marcando rupturas no tecido do espaço físico e da sociabilidade.

Um dos fatores desencadeadores da modificação da natureza urbana nos últimos 30 anos, segundo o geógrafo urbano Edward Soja (2013), é a reconfiguração da forma de metrópole para a de pós-metrópole, classificação por ele adotada em 2000 para descrever a dinâmica das cidades atuais numa combinação entre a urbanização das áreas periféricas (chegando a abrigar milhões de habitantes) e a explosão do centro tradicional (perdendo milhares de habitantes) em redes compostas por diversos outros centros de variados tamanhos, enfraquecendo o poder concreto do centro original, ou tradicional. As áreas tradicionalmente centrais passam a abrigar movimentos diferentes, como o de conversão em local de moradias para os imigrantes ou o de esvaziamento, mas elas são, de qualquer modo, alvos constantes de empreendimentos públicos e privados combinados para a sua recuperação econômica, principalmente por meio do turismo, da preservação patrimonial e da especulação imobiliária, deixando em segundo plano o combate à pobreza nelas concentrada. Soja (2013) imprime a essa dinâmica a marca da pós-metrópole caracterizada pelo apagamento das fronteiras espaciais percebidas entre centro e periferia, e até então traço essencial das cidades modernas industrializadas: de um lado, periferias urbanizadas onde se miscigenam grupos sociais e raciais diferentes e, de outro, uma centralidade rompida em variados "enclaves", como os ocupados pelos imigrantes chegados aos centros urbanos primitivos.

A miscigenação social e racial promovida com a urbanização periférica implica acolher analiticamente diferentes apropriações do espaço pós-moderno, transformando a espacialidade percebida e concebida em bairros, ruas, prédios ou planos urbanísticos em historicidade das experiências coletivas produzidas no/pelo território urbano. Por conseguinte, há interações entre a periferia densamente povoada e urbanizada e o centro tradicional baseadas não mais em pares opostos, como urbano/suburbano, branco/preto, cidadão/homem do campo, mas num hibridismo, numa interpenetração cultural. Essa visão explicativa é apresentada pelo indiano Homi K. Bhabha (2005), um dos mais importantes teóricos dos estudos pós-coloniais[3], o qual compreende as identidades do tempo presente manifestadas pela fluidez, pela mistura de práticas e valores, e não apenas como guardiãs de rígidas tradições. As diferenças culturais renovam-se num constante movimento interativo, que marca as dinâmicas populacionais do mundo atual num ambiente gerativo desde diversas vozes.

Se voltarmos aos exemplos dos movimentos urbanos citados no começo desta seção, observaremos que foram atravessados por grupos sociais diversos, porém se concentraram numa mesma cidade ou região; trouxeram à centralidade narrativas periféricas, tanto no sentido espacial quanto no social e no midiático, traçando estratégias para os objetivos pretendidos. Com isso, demonstram posições ativas enquanto sujeitos de transformações diante dos poderes constituídos. Transpondo esses movimentos de grande apelo mundial para a esfera do cotidiano das comunidades locais, menos visíveis, temos que os conteúdos das respectivas identidades culturais também atuam para lograr reivindicações, inclusive mediante negociações com o que lhes é diferente e oposto. As referências culturais são a moeda de troca dessas negociações de demandas.

> As referências culturais devem ser reconhecidas por um determinado grupo social e, ao mesmo tempo, ser representativas perante outro grupo, que se identifica com elas tanto pela semelhança quanto pela diferença. Daí a necessidade de um conhecimento específico, sobre aquilo que

---

3   Estudos pós-coloniais formam um conjunto de estudos teóricos que buscam promover releituras dos processos coloniais globais e que apontam para uma epistemologia crítica ao eurocentrismo como modelo civilizatório universal, propondo, em seu lugar, novas narrativas. Um dos aspectos desses estudos é a valorização dos saberes localizados nos países periféricos.

representa diretamente um coletivo, e também universal, pelo qual cada um possa se localizar na complexa rede híbrida intercultural. (Marchette, 2016, p. 99)

Se as referências culturais identificam determinado grupo social e são compostas por variados objetos, práticas e lugares, o patrimônio urbano pode ser um instrumento funcional representativo desse grupo, ou coletivo, a favor de suas reivindicações de direitos. Tantos as trocas reais quanto as simbólicas são elementos que produzem as identidades pós-modernas no contexto agitado pela globalização, a qual coloca em marcha constante a reconfiguração dos espaços urbanos pelo Estado e pelo mercado em contraposição a interesses coletivos populares. Vamos observar mais de perto o patrimônio cultural como um dos elementos de identidade do espaço urbano.

O geógrafo brasileiro Everaldo Batista da Costa (2017) propõe uma metodologia para a elaboração de "roteiros patrimoniais utópicos". Entendendo-se que o patrimônio cultural é ativado, isto é, concretizado via normas e legislação, para apresentar versões de determinada identidade, a exemplo dos monumentos que simbolizam uma filiação nacional, a proposta de Costa é possibilitar que tal ativação seja realizada não apenas pelo Estado, mas também pelos grupos populares latino-americanos desde os respectivos patrimônios territoriais, com o objetivo de tirar a invisibilidade sobre suas identidades locais e, assim, revelar e legitimar a diversidade da nacionalidade "imaginada" como universal. Esse patrimônio territorial exige ser composto de bens culturais que venham a dar base para a "valoração existencial de sujeitos segregados" (Costa, 2017, p. 56).

Mais uma vez nos deparamos com o termo *utopia*. Desta vez, o lugar da utopia está na periferia, especificamente nas periferias das cidades da América Latina, tornando-a um instrumento metodológico do devir, do vir a ser um futuro, um futuro alternativo à opressão herdada das relações de colonialidade e marcadas, também, no espaço geográfico como territórios de exceção, enclaves e outros locais de segregação social. Essa utopia periférica teria a potência de eliminar a pobreza, a informalidade e o desemprego por meio da valoração de bens culturais que não estejam nos tradicionais centros históricos. Isso pode se dar via turismo, mediante a construção de roteiros patrimoniais utópicos, correlacionando-se "sítios distantes com monumentos e lugares de práticas culturais diversas" (Costa, 2017, p. 70). Ainda segundo Costa (2017, p. 69),

> Nessa dimensão que define a utopia como método, a universidade reconhece o utopismo que envolve o patrimônio-territorial; a comunidade demanda, aponta e opera, na utopia pensada, o possível realizável; as instituições retêm a utopia de serem potenciais catalizadoras [sic] do ativado (popularmente) patrimônio-territorial; elas coroam a realização do novo nos territórios de exceção latinos, por meios materiais e virtuais de conexão de pessoas [...].

Mediante a articulação entre comunidade, universidade e instituições pertinentes, define-se um método de trabalho pelo qual os grupos populares excluídos historicamente são os protagonistas, daí o aspecto utópico dessa metodologia.

Figura 4.5 – Manifestações de maio de 1968, na França

Tatiana Dantas Marchette

A "imaginação no poder" serve para sintetizar esses desejos utópicos nascidos nas cidades pós-modernas, em pleno contexto acelerado de globalização e urbanização. A utopia continua a ser um instrumento vital, não apenas reflexivo e crítico, mas transformador de realidades urbanas, seja pelos movimentos estudantis, indígenas, antirracistas e de outras identidades sociais em busca de suas representações e representatividades, seja pelo próprio pensamento urbanista renovado, que certamente ainda não logrou a "justiça espacial" nas cidades.

(4.5)
As relações e as oposições entre cidade e campo

O avanço mundial da urbanização desde o Oitocentos coloca novas perguntas não somente sobre as conexões entre cidade e campo como também acerca das próprias características das cidades atuais para que sejam capazes de manter a distinção delas diante das áreas rurais na condição de lócus de racionalidade e planejamento, modernidade e progresso. As chamadas *manchas urbanas*, que hoje tornam indistintas as fronteiras físicas antes claramente demarcadas entre cidade e campo por meio da hegemonia da urbanização, obrigam a adoção de novas ferramentas conceituais para definir esse fenômeno que atualmente se mostra imperante na paisagem mundial.

Nessas aglomerações urbanizadas contemporâneas, há que se observar como as diferentes partes se articulam internamente e entre si, considerando-se as redes virtuais, as quais "desconsideram" as fronteiras físicas e aproximam lugares distantes. Aqueles movimentos de impacto mundial que elencamos na seção anterior, como o movimento zapatista e o *Occupy*, se já haviam conquistado a mídia tradicional, como a televisão, ganharam dimensão com a rede mundial de computadores, colocando em contato territórios urbanos diversos.

Nesse sentido, o ente material que é imaginado em contraponto às cidades, que seria o campo, também está inserido nessa sociedade informacional, conectando e identificando esses dois ambientes constituídos historicamente por meio de um mesmo modo de vida pautado pelas manchas de urbanização. Assim, campo e cidade estariam hoje unidos pela dominação da categoria do urbano sobre o rural; o paradigma não é mais cidade-campo, mas urbano-rural. Cabe perguntar, então, quais seriam os atributos da cidade e do campo nessa urbanização difusa e de capitalismo informacional que ainda poderiam distingui-los de alguma maneira como diferentes espaços funcionais e modos de vida específicos.

Apesar da oposição entre tradição e atraso que por muito tempo marcou as relações entre cidade e campo, Jacques Le Goff afirmou, na década de 1990, que não era possível defender uma "separação absoluta" entre esses dois universos ao longo da história. Para o historiador inglês Raymond Williams, cidade e campo também são testemunhos de um mesmo processo histórico, o do aumento da produtividade com a crescente economia capitalista, a exemplo dos cercamentos nas áreas rurais inglesas, que desde o século XII passaram a transformar as terras coletivas em propriedades privadas; os deslocamentos do excesso de população rural para a cidade dariam origem eventualmente, portanto, ao proletariado. O mesmo fenômeno, desse modo, intensificou a oposição e a divisão entre cidade e campo, ao estimular a especialização do trabalho na cadeia fabril concentrada nos espaços urbanos (Williams, 1989).

O que mudou ao longo da história teriam sido as funções de cada ambiente, com a cidade atraindo com a força magnética de um ímã cada vez mais para si, desde a Idade Média, a produção econômica, consolidando-se como o lugar por excelência destinado às trocas e ao uso da moeda. Ainda hoje são essas funções econômicas e de produção um dos principais critérios para que organismos governamentais classifiquem o que é espaço urbano e o que é espaço rural. No Brasil, por exemplo, o responsável por essa identificação é o Instituto Brasileiro de Geografia e Estatística (IBGE), mas, apesar de os critérios terem sido atualizados em 2017, os dados oficiais dificilmente coincidem com aquilo que a própria população percebe subjetivamente sobre tais espaços.

No capítulo intitulado "A possibilidade de levantar dados sobre a percepção espacial do rural e do urbano no Brasil", que integra o e-book *Cidade e campo: olhares de Brasil e Portugal* (2020), dois geógrafos brasileiros, Gabriel Bias-Fortes e Glaucio José Marafon, reconhecem a importância instrumental da noção de "espaço percebido" para o entendimento do que é o rural e do que é o urbano no Brasil do século XXI. Ancoradas no imaginário coletivo, as experiências individuais moldam percepções distintas sobre tais espaços.

Para apreender essas percepções, esses autores propõem a possibilidade da inserção de uma pergunta no questionário a ser aplicado num futuro Censo Demográfico do IBGE, considerando-se como unidade de análise os domicílios, que sirva para mapear os entendimentos sobre ruralidade e urbanidade de forma autodeclaratória, da mesma maneira que se pergunta sobre os dados de cor e raça. Como testagem dessa metodologia proposta, Bias-Fortes e Marafon (2020) a aplicaram em três áreas, a saber: distrito de Faria, na cidade de Barbacena (MG); localidade de Abraãozinho, na Ilha Grande (RJ); e Barra do Sana, em

Macaé (RJ). Sem nos determos nos detalhes metodológicos, os quais podem ser conferidos na publicação *on-line*, resumidamente a conclusão foi que, de fato, não houve convergência entre a percepção dos moradores daquelas localidades e os dados oficiais do IBGE, pois as respostas foram em sentido contrário, ou seja, pela percepção dos que lá habitam, o entendimento é que essas são áreas rurais: 100% dos entrevistados, tanto de Abraãozinho como do distrito de Faria, percebem o próprio espaço como rural e 80% deles percebem a Barra do Sana do mesmo modo, sendo que pelo Censo de 2010 todas são categorizadas como áreas urbanas.

> Ao avaliar esses critérios distintos, que fomentaram a resposta da percepção espacial da localidade como rural, observa-se que, em áreas de produção agropecuária – como na localidade do Faria, em Barbacena/MG –, os moradores tendem a associar "rural/urbano" com infraestrutura, morfologia e atividade econômica – que consequentemente impacta no imposto cobrado. Já em áreas onde predomina a atividade turística – particularmente de ecoturismo –, como nas localidades de Abraãozinho, em Angra dos Reis/RJ, e Barra do Sana, em Macaé/RJ, acrescenta-se esse conjunto de associação espacial ao rural imaginado à ideia de um maior contato com o "ambiente natural" [...]. Nessas localidades, também observa-se uma maior presença de edificações de veraneio ou voltadas para a atividade turística – como casas de aluguel por temporada –, que não se configuram como residência principal. (Bias-Fortes; Marafon, 2020, p. 74)

Com isso, Bias-Fortes e Marafon (2020) querem demonstrar que as relações entre rural e urbano não podem basear-se, para fins de implantação de projetos de políticas públicas de ordenamento territorial, tão somente em critérios econômicos, mas também nas percepções culturais dos próprios habitantes. Por outro lado, podemos observar a importância do espaço percebido para a constituição dos roteiros patrimoniais utópicos (abordados na seção anterior), pois a percepção do que é turístico ou não, do que é patrimonializado ou não igualmente é uma construção social a partir de determinadas referências culturais. As construções individuais e coletivas do espaço percebido, por conseguinte, inserem-se na dimensão das resistências sociais e políticas, e estas se manifestam tanto no modo de vida no campo quanto no modo de vida na cidade. A agricultura urbana é um exemplo tanto de resistência quanto de intercâmbios de funções entre esses modos de vida fisicamente cada vez mais próximos.

As cidades da Europa Ocidental abrigaram em seus limites geográficos a atividade agrícola, isto é, seu perfil urbano não foi diminuído pela presença longa do rural, a qual apenas foi sendo apagada com o processo de "desruralização" e industrialização crescentes a partir do século XIX (Le Goff, 1998). Nas décadas de 1960 e 1970 são verificados os maiores distanciamentos entre agricultura e cidade, em decorrência do crescimento das vias de transporte para escoamento dos produtos agrícolas, fazendo com que as plantações e a criação animal pudessem ser fixadas em regiões mais afastadas do centro urbano. Contudo, a agricultura nunca desapareceu das cidades, mesmo que restrita a pequenos quintais das casas de vilas operárias e outras áreas circunscritas, como as observadas pelo medievalista Jacques Le Goff em sua visita à China, nos anos 1990, quando viu "a casa da família, com o quintalzinho para os legumes, os frutos necessários ao consumo familiar e que são trocados com os vizinhos. [...]. A cidade, portanto, pode ser penetrada pelo campo [...]" (Le Goff, 1998, p. 33); o urbano é penetrado pelo rural, cujas relações duradouras se transformam, se dinamizam de outras maneiras, se afastam e se (re)aproximam.

Muitos são os fatores que fazem com que os habitantes das cidades retomem com mais intensidade e amplitude a atividade agrícola. Hoje, por exemplo, a força da agricultura urbana e periurbana faz parte do processo mais amplo de reforma ambiental urbana, tanto como recurso contra a pobreza quanto como instrumento de melhoria das condições ecológicas das cidades, com vistas a um desenvolvimento sustentável. Por *agricultura urbana e periurbana* (AUP) entende-se

> o cultivo de alimentos e a criação animal localizada em contexto urbano e periurbano [...]. Abarca diferentes técnicas de produção (e.g. aquaponia, hidroponia, permacultura) e finalidades (e.g. pedagogia, consumo, venda). Envolve questões relacionadas com a governança, por exemplo, no acesso ao solo, que pode ser público ou privado, ou na forma de organização que pode ser mais espontânea ou mais institucional (e.g. hortas comunitárias). Envolve questões como o acesso aos alimentos, a saúde, o rendimento, o ambiente ou os recursos naturais, como, por exemplo, a gestão da água. Em termos espaciais, envolve diferentes localizações e escalas, pois tanto pode ser praticada nos telhados dos edifícios como em terrenos agrícolas com mais de 50 hectares. (Abrantes; Gomes, 2020, p. 190)

O retorno dos espaços de ruralidade nas cidades atuais envolve questões em âmbitos diversos, como descrito, mas, nos países com populações mais empobrecidas, essa retomada tem sido considerada não só diretamente ligada à busca pela soberania alimentar, mas também como uma forma de apropriação de espaços urbanos ociosos, caracterizando um movimento de ocupação da cidade ligado à noção do direito à cidade.

Dessa maneira, a agricultura urbana potencializa outras visões de mundo representadas por variadas formas de ocupar e resistir, permitindo que grupos sociais marginalizados protagonizem politicamente no cenário das grandes cidades, como as mulheres, que formam a maioria, no Brasil, entre os praticantes da agroecologia e da agricultura urbana.

> Quando falamos das mulheres na construção da Agroecologia Urbana estamos pensando na terra e no seu cuidado, na defesa do território soberano, na dimensão dos saberes populares, na relação do cuidado com o alimento sadio e justo e a compreensão do nosso corpo e da nossa comunidade também como territórios soberanos. Estamos falando das lutas das mulheres por direito à cidade, no trabalho das mulheres na garantia da soberania alimentar de seus familiares, comunidades e território. Estamos falando da luta das mulheres pela saúde na sua integralidade e dos desafios que enfrentam cotidianamente nessa empreitada pela garantia de direito. (AUÊ, 2015)

O entrecruzamento do direito à cidade com outros direitos ligados aos grupos minorizados se realiza nas cidades diante da precariedade da vida urbana, atualizando as utopias pós-modernas por meio das lutas socioambientais.

Síntese

A urdidura conceitual tecida ao longo deste capítulo levou-nos a afirmar que a cidade é uma "comunidade simbólica de sentidos, a que se dá o nome de imaginário" (Pesavento, 2008, p. 3). E é com base nessa definição que tratamos os tópicos, entendendo a cidade como um espaço funcional instrumentalizado por símbolos, os quais dão sentido às identidades diversas que habitam uma superfície espacial apropriada pelo social, o que nos reconduziu à noção de território. O território como espaço social e produtor do imaginário é, assim, o elemento-chave para melhor compreendermos as funções da cidade como lugar dotado de referências de sentidos nos âmbitos econômico, político e cultural, os quais, por sua vez, produzem práticas e as respectivas representações. Tais representações se manifestam de diversas maneiras, que abrangem desde as utopias até os movimentos concretos de transformação urbana. A utopia, contudo, não é algo datado, mas um elemento presente nos possíveis futuros pelos quais ainda se luta nos espaços urbanos, haja vista os movimentos de ocupação que vêm ocorrendo neste século XXI.

Atividades de autoavaliação

1. A respeito do movimento *Occupy*, assinale V para as proposições verdadeiras e F para as falsas:
   ( ) Teve início na cidade de Nova York, em 2011.
   ( ) O ativista e linguista Noam Chomsky é um dos que refletiram sobre o significado desse movimento na sociedade norte-americana.
   ( ) Levantou a questão da ocupação do espaço urbano para realizar ações concretas, como a criação de comunidades solidárias, mesmo que temporárias.
   ( ) Restringiu-se aos Estados Unidos.
   ( ) Foi veículo da ideia de "não lugar" utópico.

2. Leia o trecho a seguir e marque a alternativa correta acerca das origens comuns entre cidade e campo:

   A realidade histórica [...] é surpreendentemente variada. A "forma de vida campestre" engloba as mais diversas práticas – de caçadores, pastores, fazendeiros e empresários agroindustriais – [...]. Também a cidade aparece sob numerosas formas: capital do Estado, centro administrativo, centro religioso, centro comercial, porto e armazém, base militar, polo industrial [...]. (Williams, 1989, p. 11)

a) O autor afirma que essas duas realidades, campo e cidade, são definitivamente opostas.
b) Cidade e campo, conforme o trecho, são realidades diversas, mas que se complementam ao longo da história.
c) Das variadas formas nas quais as cidades aparecem, nenhuma delas se aproxima de qualquer resquício da vida campestre.
d) Percepções subjetivas não podem mudar a classificação do que é cidade e do que é campo.
e) Ao longo da história, as cidades se concretizaram sobre uma mesma forma, sendo sempre centro industrial.

3. O *slogan* "Sejam realistas, peçam o impossível" caracterizou o Maio de 1968, na França. Os *slogans* elencados a seguir também fazem parte da história das cidades. Considerando a relação entre época histórica/local e *slogan*, assinale V para as afirmações verdadeiras e F para as falsas:
( ) O *slogan* "Vem para a rua" está associado a um movimento brasileiro do século XXI.
( ) "Diretas Já" foi a bandeira de uma luta política no Brasil do anos 1970.
( ) "Anistia ampla, geral e irrestrita" marcou o movimento na Argentina dos séculos XX e XXI.
( ) "Não há Planeta B" aparece em bandeiras nas ruas de diversas cidades do mundo, neste século.
( ) "Crianças desaparecidas" e Praça de Maio estão associados ao movimento argentino de busca dos filhos dos mortos pela ditadura local.

4. Carolina Maria de Jesus (1914-1977) foi catadora de papel e viveu na favela do Canindé, na capital paulista. Tornou-se escritora conhecida nacional e internacionalmente quando da publicação do livro *Quarto de despejo: diário de uma favelada*, em 1960, no qual descreveu o cotidiano injusto e duro naquela comunidade, retratando a vida real no período entre 1955 e 1959.

Depois de ler o trecho a seguir (mantido na linguagem original da autora), assinale V para as afirmações verdadeiras e F para as falsas acerca da representação que a autora faz da própria favela onde morava sob o viés da História Urbana Cultural:

15 de maio [...] – Quem nos protege é o povo e os Vicentinos. Os políticos só aprecem aqui nas épocas eleitoraes. O senhor Cantidio Sampaio quando era vereador em 1953 passava os domingos aqui na favela. Ele era tão agradável. Tomava nosso café, bebia nas nossas xicaras. Ele nos dirigia as suas frases de viludo. Brincava com nossas crianças. Deixou boas impressões por aqui e quando candidatou-se a deputado venceu. Mas na Camara dos Deputados não criou um progeto para beneficiar o favelado. Não nos visitou mais.

[...] Eu classifico São Paulo assim: O Palacio é a sala de visita. A Prefeitura é a sala de jantar e a cidade é o jardim. E a favela é o quintal onde jogam os lixos. (De Jesus, 2000, p. 32).

( ) A própria linguagem da escrita é uma percepção subjetiva do cotidiano na favela, ao se escrever um diário.
( ) Carolina Maria de Jesus revela uma ideia bem clara dos interesses dos governantes, em geral, para com os habitantes mais pobres das grandes cidades.

( ) A autora descreve a forma urbana clássica como se fosse uma casa, sendo a favela a lixeira do quintal.
( ) Carolina Maria de Jesus não logrou ler a cidade sob as próprias lentes.
( ) A época em que a autora escreveu essa obra foi marcada pelo início da virada da cidade sobre o campo, em termos populacionais, e ela não percebeu esse contexto maior.

5. Considerando o centro histórico tradicional das cidades brasileiras, assinale a alternativa que apresenta os elementos que o caracterizam:
   a) Prédios modernos destinados a empresas e escritórios, terminal de ônibus interestadual.
   b) Centro cívico, feiras ambulantes, parques.
   c) Centro comercial, *shoppings* e praça central.
   d) Prédios restaurados, prédios modernos, livrarias e cafés.
   e) Praça central, pelourinho, casarões antigos, igreja matriz.

Atividades de aprendizagem

Questão para reflexão

1. De onde vem a maioria dos produtos que você consome?
   A produção de alimentos é uma atividade identificada ao campo, onde é cultivada e plantada a maioria dos alimentos básicos, como arroz e feijão. No entanto, as novas relações entre o urbano e o rural, mais do que entre a cidade e o campo, compartilham algumas atividades, o que pode ser observado pelo termo *fazenda urbana*.

Pesquise na internet o significado e o alcance desse termo, identificando alguns exemplos. Para concluir, escreva um texto explicativo sobre essa relação entre os modos de vida urbano e rural, apresentando informações sobre as razões principais que justificam a criação de fazendas urbanas.

Atividade aplicada: prática

1. Segundo a Organização Mundial do Comércio (OMC), a insegurança alimentar (fome) no Brasil atinge também a população rural. Um dos motivos é a dificuldade de acesso aos alimentos, agravada pela concentração da propriedade de terra.

   Pesquise a respeito das formas encontradas para enfrentar tal situação, tanto por parte das políticas públicas quanto no âmbito das ações oriundas das organizações da sociedade civil, buscando entender essa contradição entre a ideia do campo como produtor de alimentos e a insegurança alimentar na população rural.

Indicações culturais

MORENO, A. C. 10 de maio de 1968: 50 anos depois, testemunha ocular relembra a 'Noite das Barricadas' em Paris. **G1**, 10 maio 2018. Disponível em: <https://g1.globo.com/educacao/noticia/10-de-maio-de-1968-50-anos-depois-testemunha-ocular-relembra-a-noite-das-barricadas-em-paris-ouca.ghtml>. Acesso em: 4 out. 2023.

A reportagem do G1 enfoca os acontecimentos da noite que desencadeou o movimento estudantil de Maio de 1968, em Paris, tendo como principal condutor um professor que participou daquele evento, há 50 anos.

CAMPANELLA, T. **A cidade do sol**. [S.l.]: [s.n.], 1602. E-book. Disponível em: <http://www.ebooksbrasil.org/adobeebook/cidadesol.pdf>. Acesso em: 4 out. 2023.

Essa obra de Tommaso Campanella é uma das mais populares do autor de cunho essencialmente idealista. Pode ser considerada uma das grandes obras da literatura mundial.

Capítulo 5
História e cidade no
Brasil

Neste capítulo, nosso foco é a história do Brasil na perspectiva da formação das cidades no território que se constituiu como colônia no processo de expansão marítima europeia sobre o continente americano. Ao longo das seções, que abrangem, portanto, desde a época da América portuguesa até o século atual, veremos que as análises sobre o espaço urbano na formação histórica brasileira foram, por um tempo, deixadas em segundo plano se comparadas aos olhares atentos sobre o dinamismo da economia colonial rural na produção agroexportadora. No entanto, a escrita da História se transforma diante de novos questionamentos, fontes e problemas, promovendo visões inovadoras sobre as cidades no Brasil.

O desenvolvimento historiográfico se deu em diálogo com outras áreas do saber, nesse caso principalmente com a história da arquitetura e da urbanização e a morfologia urbana. É sobre os deslocamentos das análises das cidades na história do Brasil e com atenção às contribuições oriundas de outros campos da produção do conhecimento que caminharemos ao longo deste capítulo; identificaremos, para tanto, variados modos de estudar a cidade na formação histórica do Brasil.

(5.1)
FORMAÇÃO DAS CIDADES NO BRASIL

Estudos de morfologia urbana se caracterizam por relacionar os processos dinâmicos (movimentos e transformações na ocupação física do território) aos aspectos estáticos (disposição das ruas, quarteirões, praças etc.) das formas das cidades ao longo do tempo. Emprestado da área da biologia, o termo *morfologia*, neste caso a urbana, considera, portanto, que a cidade é um organismo vivo.

Tatiana Dantas Marchette

Esse modelo "orgânico" de cidade, o de meramente cumprir sua função "natural" de crescer, alcançar e, se possível, manter o pleno desenvolvimento, foi identificado historicamente pelo antropólogo Claude Lévi-Strauss, que veio ao Brasil na década de 1930 para ministrar aulas na recém-criada Universidade de São Paulo (USP). O visitante teve a impressão, ao conhecer algumas cidades pelo país afora, de que o que as diferia dos organismos urbanos europeus seria sua condição de vida breve, sem garantia de amadurecimento, ficando famosa sua descrição sobre o fenômeno urbano na América:

> Para as cidades europeias, a passagem dos séculos constitui uma promoção; para as americanas, a passagem dos anos é uma decadência. Pois não são apenas construídas recentemente; são construídas para se renovarem com a mesma rapidez com que foram erguidas, quer dizer, mal. No momento em que surgem, os novos bairros nem sequer são elementos urbanos: são brilhantes demais, novos demais, alegres demais para tanto. Mais se pensaria numa feira, numa exposição internacional construída para poucos meses. Após esse prazo, a festa termina, e esses grandes bibelôs fenecem: as fachadas descascam, a chuva e a fuligem traçam seus sulcos, o estilo sai de moda, o ordenamento primitivo desaparece sob as demolições exigidas, ao lado, por outra impaciência. Não são cidades novas contrastando com cidades velhas; mas cidades com ciclo de evolução curtíssimo, comparadas com cidades de ciclo lento. Certas cidades da Europa adormecem suavemente na morte; as do Novo Mundo vivem febrilmente uma doença crônica; eternamente jovens, jamais são saudáveis, porém. (Lévi-Strauss, 1996, p. 91-92)

A dificuldade em domar a renovação urbana em solo brasileiro se aproxima da visão que o historiador paulista Sérgio Buarque de Holanda (1902-1982) elaborou, contemporaneamente ao francês Lévi-Strauss, a respeito das cidades portuguesas no Brasil colonial em seu livro *Raízes do Brasil*, de 1936. Certa displicência da metrópole quanto ao planejamento das cidades implantadas na América portuguesa foi abordada por Holanda a partir da contraposição de duas imagens metafóricas, as de "semeador" e "ladrilhador". Os portugueses teriam semeado cidades no solo da nova colônia de modo desleixado e confiantes no poder de fertilidade da natureza, ao passo que, na América espanhola, a criação de núcleos fora ordenada e planejada racionalmente, visando construir, com rigor e método, um domínio de longa duração, sem muitos riscos; de um lado, uma silhueta sinuosa e, de outro, o traço retilíneo. Tais metáforas são abrigadas no mundo das ideias, mas foram instrumentalizadas por esse historiador para explicar o atraso brasileiro testemunhado por ele, ou seja, para buscar os fatores do passado que emperravam o Brasil dos anos 1930 rumo ao progresso material e social. Com isso, as cidades coloniais seriam o modelo oposto ao das cidades urbanizadas que então ele próprio, Sérgio Buarque de Holanda, via crescerem e se desenvolverem em outros lugares.

Muitas críticas já foram tecidas para questionar essa dualidade metafórica proposta por Holanda, como a do historiador Amilcar Torrão Filho, o qual ressalta que, mesmo com todo o cuidado "racional" dado às cidades coloniais do reino hispânico, os países herdeiros desse planejamento construído com tanto labor pelos ladrilhadores não fugiram, com o processo das independências na América ao longo do século XIX, do caos político semelhante ao apresentado no Brasil somado aos baixos índices de cidadania e democracia. A teoria de Buarque de Holanda teria, portanto, "suas bases abaladas quando retornamos à comparação entre as cidades portuguesas e espanholas na América ibérica independente. Na América hispânica, as mazelas políticas e sociais são semelhantes às do Brasil e suas formas retas não foram capazes de dar uma base mais sólida à sociedade" (Torrão Filho, 2003b, p. 128).

Contudo, entre os grandes méritos de *Raízes do Brasil*, além de ser uma das primeiras interpretações a respeito das cidades coloniais no Novo Mundo, está no fato de que seu autor, Sérgio Buarque de Holanda, foi um dos principais responsáveis por trazer à cena da historiografia nacional o tema da cidade muito antes da constituição da linha de pesquisa de História Urbana, ou História Cultural Urbana.

Estudos de morfologia urbana consideram esse historiador e o sociólogo pernambucano Gilberto Freyre (1900-1987), seu contemporâneo, analistas pioneiros nos estudos das formas urbanas no país. Ambos procuraram responder, cada um à sua maneira, a importância das cidades na construção da sociedade brasileira, observando as ressonâncias desse passado no tempo em que viviam. Se Holanda identificou no antecedente rural e no desleixo para com as cidades coloniais os principais entraves a serem superados para abandonar, de forma definitiva, as raízes subalternas do Brasil da década de 1930, Freyre via a cidade em oposição ao cenário principal de todo o processo de colonização do Brasil, que era o complexo rural da casa-grande e engenho. A produção desses dois intelectuais brasileiros colocou a cidade no centro da interpretação da história nacional naquela primeira metade do século XX, tornando-se alvo de estudos de diferentes áreas da produção do conhecimento, como a mencionada morfologia urbana. Esta, todavia, possibilita unir aspectos geográficos e históricos na abordagem da constituição de uma cidade, indo além dos aspectos formais das estruturas administrativo-governamentais.

> As imagens de "abandono" e "desleixo", cunhadas por Sérgio Buarque de Holanda em *Raízes do Brasil* (1936, 1948), motivaram gerações de pesquisadores a investigar a morfologia desses núcleos, buscando padrões de

regularidade e ortogonalidade. Se muita atenção foi dada aos aspectos planimétricos, pouca ou nenhuma foi dada aos aspectos volumétricos e à materialidade enquanto fonte histórica. (Bueno et al., 2018, p. 4)

Sendo o estudo das formas, estruturas e transformações das cidades a partir das variadas funções resultantes das interações entre seus habitantes, a morfologia urbana, aplicada tradicionalmente nas áreas de geografia e de arquitetura e urbanismo, considera a cidade um organismo vivo, levando em conta seus elementos estáticos e móveis. No entanto, por ser um campo interdisciplinar, a morfologia urbana faz vizinhança com a história da cidade, uma vez que "dá margem ao exame da conformação urbana, desde a sua gênese até as transformações mais recentes, identificando e dissecando os seus componentes edificados, os processos e os atores envolvidos neles" (Rego; Meneguetti, 2011, p. 124). Elementos construídos, processos e atores conformam uma cidade ao longo do tempo. Eis um caminho proposto pela morfologia urbana e que pode ser aplicado pela historiografia nacional com o objetivo de explicar a formação das cidades no Brasil. A "dissecação" desses três aspectos pode ser identificado, por exemplo, na metodologia elaborada pela historiadora Sandra Jatahy Pesavento, que tomou o objeto cidade como um palimpsesto, um pergaminho raspado para ser reutilizado quantas vezes fosse possível.

Na Idade Média, a prática do palimpsesto permitia dar continuidade aos trabalhos dos monges copistas, com a reutilização do suporte da escrita. Por outro lado, há que se especular a respeito da necessidade de, para tanto, serem estabelecidos critérios para decidir o que poderia ser raspado, ou não, ou quando; ainda, cabe atentar para o fato da presença de vestígios do conteúdo raspado, acumulando-se camadas de intervenções e restos de informações. Tal metáfora pode ser bem adequada tanto para a arquitetura urbana quanto para a

História, pois ambos os campos do conhecimento promovem uma leitura das cidades em suas intervenções, demolições, construções, restauros etc. No caso da História, essa leitura vai além dos mapas, projetos e planos urbanísticos e investiga, também, as camadas sobrepostas de significados produzidos na e sobre a cidade no entrecruzamento de materialidade (edifícios e outras construções, com suas funções, formas e significados) e apropriação do território (transformado socialmente).

Na metodologia proposta por Pesavento (2004, p. 26), a imagem do pergaminho significa, assim,

> uma chave para os olhos do historiador, quando se volta para o passado. Há uma escrita que se oculta sobre outra, mas que deixa traços; há um tempo que se escoou, mas que deixou vestígios que podem ser recuperados. Há uma superposição de camadas de experiência de vida que incitam ao trabalho de um desfolhamento, de uma espécie de arqueologia do olhar, para a obtenção daquilo que se encontra oculto, mas que deixou pegadas, talvez imperceptíveis, que é preciso descobrir.

Materialidade e imaterialidade se complementam nessa leitura da cidade e, segundo essa historiadora, a imagem do palimpsesto vai desdobrando a cidade em outros elementos, a saber: a) como fonte, por ser a matriz de toda a informação acumulada; b) como objeto de hermenêutica, uma vez que a cidade precisa ser decifrada; c) com uma história que contém outra história, que contém outra...; d) como tecido tramado por várias mãos (Pesavento, 2004). Portanto, sugere-se ver a cidade para além de sua forma urbana, se difusa ou racional, se semeada ou ladrilhada. Para isso, fontes de pesquisa diversas, como veremos no último capítulo, precisam ser mobilizadas.

Antes disso, temos que, após Sérgio Buarque de Holanda e Gilberto Freyre, entre as décadas de 1950 e 1980 a cidade colonial foi objeto, preferencialmente, de arquitetos e geógrafos brasileiros e mesmo estrangeiros. O arquiteto Paulo Ferreira Santos, em seu livro *Formação de cidades no Brasil colonial*, de 1968, relativizou o legado de Sérgio Buarque de Holanda sobre o tema, afirmando que a desordem das cidades no Brasil colonial era apenas aparente, sobretudo quando o foco recaía no estudo daquelas criadas na região de Minas Gerais, pois a ideia era, sim, a de se aproximar o mais possível de um traçado regular, abandonando-o, quando era o caso, com base em justificativas pragmáticas e funcionais, ou seja, com método e critérios. Por sua vez, o arquiteto urbanista Nestor Goulart Reis Filho, no clássico *Contribuição ao estudo da evolução urbana do Brasil (1500/1720)*, também lançado em 1968, demonstra a existência de um conjunto de preocupações para conferir certa regularidade às cidades coloniais da América portuguesa, apontando a presença dos engenheiros militares como um fator comprobatório de tal asserção. Outros pesquisadores das características morfológicas da cidade no Brasil colonial reforçam a defesa da existência de planejamento, mencionando a presença de profissionais voltados à implantação dos núcleos urbanos no Novo Mundo.

A historiadora norte-americana Roberta Marx Delson destaca, no final dos anos 1970, com relação à fundação da primeira capital do Brasil, a cidade de Salvador, a existência de um plano prévio e a vinda de um arquiteto da corte portuguesa especialmente para essa empresa. Seu livro *Novas vilas para o Brasil-Colônia: panejamento espacial e social no século XVIII*, de 1979, chamou a atenção por ter definido como "suposição infundada" (Delson, 1997, p. 1) a imagem feita por Sérgio Buarque de Holanda sobre a cidade colonial (como resultante de uma semeadura aleatória). Até então, as críticas a essa visão clássica da história colonial urbana do Brasil não tinham sido tão contundentes.

No âmbito da historiografia brasileira, as pesquisas sobre a formação das cidades no Brasil colonial avançaram no bojo da renovação dos estudos históricos quanto ao uso de fontes diversas, sendo capazes de traçar um quadro renovado sobre o tema. Foi citado anteriormente, de passagem, o nome de Amilcar Torrão Filho, cujo trabalho questiona a visão de Buarque de Holanda em sua sustentação comparativa entre as cidades coloniais portuguesas e hispânicas quando se avança um pouco o olhar e se observa o cenário político do período das independências. A historiadora Maria Fernanda Bicalho é uma das principais responsáveis pela renovação dos estudos de história urbana colonial do Brasil. Sua produção insere as cidades da América portuguesa numa escala geopolítica, demonstrando uma rede urbana interconectada pelo comércio entre as colônias nos dois lados do Atlântico e a metrópole.

Assim, no âmbito da História Colonial, as cidades de nosso passado são peças fundamentais da engrenagem de um império ultramarino. Para essa pesquisadora, não se pode generalizar a respeito desse objeto, a cidade colonial, mas perceber as realidades específicas, justamente pelo fato de os núcleos urbanos não poderem ser interpretados como os sustentáculos do mundo rural da elite patriarcal da colônia. Para tanto, Bicalho lança mão de documentos até então praticamente inéditos, como a correspondência entre as autoridades coloniais e metropolitanas no que tange à administração das cidades. Seu objeto é a cidade do Rio de Janeiro do final do século XVIII, quando se tornou a mais importante da América portuguesa.

Bicalho (1998 citada por Torrão Filho, 2003a, p. 57) afirma que, no caso brasileiro, "o empenho urbanizador da Coroa através da criação de cidades 'reais', marítimas e fortificadas, consistiu num dos elementos fundamentais não apenas da posse e defesa do território, mas sobretudo do processo de colonização". Para essa autora, a cidade colonial era "palco físico e simbólico das estruturas do poder político e econômico do Estado português, espaço de sua plena visibilidade e ao mesmo tempo lugar no qual nada deveria escapar à sua ação e controle" (Bicalho, 1998 citada por Torrão Filho, 2003a, p. 57).

Como parte integrante do Estado e do Império portugueses, o Brasil colonial é um instrumento para se analisar a constituição de nossa identidade na condição não apenas de *urbs* ou rede orgânica de aglomeração de atividades, construções e população, mas também de *civitas*, ou reunião de cidadãos, como conclui Torrão Filho (2003a) ao fazer uma revisão a respeito das imagens construídas sobre a cidade colonial na América portuguesa. Na próxima seção, examinaremos mais de perto esse período histórico, abordando a cidade colonial como unidade espacial e temporal.

(5.2)
A cidade no Brasil colonial: poderio militar e político

Para Raminelli (2000), a escrita da história do Brasil colonial interpretou que as funções urbanas se limitavam à esfera administrativa, servindo como locais de distribuição das mercadorias a serem exportadas, às atividades religiosas do calendário católico da elite senhorial, como a procissão de *Corpus Christi* e as festas juninas, e à função de moradia para o corpo de funcionários da Coroa, bem como para mercadores e profissionais de ofícios mecânicos.

Portanto, a cidade no Brasil colonial se caracterizaria em grande parte pela improdutividade, pelo marasmo, pelo desleixo de suas formas, tudo em contraste com os domínios rurais, nos quais a escravidão da mão de obra dos africanos era intensa, o dínamo econômico e social. Após novas pesquisas, em decorrência das mudanças de paradigmas do próprio campo da História e de uma renovada historiografia desde a década de 1980, começou ser possível demonstrar as nuances entre esses dois mundos coloniais, o rural e o urbano, buscando-se "atenuar essa deficiência das cidades coloniais portuguesas, pois encontram, entre outros fatos, evidências da presença de engenheiros militares interferindo ativamente na edificação das cidades" (Raminelli, 2000, p. 119).

Estudos das formas urbanas propostos por arquitetos urbanistas, como Nestor Goulart Reis Filho e sua linhagem de história da urbanização, já na década de 1960 indicaram a presença de engenheiros militares como prova da preocupação por parte do Estado português quanto aos traçados das cidades em território colonial, ou seja, essa questão não era algo desprezado ou fora de propósito. A historiografia brasileira, mais ou menos vinte anos depois desses estudos sobre as características morfológicas do urbanismo colonial, como o de Reis Filho (1968), atestou documentalmente o papel dos engenheiros militares na urbanização colonial, principalmente desde o século XVII e, essencialmente, na centúria seguinte, para a defesa da cidade do Rio de Janeiro, então convertida no centro da América portuguesa e da parte meridional de todo o Império luso. Todavia, a História tornou mais complexa a observação dessa morfologia urbana colonial, problematizando o papel das cidades na consolidação do processo colonizador do Império luso, ampliando as funções por elas desempenhadas no seu espaço e em relação a uma escala maior.

Maria Fernanda Bicalho foi uma das pesquisadoras que manejaram, entre outras fontes primárias, documentos da formação dos engenheiros militares para compreender suas funções, atribuições e poder e a relação da defesa do território com a manutenção do domínio luso no mundo colonial ultramarino. Assim, defesa do território, consolidação do Império português e urbanização entrelaçaram-se no planejamento das cidades coloniais a partir do Seiscentos. Para Bicalho (2003), essa conjunção de fatores comprova o "empenho urbanizador da Coroa".

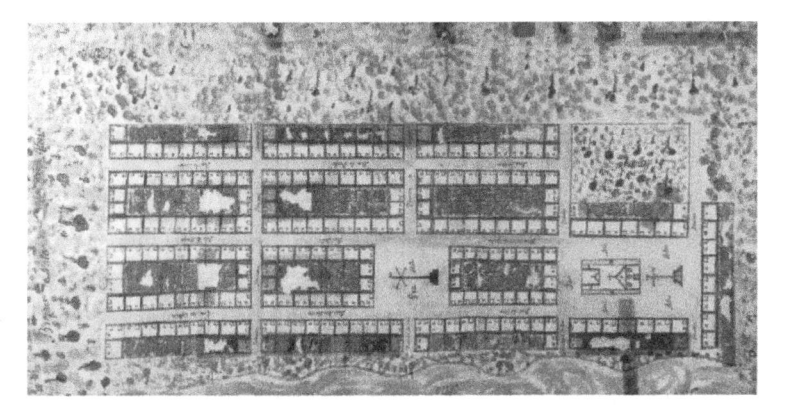

Figura 5.1 – Vila Viçosa, na Bahia, no Período Pombalino (1750-1777)

A imagem revela um traço geométrico para reorganizar o território antes ocupado por etnias indígenas; destacam-se tanto o pelourinho (poder administrativo real) quanto a igreja (poder religioso). A imagem faz parte do estudo de Nestor Goulart Reis Filho (1968).

Os engenheiros militares eram funcionários do Estado português dedicados ao planejamento urbano e, para tal, eram formados nas academias militares do reino. À medida que esse Estado passou a ter seu domínio na América ameaçado pelas invasões de nações estrangeiras, esses funcionários foram sendo alçados a um plano prioritário de defesa, por meio da liderança na construção de fortificações e arruamentos e no planejamento urbano. Raminelli (2000) lembra que as pesquisas desenvolvidas desde os anos 1980 e 1990 no campo da História revelaram que esse "empenho urbanizador da Coroa" não se limitou ao coração do Império, composto pelas cidades de Salvador e do Rio de Janeiro, mas adentrou até mesmo o sertão, o interior do território colonial, como no caso das fronteiras da Amazônia:

> durante o século XVIII, a Coroa incentivou a fundação de povoamentos para fixar as comunidades indígenas em áreas de litígio com o império espanhol. Nessas paragens distantes do litoral, os engenheiros fixavam vilas para legitimar a posse lusitana em espaços que se encontravam vazios e se tornavam alvo de disputas territoriais. (Raminelli, 2000, p. 119)

Antes de prosseguir na análise dessa complexidade urbana da cidade colonial, convém voltar uma vez mais a Sérgio Buarque de Holanda para contextualizá-lo no desenvolvimento da escrita da história brasileira da segunda metade do século XX e mencionar um dos maiores empreendimentos editoriais do país por ele organizado, a coleção *História Geral da Civilização Brasileira*. Publicada no ano de 1960, a edição atualizada (2010) conta com 11 volumes em três tomos, abarcando a História do Brasil no período de 1500 a 1964. No tomo I (*A época colonial*), volume 1 (*Do descobrimento à expansão territorial*), capítulo III, livro terceiro ("O advento do homem branco"), de autoria do próprio organizador, quando este se refere à fundação da cidade de Salvador pelo governador-geral Tomé de Souza, em 1549, observa o "empenho urbanístico" lá expresso pela Coroa. Vale a transcrição do trecho do texto de Buarque de Holanda:

> Expresso em diplomas oficiais, o empenho urbanístico é manifesto, além disso, na própria especialização de muitos dos artífices chegados com o governador-geral. Escolhido o sítio para a fundação, que não podia ser o da chamada "vila do Pereira", por assim se ter decidido já em Almeirim, mal se passaram quatro semanas depois do desembarque e principiaram esses homens, com o mês de maio, os trabalhos do estabelecimento

definitivo. Grande parte dos trabalhos ficara sob a direção do "mestre de pedraria", Luís Dias, que nunca se afeiçoará à rudeza da terra, e mais a um mestre de obras, sem falar no mestre de fazer cal. O elenco dos operários trazidos é, por si só, significativo da grande preocupação que presidira a criação do governo-geral. Além de grande número de pedreiros, abrange ele serradores, tanoeiros, serralheiros, caldeireiros, cavouqueiros, carvoeiros, oleiros, carreiros, pescadores, construtores de bergantins, canoeiros... Havia ainda um "físico-cirurgião", um barbeiro, que, segundo uso da época, serviria igualmente como sangrador, e até mesmo um encanador. (Ab'Saber et al., 2007, p. 130)

Nesse mesmo texto, Sérgio Buarque de Holanda cita uma frase de autoria daquele que é considerado o pai da historiografia brasileira, o baiano Frei Vicente do Salvador (1564-ca.1636-1639), autor de *História do Brasil*, de 1627, mas publicado pela primeira vez somente em 1888 nos Anais da Biblioteca Nacional e que narra, ao longo de cinco livros, os acontecimentos nacionais desde 1500. O trecho "como coração no meio do corpo, donde todas se socorressem e fossem governadas" (Salvador, 2010, p. 177) é significativo por interpretar, já no começo do século XVII, uma preocupação com a organização da América portuguesa de forma mais centralizada, entendendo-se a fundação da primeira capital do Brasil colonial (Salvador) como o "coração" de um sistema administrativo composto de capitanias hereditárias e, a partir de então, sob o comando sobreposto de um governo-geral, com o intuito de consolidar a posse lusa dos territórios do Novo Mundo.

Desse temor o próprio Frei Vicente foi testemunha três anos antes de encerrar seu livro, por ocasião da invasão da Bahia pelos holandeses, quando, "no dia 28 de maio de 1624, indo do Rio de Janeiro até a Bahia, teve o navio no qual viajava aprisionado pelos holandeses que haviam invadido Salvador desde maio daquele ano, permanecendo preso no navio holandês por meses [...]" (Souza, 2016, p. 20). Por conta da União Ibérica, que uniu as coroas portuguesa e espanhola entre 1580 e 1640, a Holanda decidiu atacar a Espanha via Portugal, definindo o "coração" da América portuguesa, a cidade de Salvador, como o alvo, abrindo caminho para a invasão holandesa no Nordeste após 1630.

Após quase três décadas do *Raízes do Brasil*, esse texto de Buarque de Holanda pode servir como referência para as pesquisas históricas posteriores, elaboradas a partir dos anos 1980, em defesa do objeto cidade colonial interpretado como unidade temporal e espacial estratégica da consolidação do próprio processo colonizador.

Antes dessa renovação da História Urbana no Brasil, em meados da década de 1960, outro campo da produção do conhecimento, o da história da arquitetura e das formas urbanas, na pessoa de Nestor Goulart Reis Filho, utilizou-se do conceito de urbanização para explicar a formação das cidades no Brasil, entre 1500 e 1720, propondo os seguintes marcos: a) papel fundamental dos capitães-donatários; b) papel fundamental do governo-geral; c) papel dos engenheiros militares. Desse modo, esse autor oferece uma perspectiva de que o caráter urbano da colonização do Novo Mundo precedeu seu caráter rural. Em retrospectiva, esse estudo corrobora a revisão da idealização da suposta desorganização das primeiras cidades fundadas em solo brasileiro, quando da colonização. Vejamos o porquê.

O primeiro marco proposto por Reis Filho corresponde à instalação do sistema de capitanias hereditárias, vigente entre 1534 e 1759, o qual consistiu "na concessão real de largos domínios, proventos e privilégios a particulares, incluindo atributos de soberania, como o **direito de fundar povoações**, nomear funcionários, cobrar impostos e administrar justiça" (Gouvêa, 2000, p. 92, grifo nosso). Para que isso se efetivasse, eram emitidos a carta de doação, documento régio que regulava as condições da concessão, e o foral, que "estipulava precisamente todos os direitos e deveres dos colonos, tanto em relação ao capitão-donatário quanto à Coroa" (Gouvêa, 2000, p. 93). Os largos domínios das capitanias hereditárias deveriam ser divididos em sesmarias distribuídas aos colonos, os quais poderiam, por sua vez, subdividi-las com outros. Fundar uma povoação significava iniciar uma vila como parte de uma política urbanizadora de linha auxiliar, do ponto de vista de Reis Filho (1968), como uma forma de "benemerência" dos particulares ao poderio da Coroa. Ao longo da consolidação do domínio metropolitano sobre o território colonial, os núcleos urbanos passaram a ser cada vez mais alvo de controle institucional, principalmente a partir do governo-geral (segundo marco estabelecido por Reis Filho), surgindo a distinção entre as vilas dos donatários e as cidades reais.

Os povoados eram erguidos à condição de vilas dos donatários ou cidades reais mediante a ereção de uma capela e a visita de um padre ou cura, sendo a Igreja Católica presença marcante e central nas paisagens urbanas, unindo Estado e Igreja. As vilas e cidades estão na origem do poder municipal no Brasil e, além da Igreja, outra instituição as legitimava como tais: a câmara de vereadores, em frente à qual se erguia o pelourinho, símbolo da presença da metrópole no território. Esse órgão municipal é um objeto dos mais importantes para a compreensão da estrutura do Império Ultramarino português em seu todo; quanto à América portuguesa em particular, um dos primeiros historiadores brasileiros a chamar a atenção para o tema foi Caio Prado Júnior (1907-1990). No livro *Formação do Brasil contemporâneo*, de 1942, defendeu as câmaras municipais como espaço de poder não apenas da elite, mas da população em geral das cidades. Entre as variadas atribuições municipais, os vereadores eram responsáveis "pela fiscalização das condições de vida urbana, incluindo o abastecimento de gêneros, a salubridade e higiene das vilas" (Gouvêa, 2000, p. 89).

Diversos da visão de Sérgio Buarque de Holanda a respeito das diferenças fundamentais entre as cidades coloniais hispânicas e portuguesas quanto aos cuidados com o planejamento urbano, estudos recentes comprovam uma proximidade entre as duas Coroas no que tange às fundações das cidades: o erguimento do pelourinho e da igreja, o traçado da cidade e a delimitação do município, sendo que nos núcleos urbanos instalados por determinação direta do rei, as cidades reais, havia um empenho mais profícuo nos atos de fundação, tentando-se abarcar todos os aspectos do processo. Por outro lado, com base nisso, supõe-se que não procede a ideia dominante de que "em terras de domínio lusitano o estabelecimento de povoações era feito de modo caótico" (Pereira, 2000, p. 21).

A respeito do terceiro marco proposto por Reis Filho, o papel dos engenheiros militares, vimos que este se sobressaiu no século XVIII, o que coincide com a importância da América portuguesa na estrutura do Império lusitano por conta da economia aurífera que prosperava naquele período, bem como da necessidade de maior fortalecimento das fronteiras do território colonial, principalmente na região sul, em disputa acirrada com a Coroa hispano-americana. A arte de fortificar se tornou essencial no governo do Marquês de Pombal (1699-1782), ministro do reinado de Dom José I, entre 1750 e 1777, e executor de uma significativa reorganização do Estado português quando, mais uma vez, as cidades atuaram como elementos essenciais da manutenção dessa grande estrutura, sendo a arquitetura utilizada como instrumento para a solidez do território colonial. Nesse processo defensivo, as estratégias não se voltaram, entretanto, apenas para o objetivo de combater os inimigos externos, mas também para um controle interno mais rígido. Essa última faceta se acentua quando se observam estudos que revelam, para esse período da primeira metade do Setecentos, o crescimento demográfico no Brasil colonial, com ênfase para a população negra, em especial no Rio de Janeiro, pairando um temor contínuo, por parte da elite, de possíveis rebeliões escravas.

Uma corporação militar dedicada à arquitetura de defesa foi, então, mobilizada já no final do século XVII, constituindo-se como

> meio de garantir a posse das terras, e [...] a construção do território ultramarino, [e] nos permite ver como a fortificação foi um dos pontos importantes da formação urbana no Reino e na América. Por este motivo, inúmeros técnicos, engenheiros-militares foram enviados pela Coroa com o intuito de esquadrinhar o espaço urbano, principiando esse processo na confecção de mapas e plantas de fortificação. Para a posse e controle do espaço, a defesa é representada nos desenhos das plantas de fortificação. (Simpósio Nacional de História, 2015, p. 10-11)

Rebeliões urbanas faziam parte do dia a dia das cidades coloniais, sendo as respectivas câmaras municipais um dos principais alvos, quando se tratava de combater a alta de impostos, o que reforça a afirmação de Caio Prado Júnior sobre a interação entre essa entidade política e a população das vilas e cidades. A Revolta da Cachaça (novembro de 1660 a abril de 1661), na cidade do Rio de Janeiro, foi um dos primeiros movimentos

> de contestação nas colônias portuguesas, em que os funcionários nomeados pelo rei são substituídos por representantes dos moradores e administram uma cidade ao longo de seis meses. O evento merece ainda mais

a atenção, quando se tem em conta que o Rio de Janeiro representava, então, um dos principais polos econômicos de todo o Império colonial português. (Figueiredo, 2000, p. 5).

Tendo como centro do protesto justamente um aumento de imposto destinado para suprir gastos com as atividades de defesa da cidade, atingindo os fabricantes de aguardente em troca de se liberar a fabricação deste produto, a tomada da Câmara Municipal por meio de novas eleições, com a escolha de representantes do povo, teve significado político e simbólico, apesar de ter sido derrotada pelas forças governamentais, com o líder da revolta enforcado e sua cabeça exposta no pelourinho. Foi, portanto, justamente o poderio militar centrado no Rio de Janeiro que retomou a cidade dos rebeldes.

> A Revolta da Cachaça foi a primeira, mas não seria a última: em muitas outras ocasiões colonos exasperados e ressentidos usariam a rebelião como instrumento de pressão para sustentar reivindicações, atacar abusos de autoridades locais, reagir contra a rigidez administrativa de Lisboa ou exprimir descontentamento político. A América portuguesa concentrou uma série de protestos, espalhados por todo o seu território, que no limite apresentavam sério risco para a estabilidade do Império no Atlântico [...]. (Schwarcz; Starling, 2015, p. 133)

A frequência cada vez mais veemente de rebeliões urbanas de todos os tipos, desde motins a rápidos tumultos, demonstra a centralidade do caráter político desses movimentos. Veremos adiante, nas próximas seções, que esse perfil permanecerá imprimindo sentido a revoltas nos espaços urbanos de toda espécie ao longo da história colonial, imperial e republicana, mesmo naquelas do século XXI, cuja bandeira seria, de modo paradoxal, a negação da política.

(5.3)
A CIDADE NO BRASIL IMPERIAL

A partir de 1720, os governadores-gerais do Brasil passaram a receber o título de vice-reis, dado o peso que a América portuguesa desempenhava no conjunto do Império luso. Por outro lado, essa mudança de nomenclatura não significou mudanças administrativas, em mesmo das normas que regiam o governo-geral. A nova titulação, porém, não foi algo isolado ou meramente ilustrativo, pois estava integrada num processo longo e mais amplo de expansão da economia aurífera no interior do território colonial e do acirramento das disputas de domínios territoriais na fronteira sul com a Coroa hispânica.

Nesse novo desenho imperial, em 1763, a cidade do Rio de Janeiro foi alçada à condição de sede do vice-reinado do Estado do Brasil, com isso consolidando dois importantes núcleos no território colonial, Salvador e, agora, Rio de Janeiro. Na escala imperial lusa, a inegável importância econômica crescente que essa cidade adquiriu ao longo do Seiscentos e do Setecentos – por abrigar um porto estratégico no comércio triangular, de ouro e africanos escravizados, entre os dois lados do Atlântico (África/Brasil/Portugal) – tem sido relativizada em pesquisas atuais, as quais não afirmam esse fator como decisivo para a transferência da capital de Salvador para o Sudeste. Isso, porque não há documentos sobreviventes que expliquem em detalhes e justificativas a mudança de capital, apenas a nomeação do vice-rei com a condição de se estabelecer no Rio de Janeiro, falando-se em "forças conjunturais" de modo vago (Silva, 2012).

O que significa ser a capital? Maria Fernanda Bicalho, uma das pioneiras dos novos estudos sobre a América portuguesa e quem nos alertou a respeito da existência concreta de uma preocupação da

Coroa lusa quanto a certo planejamento urbano, vê questionada a "capitalidade" do Rio de Janeiro, em decorrência de novos manuseios e interpretações documentais, bem como de outras perguntas feitas ao passado. Em uma dessas pesquisas recentes, a de Daniel Afonso da Silva (2012), partindo da análise do livro *A cidade e o Império* (Bicalho, 2003), o autor defende que se faz necessária uma calibração no uso das fontes para concluir esse destino manifesto da nova capital do Estado do Brasil, sugerindo, para isso, nuances na análise.

A noção de capitalidade de que essa historiadora brasileira lança mão, segundo Silva (2012), precisa ser relativizada, uma vez que, se, de fato, a cidade do Rio de Janeiro se tornou capital do Brasil em 1763, não se percebia até então, nos documentos oficiais contemporâneos, a vontade clara de tornar esta última cidade a sede do poder colonial, mesmo sendo um lugar central, em todos os aspectos, nesse território imperial; ou seja, "ser centro não é certeza de ser capital" (Silva, 2012, p. 133). Se a historiografia atual sobre o período colonial assegura a centralidade da cidade do Rio de Janeiro, identificar as razões que a tornaram capital é outro passo. Essa historiografia recente teria encontrado alguma resposta para essa transferência de capital?

A data final do vice-reinado, em 1808, que é o ano do translado da Corte para o Brasil, dá conta mais adequadamente da capitalidade e centralidade que a cidade do Rio de Janeiro conquistaria com a metropolização da colônia. Naquele contexto, a cidade do Rio de Janeiro, em termos de urbanização, não estava preparada para receber a família real, faltando-lhe o brilho real de uma verdadeira capital, como o foram Lisboa e Madri quando da União Ibérica (1580-1640). Com pouco tempo, o vice-rei, Conde dos Arcos, viu-se com a missão de transformar a capital de uma colônia em capital de um império.

A tarefa não era pequena. No começo do século XIX, o Rio não passava de cidade bisonha [...]. O ponto central ficava nas proximidades do Morro do Castelo, que servira de praça de defesa durante a formação da cidade, e fora a partir de lá que o núcleo urbano inicial se espalhara lentamente [...]. As ruas eram de terra batida, desniveladas, esburacadas, cheias de poças, detritos, brejos e mangues, uma vez que boa parte do movimento de expansão se dera no sentido de domar as águas que insistiam em invadir o espaço urbano.

[...] o Rio de Janeiro deixava a desejar como capital de colônia. Uma monarquia também se apresenta por seus palácios e monumentos [...]. (Schwarcz; Starling, 2015, p. 176)

O único edifício digno de ser sede e capital de império era o da Ordem Terceira do Carmo, que já havia se tornado o Paço dos Governadores e, depois, o Paço dos Vice-Reis, sendo, então, desocupado e reformado, a fim de se tornar o Paço Imperial e

acomodar o príncipe regente e família. A Casa da Câmara e da Cadeia também foi esvaziada e reformada: retiraram-se as grades e abriram-se portões para a entrada de carruagens. Construiu-se um passadiço que ligava o Paço à Casa da Câmara e da Cadeia, para que a família real não sujasse os pés nas ruas lodosas. Foi decretada a Lei das Aposentadorias, intimando os proprietários dos melhores prédios nas imediações do palácio a deixá-los livres para dar abrigo aos fidalgos, militares, negociantes e funcionários que desembarcavam com a corte de d. João. As moradias escolhidas eram desocupadas por meio de processo sumário: na fachada do prédio escreviam-se a giz as letras PR, cujo sentido oficial era "príncipe real". No entanto, na língua do povo, as duas letras adquiriram o significado de "ponha-se na rua" ou mesmo "prédio roubado". (Schwarcz; Starling, 2015, p. 176)

Com a Independência, em 1822, e a instalação de um regime monárquico constitucional representativo, o Brasil manteve sua capital na cidade do Rio de Janeiro, a qual era então a que tinha um maior número relativo da população de cor negra e que abrigava, na região portuária, por onde chegaram milhares de africanos escravizados, a chamada "Pequena África".

O alvará régio de Abertura dos Portos às Nações Amigas, um dos primeiros atos do príncipe regente em solo brasileiro, que encerraria o Pacto Colonial e tornaria livre o comércio com o Brasil, na verdade promoveu um aumento do tráfico de africanos a números volumosos e fez circular uma visão elitista da necessidade de um processo de branqueamento da população brasileira. Segundo a elite, pairava no ar, de forma intermitente, o temor de que acontecesse uma rebelião escrava, como havia ocorrido no Haiti entre 1791 e 1804, algo, portanto, bem presente na memória dos escravagistas. Era necessário um controle social constante, para que esse sistema exploratório fosse mantido em funcionamento, sem contestações.

Um dos instrumentos de controle utilizado ao longo do século XIX será o higienismo social. Na segunda metade do Oitocentos, o cotidiano das cidades brasileiras foi constantemente abalado por epidemias. No Rio de Janeiro, em 1855, um surto de cólera-morbo atingiu, principalmente, a população escrava, os pobres da cidade e os africanos livres, assim como havia acontecido poucos anos antes com a chegada da febre amarela. Um dos meios de combate foi a ordenação do espaço urbano. Para tanto, e a fim de construir um projeto para combater esses eventos de saúde pública, os principais agentes foram não apenas os cientistas, mas também médicos e engenheiros. Logo, as intervenções não se restringiriam à medicina, sendo realizadas, também, intervenções sociais num ambiente em que ainda se ignoravam os agentes transmissores da doença. Oriunda da Ásia, a cólera-morbo passou a circular com mais velocidade desde a intensificação do comércio marítimo, atingindo o continente europeu no começo do século XIX, quando se disseminaram a doença e o horror diante de seus efeitos e poder mortal. No Brasil, tornou-se um

> mal real em virtude do cenário existente nas principais cidades brasileiras onde os baixos índices de salubridade e higiene, a topografia e o "regime das populações" proporcionariam, segundo as autoridades médicas, condições ideais para a disseminação de epidemias das quais, até meados do século XIX, acreditava-se o país estar livre. (Santos, 2016, p. 344)

O saneamento urbano será uma das respostas ao cenário epidêmico de meados do século XIX, porém, em decorrência da falta de um conhecimento preciso da causa da transmissão da doença, o espectro de ação abrangeu não apenas a salubridade da cidade, mas também a topografia urbana e os padrões de moradia, os hábitos socioculturais e as questões vinculadas às raças. Nesse quadro histórico, a reforma urbana recaiu sobre a capital do Império e, no final daquele século, já sob o signo da República, no higienismo social convergiram forças das esferas municipal e federal: a remoção de moradias consideradas insalubres das áreas centrais da cidade foi realizada por parte do poder municipal; a remodelação urbana da área portuária ficou sob a responsabilidade do governo federal. De um lado, o objetivo era facilitar e modernizar o escoamento da economia e do movimento migratório da Europa para o Brasil, via porto fluminense, e, de outro, tornar o centro da cidade do Rio de Janeiro um local modelar a ser seguido pela população em geral, daí a necessidade de remodelá-lo, "civilizando" a população por meio do contato com o modelo ideal de vida estabelecido no centro da cidade com seus equipamentos urbanos, como teatro, escolas e cafés.

Nesse sentido, uma das ações paradigmáticas foi a derrubada de uma das mais populosas habitações populares da capital fluminense, o Cabeça de Porco, em 1893. Além de exemplar nesse propósito da municipalidade em transformar a região central em local privilegiado de civilização, essa demolição representa, ainda, um marco da questão habitacional não apenas da cidade do Rio de Janeiro, mas do país. Antes da demolição, em janeiro daquele ano, a Inspetoria Geral de Higiene havia interditado uma parte desse complexo habitacional, então formado por um corredor central e duas compridas alas, em que se abrigavam, aproximadamente, entre 1 mil e 4 mil habitantes e cuja entrada era por um portal dotado de uma cabeça de porco de ferro. A ação foi feita sem ter sido reservado outro local para a população desalojada, o que passou a ser recorrente na história dos centros urbanos brasileiros.

Subsequentes, em grande parte, ao aumento da população imigrante livre e dos escravos libertos e alforriados com o fim do tráfico de africanos e da abolição da mão de obra escravizada, as habitações coletivas populares no centro da capital do Brasil imperial, desde meados do século XIX, cresceram e passaram a ser foco não de melhorias por parte dos proprietários que as alugavam, tampouco do poder público, mas de sua retirada desse espaço, decidindo-se colocá-las abaixo e proibir novas construções. Essa era a visão do higienismo social: enfrentar as questões de higiene pública para caminhar em direção do que se compreendia como modelo de civilização.

> Mas, insistir na importância de conceitos como "civilização", "ordem" e "progresso" e outros afins – os correlatos como "limpeza" e "beleza", e os invertidos tais como "tempos coloniais", "desordem", "imundície" etc. – não nos leva muito além da transparência dos discursos, da observação

da forma como eles se estruturam e daquilo que eles procuram afirmar na sua própria literalidade, e através da repetição *ad nauseam*. O que se declara, literalmente, é o desejo de fazer a civilização europeia nos trópicos; o que se procura, na prática, é fazer política deslegitimando o lugar da política na história. (Chaloub, 2018, p. 35)

Para que os trópicos fossem civilizados, havia à disposição uma nova ciência que permitia organizar as cidades, o urbanismo. Um dos personagens históricos mais relevantes nesse aspecto foi o engenheiro sanitarista Francisco Saturnino Rodrigues de Brito (1864-1929), responsável pelos melhoramentos de diversas cidades, como Vitória, Santos, Recife, Pelotas e outras dezenas delas, aliando o saneamento à expansão urbana e preconizando a necessidade de um plano urbanístico (então denominado de *plano de melhoramentos e embelezamento*) para cada uma, o qual comportasse o crescimento adequado da infraestrutura. Para tanto, suas referências eram as reformas urbanas realizadas nas cidades europeias, principalmente na capital francesa.

> Brito relatou que, desde 1896, ao elaborar os projetos de saneamento para as cidades brasileiras – como Vitória, Petrópolis, Paraíba do Sul, Itaocara, Campos, Paraíba do Norte, Santos e Recife - já adotava os princípios dos planos utilizados no continente europeu, na tentativa de fazer um trabalho mais ou menos completo. Isso era uma iniciativa pessoal, uma vez que, no Brasil, não havia uma lei que regulamentasse o espaço urbano. Em 1916, para a implantação do plano em Santos, Brito disse que esse deveria ser declarado de utilidade pública e ter uma duração de seis a vinte anos, podendo ser necessárias revisões nesse período. Esse mesmo procedimento foi estabelecido pelo Estatuto da Cidade nos artigos 39 e 40, em que o plano diretor deve ser aprovado por lei municipal, é o instrumento básico da política de desenvolvimento e expansão urbana e deve ser revisado, pelo menos, a cada dez anos. (Tochetto; Ferraz, 2016, p. 91)

Figura 5.2 – Parte do plano urbanístico de Santos, de autoria de Saturnino de Brito

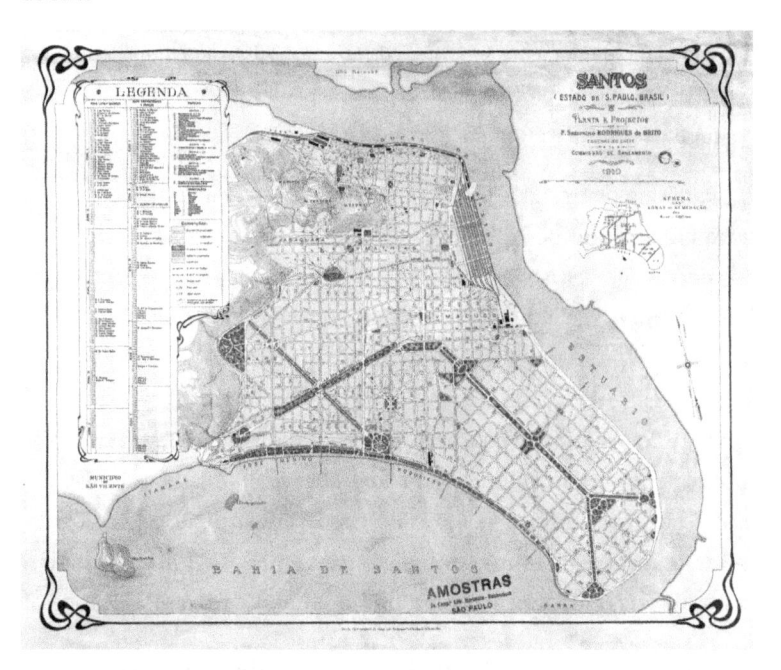

A troca entre as ideias de Saturnino de Brito e o que se passava na Europa fez a ciência do urbanismo circular em terras nacionais e, ainda, teve força para consolidar um corpo legal especial para nossas cidades, a legislação urbanística, abrindo espaço e legitimidade para o planejamento urbano nas administrações municipais, o que culminará no Estatuto da Cidade, no século XXI.[1] Entre o higienismo

---

[1] Em Santos, o Palácio Saturnino de Brito abriga um acervo histórico sobre o engenheiro sanitarista. Hoje, é uma das unidades da Companhia de Saneamento Básico do Estado de São Paulo (Sabesp) e foi sede da Comissão de Saneamento de Santos, organizada em 1903 e comandada por Saturnino de Brito. O Museu do Saneamento é aberto à visitação pública.

social, os primórdios do urbanismo moderno no Brasil e o contemporâneo direito à cidade está o nascimento das lutas em prol das políticas urbanas, que veremos a seguir.

(5.4)
A CIDADE BRASILEIRA NO SÉCULO XX: REFORMA URBANA E O NASCENTE DIREITO À CIDADE

Em 1977, as ruas das capitais brasileiras acolheram passeatas públicas mobilizadas principalmente pelos estudantes para defender a retomada da democracia real e direta no país. No final da década de 1960, especificamente no ano de 1968, esse mesmo setor da sociedade brasileira já havia ido às ruas com tal objetivo, mas a repressão da ditadura civil-militar recrudesceu para desmobilizar o movimento estudantil, inaugurando o ápice da coerção e forçando a resistência política em geral a agir de maneira menos visível, inclusive na clandestinidade.

Advinda da guerra petrolífera no começo da década de 1970, a crise da economia global abalou, contudo, a confiança de setores sociais mais altos que ainda apoiavam o regime, atingindo de modo irreversível o governo militar brasileiro. A retomada das ruas, assim, teve maior capacidade para provocar mudanças efetivas em direção ao fim do regime civil-militar na gestão do General-Presidente Ernesto Geisel (1907-1996), a qual teve início em 1974 e se caracterizou, até o final, por administrar um equilíbrio entre o crescimento da oposição social e política e o desgaste interno do governo.

Aliás, foi na gestão de Geisel que se deu a implementação de uma distensão gradual e lenta, com vistas a negociações que pudessem garantir a retomada da democracia em termos não radicais. Geisel queria uma "democracia relativa", a qual deu margem ao crescimento de partidos políticos de oposição, mas que, por outro lado, não renunciou a perseguições a organizações de esquerda, como as ligadas aos comunistas. Tal quadro o levou a fechar temporariamente o Congresso Nacional, em abril de 1977, quando novamente as ruas verteram protestos.

A convocação da Assembleia Nacional Constituinte (ANC) representou a expansão e a legitimidade da resistência e das demandas dos movimentos populares pela volta de um país democrático. A Constituição da República Federativa do Brasil, que vigora desde 1º de outubro de 1988, é um divisor de águas na história do país. Frutificada na esteira do processo de abertura política "lenta, gradual e irrestrita" da ditadura civil-militar, é considerada a mais importante construção coletiva democrática da sociedade brasileira. Conhecida como Constituição Cidadã, seu Capítulo II, arts. 182 e 183, é dedicado à política urbana e está inserido no Título VII, o qual trata de questões de ordem econômica e financeira.

O final dos anos 1980 apresentava uma sociedade que, além de se voltar para a reconstituição do regime democrático, precisava superar um abismo social aprofundado pelas políticas públicas autoritárias e impactado pela estagnação econômica, pela inflação alta e pelo desemprego e miséria crescentes, principalmente nos centros urbanos. Uma parte do pensamento jurídico entende que, por conta desse contexto histórico, mais adequado teria sido enquadrar o capítulo constitucional acerca de política urbana no título referente à política social, e não à ordem econômica e financeira. Isso porque a questão urbana do período estava marcada por um crescimento desordenado muito por conta do intenso êxodo rural desde a década de 1940 em direção às cidades, como demonstra o gráfico a seguir.

Gráfico 5.1 – Taxa de urbanização: inversão da relação entre a população urbana e a população rural, no Brasil, em oito décadas.

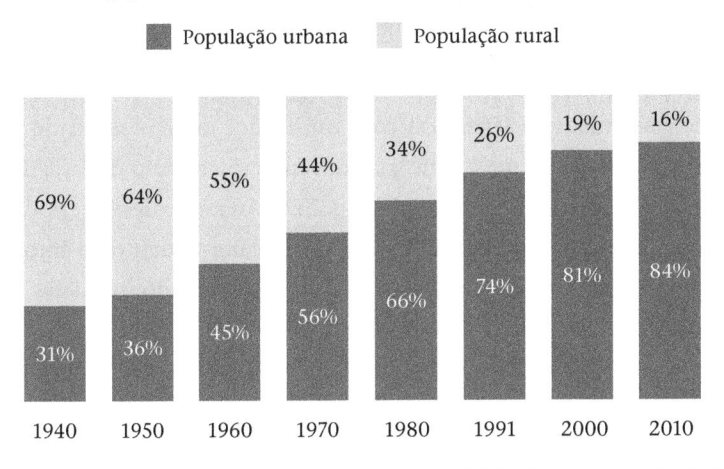

■ População urbana   População rural

	1940	1950	1960	1970	1980	1991	2000	2010
População rural	69%	64%	55%	44%	34%	26%	19%	16%
População urbana	31%	36%	45%	56%	66%	74%	81%	84%

Fonte: IBGE, citado por Gobbi, 2023.

Nos então chamados *países em desenvolvimento* acontecia, naquele período, um inchaço populacional nas capitais, as quais não tinham estrutura prévia para receber tal contingente vindo das áreas rurais. Entender o acesso à terra urbana de forma mais ampla, mediante mecanismos democráticos parecia ser o único caminho. No Brasil, os arts. 182 e 183 foram regulamentados apenas no final da década de 1990, apesar de o projeto de lei ter sido apresentado logo no ano imediatamente posterior à promulgação da Carta Magna (1988). A regulamentação, por fim, resultou no **Estatuto da Cidade**, "apelido" da Lei Federal n. 10.257, de 10 de julho de 2001, cujos fundamentos são a função social da propriedade da terra e do solo urbano e a participação política (Brasil, 2001). A fim de compreender melhor essa transição legislativa que atualiza a sociedade brasileira e o acolhimento do tema da política urbana, é preciso observar com um pouco mais de atenção o desenvolvimento dos movimentos sociais urbanos ao longo do Novecentos.

O século XX foi, por excelência, o século da urbanização da sociedade brasileira. O país inaugurou aquela centúria com 10% da população nas cidades e terminou com um índice de 81%, abrindo a primeira década da nova centúria com um crescimento de 16% da população urbana (Maricato, 2006, p. 211). Ao longo desse período secular, alguns movimentos sociais se destacaram quanto ao empenho para melhorar as condições das moradias, sendo um deles o Movimento Nacional de Reforma Urbana (MNRU).

Oriundo da Associação Nacional do Solo Urbano, de 1979, o MNRU é de janeiro de 1985[2], ou seja, exatamente quando Tancredo Neves foi eleito presidente civil da República de forma indireta pelo Congresso Nacional, no dia 15. Um dos pontos do programa de governo defendido por ele e objeto de pressão por parte da oposição, a fim de lograr a efetiva redemocratização do país, era a convocação de uma ANC, com a promulgação de uma nova Constituição. Instalada em 1º de fevereiro de 1987, até a promulgação da nova Carta Magna, em 5 de outubro do ano seguinte, a sociedade brasileira se mobilizou nesses quase dois anos em torno do dia a dia do Congresso Nacional.

Nessa conjuntura, o MNRU alargou a visão, ultrapassando reivindicações locais e passando a articular diversos atores e entidades com o objetivo de elaborar uma proposta de política urbana para a futura norma constitucional que transpusesse a luta pontual pela moradia e em prol de cidades menos excludentes. Com isso, o Movimento acabou sendo responsável pela formulação de um conceito de âmbito nacional e mais avançado e profundo de reforma

---

2 Antes disso, podemos citar a proposta de reforma urbana elaborada pelo Instituto dos Arquitetos do Brasil (IAB), em 1963, mas que foi inviabilizada pelo golpe civil-militar do ano seguinte.

urbana, configurando uma nova "ética social", a qual "condena a cidade como fonte de lucros para poucos em troca da pobreza de muitos. [...] uma politização que vai além da questão urbana porque se estende para o âmbito da justiça social e da igualdade" (Saule Júnior; Uzzo, 2010, p. 260-261, citados por Souza, 2016, p. 30). Por outro lado, houve a aprovação, no regimento interno da ANC, de instrumentos de participação popular direta no processo constituinte, em formato de audiências públicas, debates e emendas populares, com a obrigatoriedade da participação de pelo menos três entidades associativas diferentes e legalmente constituídas e com, no mínimo, 30 mil subscrições de eleitores.

> Há, portanto, representativo e oxigenado sopro de gente, de rua, de praça, de favela, de fábrica, de trabalhadores, de cozinheiros, de menores carentes, de índios, de posseiros, de empresários, de estudantes, de aposentados, de servidores civis e militares, atestando a contemporaneidade e autenticidade social do texto que ora passa a vigorar. [...] (Guimarães, 1988)[3]

O MNRU, então, decidiu elaborar uma emenda popular com base em sua experiência como articulador das forças em prol da bandeira da reforma urbana. Enquanto isso, o tema das cidades foi enquadrado, na estrutura e no funcionamento da ANC, na Comissão de Ordem Econômica/Subcomissão da Questão Urbana e Transporte, portanto ainda um tanto distante do âmbito das lutas sociais, apesar dos tempos eufóricos quanto à consolidação da democracia direta, popular e participativa.

---

3   É possível ouvir o discurso de Ulysses Guimarães em: <https://www.camara.leg.br/radio/programas/277285-integra-do-discurso-presidente-da-assembleia-nacional-constituinte-dr-ulysses-guimaraes-10-23/>. Acesso em: 3 out. 2023.

Com 103 mil assinaturas arrecadadas, a Emenda Popular da Reforma Urbana foi entregue em agosto de 1987 e registrada sob o n. 63 na Comissão de Sistematização. Esse era o prazo normativo que havia sido estipulado para a entrega de toda e qualquer emenda popular; foi levado à Comissão de Sistematização um número surpreendente de 122 emendas, reunindo 12 milhões de assinaturas, algo perto de 10% do então número total de eleitores do país. Nos meses subsequentes, as emendas foram defendidas, no plenário, pelos respectivos representantes e, ao final desse processo, apenas 19 foram aprovadas e inseridas, parcial ou integralmente, nos dispositivos constitucionais.

Figura 5.3 – Propostas de emendas populares à Constituição são carregadas para ser entregues no Congresso Nacional

A defesa da Emenda Popular da Reforma Urbana aconteceu em novembro de 1987, com quatro pontos essenciais apresentados: 1) direitos urbanos; 2) limitação do direito de propriedade e controle

do direito de construir; 3) garantia da responsabilidade do Estado para a produção da cidade, moradia e transporte público; 4) processo participativo no desenvolvimento urbano. A apresentação do Anteprojeto da Subcomissão da Questão Urbana e Transporte, depois de ouvir outras entidades, inclusive de setores privados, não contemplaria todos esses pontos considerados básicos pelo movimento social. Apesar de não representar uma revolução nessa área, uma vez que a nova Constituição foi resultante de muitas conciliações, avançou-se "na representação popular incluindo as reivindicações dos movimentos sociais urbanos e a gestão democrática das cidades" (Koury; Oliveira, 2021, p. 3).

O texto final da Carta Magna condicionou a função social da propriedade urbana a uma lei federal regulamentadora e aos planos diretores municipais aprovados pelas câmaras municipais. Para isso, logo em seguida, foi apresentado no Senado Federal um projeto de lei para regulamentar os arts. 182 e 183 da Constituição, o qual se tornará o Estatuto da Cidade apenas na abertura do século seguinte.

Essa morosidade do andamento e da aprovação desse projeto de lei pode ser explicada, entre outros aspectos, pelo fato de que, nos anos 1990, de forma desproporcional ao incremento dos problemas profundos testemunhados nas cidades no Brasil, as políticas públicas do desenvolvimento urbano, bem como o espaço institucional a elas dedicadas, diminuíram. A tendência de contingenciamento neoliberal provocou a restrição de investimentos públicos nas áreas sociais, o que era reforçado pela cartilha do Fundo Monetário Nacional (FMI), passando pelo governo Collor de Mello até as gestões de Fernando Henrique Cardoso; isso afetou, por exemplo, o financiamento habitacional e resultou num índice irrisório de 0,14% do orçamento de 2001 aplicado nos setores de habitação e urbanismo.

> Tendo como um dos focos a pacificação dos espaços urbanos empobrecidos, a Política Nacional da Habitação e o Banco Nacional da Habitação (BNH) foram instituídos pela Lei n. 4.380, de 21 de agosto de 1964.
>
> Criado o BNH, este se propôs o seguinte: a) coordenação da política habitacional e do financiamento para o saneamento; b) difusão da propriedade residencial, especialmente para as classes menos favorecidas; c) melhoria do padrão habitacional e eliminação das favelas; d) redução do preço da habitação; e) melhoria sanitária da população; f) estímulo à poupança privada e, consequentemente, ao investimento; g) aumento de investimentos nas indústrias de construção civil, de material de construção e de bens de consumo duráveis; h) aumento da oferta de emprego, visando a absorver mão de obra ociosa não especializada; i) criação de polos de desenvolvimento com a consequente melhoria das condições de vida nas áreas rurais. (Banco Nacional da Habitação, 2023)
>
> O BNH, após alguns escândalos financeiros, foi extinto em 1986 e incorporado à Caixa Econômica Federal, instituição hoje responsável pelo Sistema Financeiro de Habitação.

No entanto, o país havia aprendido a lutar pelos direitos básicos e, nessa área, há que se mencionar o Movimento Nacional pela Moradia e o Fórum Nacional de Reforma Urbana. O Fórum, reunindo diversos movimentos populares desse setor, apresentou uma iniciativa popular para a criação do Fundo Nacional de Moradia Popular e do Conselho Nacional de Moradia Popular nas esferas estadual e municipal, promovendo decisões descentralizadas e democráticas e com ações voltadas para a população mais vulnerável, inclusive aquela que residia nos persistentes cortiços. O quadro apresentado pelo último Censo Demográfico (2010) ainda requeria a continuidade da luta, pois, mesmo com o aumento considerável no investimento público, entre 2003 e 2009, bem como do número de habitações populares construídas, ainda de acordo com o Censo, o Brasil apresentava um déficit habitacional de 5,8 milhões de unidades, o que correspondia a 10,1% do total de domicílios no país todo.

A luta continua, pois o novo Censo (2022) revelou que o número de domicílios vagos, sem ninguém morando, à espera da venda, da locação ou mesmo da demolição, dobrou desde os índices de 2010. Porém, o papel protagonista do direito à cidade promove uma mistura de demandas, como veremos a seguir, as quais se relacionam de forma transversal às questões urbanas mais tradicionais.

(5.5) AS QUESTÕES URBANAS NO BRASIL DO SÉCULO XXI

Em junho de 2013, uma onda de protestos percorreu as ruas de várias cidades brasileiras desencadeada a partir da capital paulista contra a alta do valor da passagem do transporte coletivo e aglutinando outras demandas pelo caminho, como o combate à corrupção e a melhoria da qualidade dos serviços públicos, com ênfase na saúde e na educação. No ano seguinte, em consequência do anúncio da prefeitura e do governo estadual de São Paulo do retorno da pauta do aumento da tarifa do ônibus e do metrô, o Movimento Passe Livre (MPL) foi o responsável por convocar um ato, via redes sociais, para mais uma vez tentar impedir a mudança do preço da passagem, como havia ocorrido em 2013. Entretanto, essa bandeira foi sendo apropriada por diferentes organizações e amalgamada, rapidamente, em direção a algo não muito específico, porém crítico à democracia representativa no formato atual e a favor de um ativismo autônomo, isento de cor partidária.

Fundado em 2005 no contexto do Fórum Social Mundial, acontecido em Porto Alegre, o MPL já em seu nascedouro apresentava traços que o identificariam a movimentos surgidos mundo afora poucos anos depois, inserindo-o na categoria de ativismo simultâneo nas ruas e nas redes virtuais e marcado por esse perfil autônomo, apartidário e independente. Mário Messagi Júnior (2019), professor de Comunicação na Universidade Federal do Paraná (UFPR), alerta, contudo, que esse perfil é, ao mesmo tempo, a fraqueza desse tipo de organização, uma vez que a ausência cada vez mais nítida de um espaço físico em especial, como um sindicato, por exemplo, para militar em prol de uma causa, o eleva ao nível simbólico, de modo que perde uma base real e a hierarquização dos valores.

A longa duração do MPL, todavia, baseia-se na luta específica da "tarifa zero" do transporte público, mas sofre certa confusão ao ser inserido no caldeirão com outras organizações de bandeiras voláteis e sem lastro na realidade social desigual, permitindo o desabrochar de ideias radicais e conservadoras que escapam ao tema essencial do preço das passagens urbanas e agitam outros quase abstratos, como o combate ao marxismo cultural, entre outros. No lado oposto, movimentos tradicionais, como o voltado à luta pela moradia, o da população negra e o das mulheres, ampliaram suas vozes nesse cenário de militância reforçada pelo uso maciço das redes sociais digitais, acirrando uma polarização que ainda testemunhamos na segunda década do atual século.

Nesse sentido, emerge no centro do debate contemporâneo o tema dos universais direitos humanos, um guarda-chuva que abriga e protege diversas demandas, entre elas, a do direito à cidade. Mas qual cidade? Antes de tudo, de acordo com o sociólogo e urbanista norte-americano Robert Ezra Park (1864-1944), que se dedicou aos estudos da desorganização social no espaço urbano, a cidade é a tentativa mais bem-sucedida do homem de refazer o mundo em que vive mais de acordo com os desejos do seu coração. Mas, se a cidade é o mundo que o homem criou, é também o mundo onde ele está condenado a viver daqui por diante. Assim, indiretamente, e sem ter nenhuma noção clara da natureza da sua tarefa, ao fazer a cidade o homem refez a si mesmo. (Park, citado por Harvey, 2013, p. 38)

Se a revolução social é urbana, faz-se obrigatória a democratização do direito à cidade para nela incluir os menos favorecidos e transformar esse ambiente em algo mais justo e includente, vislumbrando-se nisso uma raiz nos movimentos urbanos nascidos com a redemocratização na década de 1980, cuja bandeira era a cidade não excludente.

Figura 5.4 – Manifestação do Movimento Passe Livre (MPL)

Bruno Rocha/ Fotoarena

O lema "Por uma vida sem catracas" identifica o Movimento Passe Livre (MPL), o qual se autodefine como um movimento social "apartidário" que luta pelo transporte coletivo gratuito para a população brasileira em geral.

Tatiana Dantas Marchette

Assim, a defesa desse aspecto dos direitos humanos universais é, certamente, um ato político, mesmo que sob o lema do apartidarismo. Conhecidos como Jornadas de Junho de 2013, de forma paradoxal tais movimentos imprimiram um caráter negativo ao mundo da política, negando-a. Entretanto, essas mobilizações, incluindo as de 2014, que reuniram milhões de pessoas em centenas de cidades brasileiras, devem ser apreendidas na condição de iniciativas políticas pelo desejo de "refazer o mundo", e suas origens podem ser localizadas alguns anos antes numa rede mais ampla, de caráter global, e que mudou a forma de contestação.

No final de 2010, protestos no Oriente Médio e no norte da África, começando pela Tunísia, agitaram não apenas os governos internamente, mas as relações de forças internacionais, colocando em xeque poderes autoritários e incapazes de promover a participação política popular na vida pública. O que une esse contexto internacional da chamada Primavera Árabe às Jornadas de Junho de 2013 no Brasil é uma nova forma de ocupação do espaço urbano, misturando-se territórios (determinados espaços físicos, com significado social) e espaços de fluxo (redes sociais na internet). Na Tunísia, os pontos centrais da mobilização, a qual recebeu o nome de Revolução de Jasmim, foram as praças públicas; no Egito, a Revolução do Lótus se dinamizou com a ocupação da Praça Tahrir; no Brasil de 2013, foram as ruas. Tudo ampliado e organizado via mundo virtual e digital.

Mas o que esses movimentos todos buscavam? Sabe-se que se configuraram contra o sequestro de direitos universais, em oposição a governos autoritários e mesmo ao sistema capitalista neoliberal que acirra a desigualdade social. E quais eram os planos para o futuro? Se há pensadores que concordam em afirmar que protestar contra os poderes e capitais instituídos é um avanço por si só em direção às mudanças, outros concordam que há uma falta de definição a respeito dos objetivos do movimento. Slavoj Žižek, por exemplo, refere [...] que há uma necessidade não apenas do apontamento daquilo que não queremos, mas dispor, de fato, aquilo que queremos, respondendo diretamente a respeito de qual sistema definitivamente poderia substituir o capitalismo atual. (Fielder; Medina; Amaral, 2018, p. 315)

O que queriam, então? Mais uma vez, se a revolução social é urbana, a participação popular dos grupos sociais distribuídos nos espaços urbanos é a chave para desencadeá-la. Se voltarmos no tempo mais um pouco, para os anos iniciais de nosso século, podemos observar como a questão urbana já estava articulada à conquista de maior participação democrática pelas lentes, justamente, do tema da habitação. Na verdade, se retrocedermos ainda mais até o começo dos anos 1960, perceberemos que a reforma urbana era um dos componentes do programa Reformas de Base do governo João Goulart (1919-1976), ao lado das reformas agrária, administrativa, eleitoral, bancária, tributária, universitária e constitucional. Aliás, o termo *reforma urbana* foi utilizado naquele contexto histórico-governamental a partir e em complementação à reforma no campo. Reforma, reforma, reforma...

> Sob essa ampla denominação de "reformas de base" estava reunido um conjunto de iniciativas: as reformas bancária, fiscal, urbana, administrativa, agrária e universitária. Sustentava-se ainda a necessidade de estender o direito de voto aos analfabetos e às patentes subalternas das forças armadas, como marinheiros e os sargentos, e defendia-se medidas nacionalistas prevendo uma intervenção mais ampla do Estado na vida econômica e um maior controle dos investimentos estrangeiros no país, mediante a regulamentação das remessas de lucros para o exterior. (Menandro, 2023)

Em 1963, com a presença de arquitetos e urbanistas, ocorreu o Seminário de Habitação e Reforma Urbana (SHRU), ocasião em que se debateu a democratização do acesso à terra urbana e aos direitos de moradia e infraestrutura, uma espécie de direito à cidade sem o uso desse termo em especial. A partir de então, planejamento urbano, industrialização e habitação passaram a ser o composto básico das diretrizes da reforma urbana necessária num país que havia apresentado um incremento demográfico da população nas cidades de mais de mil por cento, desde a década de 1920 até aquele momento, sobretudo no Sudeste. O rumo claro que deveria ser seguido a partir de então era em direção à consolidação da função social da terra; porém, no caminho houve um golpe de Estado civil-militar (1964-1985), que paralisou esse movimento mais avançado de reformas, apesar de ter dado continuidade ao financiamento da habitação popular com a criação, logo no primeiro ano desse regime, do BNH.

As propostas engendradas no SHRU que não foram incorporadas no projeto político dos militares mostraram-se, entretanto, atuais décadas depois, quando foram regulamentados os arts. 182 e 183 da Constituição Federal de 1988, resultando no Estatuto da Cidade, em 2001. Assim, o século XXI, no Brasil, inaugurou a função social da terra prevista na Carta Magna. Mais do que isso,

> É possível observar sinais do SHRU na Constituição em 1988, no Projeto Moradia (1999-2000), [...] no Estatuto da Cidade (2001) e na criação do Ministério das Cidades (2003), do Conselho Nacional das Cidades (2004) e do Fundo Nacional de Habitação de Interesse Social. E sua influência também esteve presente na lógica da estruturação do sistema de habitação de interesse social proposto pela Lei Federal 11.127 de 2005 [...]. (Bonduki, 2018, p. 31)

Em que consiste a reforma urbana no Brasil do século XXI? A institucionalização do Ministério das Cidades (MCidades), em 2003, apontou para um novo projeto de cidade, oportunizando a reforma urbana. Em sua primeira fase de implantação, do período de sua criação a 2006, o órgão federal promoveu ações sistêmicas nos territórios urbanos articuladas na Política Nacional de Desenvolvimento Urbano. A fim de coordenar atividades, recursos e programas, agiu transversalmente com os demais ministérios. A relação específica entre o MCidades e o Ministério da Cultura (MinC), nessa perspectiva, foi estabelecida em torno do Programa Monumenta, para elaborar planos diretores nas cidades com patrimônio cultural tombado, unindo preservação patrimonial e valorização de territórios urbanos por meio, entre outros aspectos, da capacitação de mão de obra direcionada ao turismo cultural e à economia da cultura.

> **Planos diretores**
>
> Elaborado pelo poder executivo municipal, o plano diretor, segundo o Estatuto da Cidade, é instrumento básico da política de desenvolvimento e expansão urbana e parte integrante do processo de planejamento do município, devendo estar suas diretrizes presentes nos planos plurianuais, nas diretrizes orçamentárias e no orçamento anual; é o principal plano urbanístico.

A Constituição de 1988 (arts. 182 e 183) submete a função da propriedade e da terra urbana à elaboração de planos diretores. Ao incentivá-los, o MCidades teve papel atuante na aplicação do Estatuto da Cidade, o qual, por sua vez, deu força à preservação do patrimônio cultural como um dever indeclinável da política urbana, promovendo novos instrumentos urbanísticos nos projetos de cidades mais qualificadas. Entre esses instrumentos estão: a) direito de preempção, ou direito de prelação – instrumento urbanístico que garante ao poder público municipal preferência para aquisição de imóvel objeto de alienação onerosa entre particulares e localizado em área de prelação, para atender às prioridades do plano diretor; b) estudo de impacto de vizinhança (EIV) – instrumento de análise para harmonizar os interesses coletivos e particulares nos processos municipais de urbanização concretizados em empreendimentos e atividades que interferem na dinâmica das cidades; c) transferência do direito de construir – instrumento urbanístico pelo qual se transfere para o proprietário a capacidade de potencial construtivo para outro imóvel com o objetivo de viabilizar a preservação de equipamentos urbanos de interesse público; d) unidades de conservação – espaços territoriais delimitados com características ambientais relevantes.

Ao pertencer, segundo normativas federais, ao universo da política urbana atual, o patrimônio cultural se tornou, de direito, um fator de desenvolvimento social e econômico, fazendo-se presente nos municípios brasileiros como um todo, visto que está vinculado aos planos diretores; ao ser considerada integrante do conceito de patrimônio, a dimensão imaterial da cultura se torna mais clara diante da noção de cidade-território, na qual se cruzam o espaço físico, as ações dos diversos grupos sociais e as disputas pelo poder. Nos territórios, os bens culturais se conectam na dinâmica das transformações urbanas e nas relações de poder em suas redes concretas e de fluxos virtuais e nas diversas esferas não restritas aos poderes públicos; o patrimônio vivo é considerado nessa configuração de cidade-território, pois é nessa configuração espacial que vivenciamos diversificadas experiências sociais e compomos identidades pluralizadas em decorrência do adensamento do fenômeno da urbanização.

O direito à cidade se impôs em nossos dias, portando conjuntamente outros conexos, como o direito à memória. Ao representar uma trama complexa e rica de relações, o espaço urbano territorializado permite identificações difusas, cambiantes e capazes de mobilizar tanto pautas específicas quanto aquelas que citamos no início desta seção, manifestadas em variadas formas, desde ocupações de um espaço físico delimitado, como um prédio, até passeatas que se movem como uma serpente pelas ruas e praças públicas, todas reforçadas pelo chamamento via internet, unindo redes materiais e imateriais.

Síntese

A história da cidade no Brasil permite a observação de grandes questões urbanas, desde o período colonial até os dias atuais, abarcando processos globais como a expansão marítima dos Impérios luso e hispânico no continente americano, a dinâmica da escravização de africanos no mundo colonial, a urbanização das cidades e a globalização.

Portanto, para além de tratarmos da cidade no Brasil, neste capítulo buscamos demonstrar que esse objeto de estudo, de tão complexo, abre um panorama rico em conteúdo, conceitos, noções, metodologias, projetos, programas etc. voltados para esse tema, conferindo uma dimensão estratégica do pensamento brasileiro e internacional para o desenvolvimento da história da cidade em geral. Há muito o que se explorar sobre esse assunto, do mesmo modo que há muito o que se fazer para avançar nas análises acerca das cidades brasileiras e seus desafios próprios e decorrentes da situação mundial do século XXI, abrindo-se uma fronteira extensa para o profissional de História.

Atividades de autoavaliação

1. Para o historiador Sérgio Buarque de Holanda, as cidades da América portuguesa teriam sido fruto de um "desleixo" da metrópole quanto ao planejamento racional e aos cuidados formais. Assinale a alternativa que apresenta os motivos apontados para essa situação, segundo a teoria do autor:
   a) As cidades da América portuguesa foram resultado do desleixo da Coroa portuguesa para com o território colonial na América, o que se explicaria pela imagem dos "semeadores", ou o lançamento por acaso de sementes de núcleos urbanos.
   b) Na América portuguesa, a Coroa de Portugal colocou-se em oposição à espanhola, pois as cidades da América hispânica foram marcadas por um planejamento racional e voltado para o precoce desenvolvimento do Império espanhol, o que se confirma com pesquisas atuais.
   c) As cidades coloniais na América portuguesa foram erguidas pelos "ladrilhadores".
   d) As cidades coloniais na América espanhola foram erguidas pelos "semeadores".
   e) Tantos as cidades da América portuguesa quanto as da espanhola refletiam a desimportância da colônia em todo o período colonial americano.

2. A metáfora da cidade como palimpsesto, utilizada pela historiadora Sandra Jatahy Pesavento, indica que os espaços urbanos acumulam experiências ao longo do tempo que ficam impressas em camadas de tempo. Observe as imagens e assinale V para as afirmações verdadeiras e F para as falsas:

Figura A – Demolição do Edifício Wilton Paes de Almeida, em 2018, em decorrência de um incêndio, no centro de São Paulo

ZUMA Press / Alamy / Fotoarena

Figura B – Rua de cidade litorânea no Paraná, com casarios antigos no estilo colonial

( ) A demolição de um edifício no centro de São Paulo revela um conteúdo do passado escrito no prédio ao lado, mostrando um diálogo escondido entre dois tempos históricos num mesmo local.
( ) A segunda imagem, de casarios de uma cidade litorânea, não mostra nenhuma manifestação de palimpsesto.
( ) As camadas de tempo impressas nas cidades são uma característica própria das cidades mais antigas, surgidas ainda no tempo colonial.
( ) As duas imagens revelam manifestações de palimpsesto, sendo uma numa paisagem mais moderna e outra fincada entre o moderno e o antigo.
( ) As escritas nas paredes, seja publicidade, seja arte urbana, são exemplos de palimpsestos urbanos.

3. As favelas na cidade do Rio de Janeiro datam do contexto da reforma urbana promovida por Pereira Passos, no final do século XX, por meio de ações de higiene social. Na capital paulista, esse tipo de habitação popular surgiu mais tarde, na década de 1940. Com base no texto a seguir, assinale a alternativa que apresenta os dados de forma correta:

> As primeiras favelas surgiram em São Paulo entre 1942 e 1945, localizadas em propriedades municipais [...]. Comparando-se com a população favelada do Rio, que segundo os mais otimistas chega a 700 mil e outros a 1 milhão para uma população pouco inferior à de São Paulo, a de Belo Horizonte, que com cerca de 700 mil habitantes possui 60 mil em favelas, a do Recife, com 800 mil habitantes, dos 200 mil favelados, a de Brasília, que [...] tinha a metade da população, isto é, 60 mil [...] vivendo em favelas, a situação de São Paulo não é tão má, quanto ao número. (Kowarick, 2009, p. 226)

a) As primeiras favelas de São Paulo surgiram pouco antes do relato de Maria Carolina de Jesus no livro *Quarto de despejo: diário de uma favelada*; em termos cronológicos, as primeiras favelas apareceram na cidade do Rio de Janeiro e hoje estão em todas as capitais, inclusive na modernista capital federal, que já na década de 1960 tinha metade de sua população favelada.

b) Nos anos 1960, a Prefeitura de São Paulo entendeu que a situação de outras capitais brasileiras era tão precária quanto a da cidade paulista, em termos de número de favelas proporcionalmente à população.

c) Esse estudo realizado pela Prefeitura de São Paulo sobre o número de favelados na capital do estado serve como fonte histórica sem necessidade de críticas por parte do pesquisador.

d) A presença de favelas de norte a sul do Brasil revela as desigualdades dentro das cidades brasileiras como algo natural.

e) O plano urbanístico da cidade modernista de Brasília já previa o surgimento de um grande número de favelados.

4. Os planos urbanísticos de autoria de Saturnino de Brito para diversas cidades brasileiras caracterizaram-se pelo viés modernista, uma vez que não apenas se preocuparam com a remoção de moradias populares de lugares urbanos centrais e nobres, mas também se debruçaram sobre o planejamento do crescimento das cidades, equilibrando urbanização e desenvolvimento, sistemas de água e esgoto, controle de enchentes etc.

Com base nos textos a seguir, assinale V para as afirmações verdadeiras e F para as falsas a respeito das reformas urbanas pautadas no higienismo social e daquelas que visavam ao planejamento urbanístico, considerando dados do contexto histórico, regime político, conceitos, agentes principais e fontes disponíveis para o estudo de cada tema.

Texto 1

[...] o pacto liberal de defesa da propriedade privada colocava limites claros às pretensões dos higienistas. Pelo menos durante a vigência da monarquia, permaneceu sempre difícil adotar medidas mais duras contra os cortiços. No caso do Cabeço de Porco, por exemplo, segundo o relato da *Gazeta de Notícias* por ocasião da demolição, tentativas anteriores de destruí-lo haviam esbarrado exatamente em medidas judiciais [...]. Em suma, os higienistas imaginavam que sua Ciência pairasse acima dos homens e para além da moral e da política; por enquanto, todavia, ainda não haviam conseguido transformar as instituições num emaranhado de casuísmos. Isto só seria possível com o advento das primeiras administrações republicanas, e com a ajuda decisiva de novos aliados. (Chaloub, 1996, p. 44-45)

Texto 2

Um dos princípios urbanísticos previstos por Brito, e por ele aplicado em Santos, é o de que é fundamental se prever a expansão da rede de esgotos para o futuro desenvolvimento das cidades, em prazo suficientemente dilatado. A necessidade de elaboração de planos gerais deve-se, para Brito, a três fatores: evitar os erros provenientes de deixar o crescimento urbano suceder ao acaso, dirimir os conflitos entre os interesses particulares e públicos e impedir que as obras de saneamento venham a ser comprometidas futuramente. (Andrade, 1991, p. 56)

( ) A demolição do cortiço Cabeça de Porco, no Rio de Janeiro imperial, nunca sofreu nenhum obstáculo.
( ) O higienismo como ciência foi consolidado apenas no Brasil republicano.
( ) Urbanismo e higienismo podem ser opostos quanto à necessidade de planejamento a longo prazo.
( ) Do urbanismo faz parte o cuidado com o saneamento e o embelezamento das cidades.
( ) O urbanismo da Primeira República dialogou com o pensamento europeu a respeito do planejamento das cidades.

5. Com relação ao higienismo social, assinale com V as proposições verdadeiras e com F as falsas:
( ) Surgiu na segunda metade do século XIX.
( ) Articulou-se à ordenação do espaço urbano.
( ) Concretizou-se em reformas urbanas de grande porte, como aconteceu no Rio de Janeiro no final do Oitocentos.
( ) Promoveu a diversidade racial da sociedade brasileira.
( ) Teve papel decisório nas ações governamentais de intervenção urbana desde, no caso brasileiro, o Império.

Atividades de aprendizagem

Questões para reflexão

1. Assim como as favelas são formas históricas de habitação urbana, o atual fenômeno de urbanização difusa diz respeito à nova configuração das cidades neste século XXI. Leia o texto a seguir para refletir a respeito desse fenômeno e disserte sobre o tema, relacionando a realidade das cidades brasileiras com base em exemplos de notícias de jornais, revistas e portais.

> A lógica da industrialização e da urbanização, como a da transformação de espaços rurais em urbanos, continua existindo, mas está subordinada à da metropolização. Esta nova lógica é que se coloca hegemônica sobre processos historicamente conhecidos, no sentido de que embora possa não ser quantitativamente a maior, é ela que domina e dirige os processos que metamorffoseiam o espaço. (Lencione, 2015, p. 8)

2. Veja o mapa da cidade de São Paulo que identifica na topografia o movimento estudantil pelas suas ruas, dando concretude à relação entre cidade e protesto social através do endereço indicado. Em seguida, registre em um texto sua interpretação desse mapa, construindo uma narrativa que ordene o acontecimento.

O mapa pode ser visualizado em: <https://atlas.fgv.br/marcos/governo-geisel-1974-1979/mapas/movimento-estudantil-em-sao-paulo-1977>. Acesso em: 5 out. 2023.

Atividade aplicada: prática

1. Selecione uma pessoa para ser entrevistada sobre o direito de moradia, explorando as dificuldades e as conquistas da casa própria em sua trajetória de vida.
   Para a elaboração da entrevista, observe as seguintes orientações:

- Agende com antecedência o dia e o horário, de preferência em local de fácil acesso para o entrevistado, ou por algum outro meio escolhido, via *e-mail*, por exemplo.
- Solicite que o entrevistado autorize por escrito o uso do conteúdo.
- Escute toda a entrevista (ou leia sua versão em texto, se for o caso) após a sua realização, para verificar se há alguma pendência que possa ainda ser respondida em outra conversa, mais curta e objetiva.
- Apresente em forma de citação trechos da fala do entrevistado. Depois, indique a referência conforme o seguinte exemplo:

MARCHETTE, T. D. **Tatiana Dantas Marchette**: depoimento [2016]. Entrevistador: Vidal Antônio Azevedo Costa. Curitiba, 2016.

Indicações culturais

SALVADOR, Frei V. do. **História do Brasil**. Brasília: Senado Federal; Conselho Editorial, 2010. Disponível em: <https://www2.senado.leg.br/bdsf/bitstream/handle/id/575110/000970367_Historia_Brasil.pdf>. Acesso em: 5 jun. 2023.

E-book sobre a História do Brasil, de autoria do Frei Vicente do Salvador, considerado o pai da historiografia brasileira.

SACHETTA, V. (Org.). **Os cartazes desta história**: memória gráfica da resistência à ditadura e da redemocratização (1964-1985). São Paulo: Instituto Vladimir Herzog; Escrituras, 2012.

Essa obra faz uma compilação de 300 cartazes, documentos e fotografias de viés político contra regimes militares e contra o desrespeito aos direitos humanos em diversos países da América Latina.

Capítulo 6
História e cidade: fontes, pesquisa e ensino

> OBJETOS PERDIDOS. *O que torna tão incomparável e tão irrecuperável a primeiríssima visão de uma aldeia, de uma cidade na paisagem, é que nela a distância vibra na mais rigorosa ligação com a proximidade. O hábito ainda não fez sua obra. Uma vez que começamos a nos orientar, a paisagem de um só golpe desapareceu, como a fachada de uma casa quando entramos. Ainda não adquiriu uma preponderância através da investigação constante, transformada em hábito. Uma vez que começamos a nos orientar no local, aquela imagem primeira não pode nunca mais restabelecer-se.*
>
> (Walter Benjamin, 1987, p. 43)

Evidência: palavra incontornável no terreno do profissional da História. Vimos, no capítulo anterior, na seção sobre a cidade no Brasil imperial, a força adquirida pela visão de que a cidade do Rio de Janeiro estaria fadada a ser a capital da América portuguesa por sua crescente importância econômica, pela presença de uma estrutura de fortalezas militares e pela sociabilidade diversa de uma cidade portuária desde o século XVII; era apenas uma questão de tempo, algo inevitável. Daniel Afonso da Silva (2012), contudo, afirma que não há evidência alguma na documentação da época para que se possa concluir com força que o governador da capitania do Rio de Janeiro, ao ser convidado para se tornar governador-geral na Bahia, se recusou a assumir o cargo maior a não ser que houvesse a mudança da sede do poder de Salvador para a cidade do Rio de Janeiro, pois esta seria, sem sombras de dúvidas, a futura capital do Império, alertando sobre o cuidadoso uso das fontes, principalmente no que tange aos termos de época. Nesse caso, Silva (2012) observa a necessidade de diferenciar o que então significam as palavras *centro* e *capital*, para depois buscar compreender os motivos das mudanças do poder de Salvador para o Rio de Janeiro (ver ver Capítulo 5, seção 5.3).

A evolução da pesquisa em história, com seus debates internos e conclusões diferentes, é possibilitada pela difusão de fontes primárias, pela ampliação das tipologias, pela organização dos acervos documentais e pelas perguntas dirigidas a essas fontes, como temos constantemente reforçado, pois, apesar das diversas naturezas das fontes, como veremos a seguir, escritas, audiovisuais, sonoras, materiais ou iconográficas, essa atitude do profissional da História é obrigatória e é o que contribui para o desenvolvimento científico dessa disciplina.

(6.1)
Problematizando fontes para o estudo das cidades no tempo

O surgimento do fenômeno urbano foi atestado por diversas áreas da produção do conhecimento, como a arqueologia, a antropologia, o urbanismo, a economia, a geografia e a História, e a cidade se tornou o principal objeto comum de estudo desde meados do século XX, cingindo, assim, os problemas daí oriundos como os mais prementes da humanidade. No entanto, o olhar sobre esse objeto de análise é bastante antigo, especialmente para a História, uma vez que essa disciplina científica nasceu num contexto de urbanização acelerada e expansiva no mundo e cujas análises recaem sobre as formas de organizações sociais urbanas, desde a Antiguidade e suas relações entre cidade e campo. As cidades são protagonistas da história e da escrita da história. "Então, ainda que não estivesse nomeada uma história das cidades ou uma história urbana, podemos dizer que parte substancial da literatura ocidental a partir da modernidade é uma história de cidades, senão uma história nas cidades" (Ilva, 2017, p. 164).

Se a cidade é, ela mesma, um documento para a História, mas também para a arqueologia, o urbanismo, a economia e a geografia, quais fontes podem ser manuseadas para dar conta desse objeto tão complexo e essencial para a escrita da narrativa historiográfica, ou melhor, como as fontes levantadas por essas disciplinas que dialogam com a História podem contribuir para o estudo do fenômeno urbano?

A arqueologia fornece testemunhos do passado longínquo de milhares de anos, mas também da materialidade da modernidade, ou seja, abrange o processo de urbanização global e não se restringe à "pré-história". Todavia, a materialidade evidente dos achados arqueológicos não garante que esses objetos falem por si sós,

> senão quando sabemos interrogá-los. [...] Velho medievalista, confesso não conhecer leitura mais atraente do que um cartulário. É que sei aproximadamente o que lhe perguntar. Uma coletânea de inscrições romanas, em contrapartida, me diz pouco. Se com dificuldade consigo lê-las, não sei solicitá-las. (Bloch, 2001, p. 79)

Não basta fazer perguntas às fontes; é preciso também fazer perguntas pertinentes que correspondam ao tipo de fonte que está sendo questionado e investigado. Assim, se Marc Bloch sabe que os cartulários são típicos do período medieval e que registram dados institucionais e topográficos dos mosteiros daquele período, não é apropriado buscar esse tipo documental em outro contexto histórico, nem mesmo solicitar informações que deles não faziam parte para tentar esclarecer algum outro tipo de assunto ou problema, algo não relacionado às cidades medievais. Portanto, o rol das perguntas é o primeiro passo de qualquer pesquisa histórica de qualidade. Há que se definir a quais documentos essas perguntas serão dirigidas, pois é consenso que não há um único tipo de fonte correspondente a um problema histórico específico. Criar um corpo documental é um passo fundamental em direção ao objeto de estudo escolhido.

Por sua vez, a vertente da antropologia cultural forneceu à prática e à escrita da história a possibilidade metodológica de um tratamento intensivo das fontes, observando todos os detalhes como se as examinasse através de um microscópio. Ao valorizar o conteúdo cultural das sociedades do passado, o que se busca é a riqueza qualitativa dos testemunhos históricos, como se fosse possível aproximar-se ainda mais da época analisada, justamente como um antropólogo em sua pesquisa de campo. O que o profissional da História ganha com tal método?

A micro-história é um dos frutos dessa relação entre a História e a antropologia cultural, privilegiando o princípio antropológico da descrição densa delimitada em um tempo e espaço curtos, com base nos quais se quer compreender estruturas mais amplas e de longa duração. A problematização do conceito de cultura ajuda a construir a tendência da História Cultural, que se avizinha, por sua vez, à História da Cidade, ou História Urbana, quanto à abordagem da cidade pela via das representações e dos imaginários que nela e sobre ela são produzidos pelos diferentes grupos sociais. Para tanto, as fontes primárias preferenciais são aquelas que registram as vozes das classes sociais mais baixas, direta ou indiretamente, e não apenas aquelas produzidas pelas elites políticas ou econômicas. Com isso, surgem novos protagonismos e temas ligados às etnias e aos grupos sociais minorizados, como as mulheres e a população negra.

Entendida como prática social, a cidade se identifica aos usos do espaço urbano e, assim, podem ser estudados os traços físicos que continuadamente ressignificam as formas e as funções dos objetos urbanos mediante sentidos sociais diferentes. Se se sabe da importância das perguntas a serem dirigidas para as fontes, detalhá-lhas e hierarquizá-las o máximo possível clarifica o campo de atuação do profissional da História.

> Autores que trabalham com períodos anteriores ao século XIX, possuem menor acesso a fontes importantes para uma percepção descritiva do passado, como é o caso dos jornais, dos textos literários (que aumentam consideravelmente a partir desse século) e das fotografias. A maior parte da documentação utilizada por historiadores do período colonial é oficial, e as fontes mais importantes para a percepção das práticas e dos atores são pouco variadas quando comparadas àquelas produzidas depois: memórias de viajantes, literatura e iconografia. Nem por isso a renovação dos estudos históricos pelo viés do simbólico, do cotidiano e dos novos sujeitos históricos foi ignorada pelos estudiosos do período colonial. O que percebemos foi apenas uma maior "empiria" na interpretação social, o que dificulta a interpretação antropológica, pelo viés do significado simbólico. (Souza, 2010, p. 39)

A limitação documental, todavia, não impossibilita a pesquisa, a qual pode ser levada adiante pela "empiria" interpretativa, aproximando-se daquilo que era possível ter sido vivido por determinado grupo sem registros documentais diretos a partir do conhecimento profundo do período estudado, da experiência do historiador, da comparação com outras situações históricas semelhantes, do acionamento da cultura material para atingir o simbólico coletivo, da especulação com responsabilidade profissional. A historiadora Monica Pimenta Velloso, nos anos 1990, por exemplo, ao estudar a sociabilidade de negros baianos da "Pequena África", na cidade do Rio de Janeiro do começo do século XIX, reconstituiu esse recorte de pesquisa ao problematizar a importância do papel da mulher nesse universo urbano. A parte espacial em que esse grupo se fixava foi transformada por meio de práticas sociais analisadas com base nos

> códigos de valores que as tias baianas imprimiam ao espaço urbano, [a autora] percebe que, da mesma forma que a casa não era o espaço da reclusão, mas também uma extensão da rua, a rua também não era o espaço da circulação – como queria a modernidade europeia – mas uma extensão da casa. Nos largos e esquinas as baianas paravam. E lá se comia e dormia. (Souza, 2010, p. 46)

Por esse caminho metodológico e conceitual, Velloso atinge um nível de explicação que, de maneira intensa e densa, debate a cidade como prática social, ou seja, é utilizada a chave da cultura para interpretar determinado grupo social em determinado espaço urbano desde um recorte temporal selecionado, com fontes possíveis à disposição, mas às quais foram lançadas perguntas capazes de conseguir respostas, mesmo que de modo indireto, porém sem anacronismos. Dessa maneira,

> mesmo existindo uma limitação documental nos estudos que recortam seu objeto no passado mais distante, o diálogo direto com a antropologia e, em especial, com a antropologia urbana, acrescenta elementos teóricos que munem o historiador de um repertório sólido e bastante propício à abordagem do espaço urbano não apenas como lugar, mas como sociabilidade característica de certos atores e determinadas práticas. (Souza, 2010, p. 46)

Com o objeto de pesquisa delimitado no tempo e no espaço, por meio de problematizações a partir de perguntas pertinentes e ultrapassadas as limitações documentais, o profissional da História está com os principais instrumentos de trabalho a postos. Mas é preciso detalhar as fontes, justificando como cada uma das tipologias documentais pode contribuir, com suas especificidades, para escrever a história das cidades na trajetória da humanidade.

(6.2)
FONTES ESCRITAS PARA O ESTUDO DAS CIDADES

Uma publicação da Organização das Nações Unidas para a Educação, a Ciência e a Cultura (Unesco) produzida para orientar metodologicamente a escrita para a História da África e que integra a Coleção Geral da África, em seu primeiro volume, editado em 2010, escrito em parceria com o Ministério da Educação do Brasil e com a Universidade Federal de São Carlos (UFScar), promove uma análise a respeito das fontes escritas que pode ajudar a iniciar a abordagem desta seção. Vejamos:

> A noção de fonte escrita é tão ampla que chega a se tornar ambígua. Se entendemos como escrito tudo o que serve para registrar a voz e o som, seremos forçados então a incluir no testemunho escrito as inscrições gravadas na pedra, disco, moeda... em suma, toda mensagem que fixa a linguagem e o pensamento, independentemente de seu suporte [...]. Isto nos levaria a aludir neste capítulo à numismática, à epigrafia e outras ciências "auxiliares" que, a rigor, se tornaram independentes da esfera do texto escrito. Portanto, restringiremos nossa investigação ao que é traçado ou impresso em signos convencionais sobre qualquer tipo de suporte: papiro, pergaminho, osso, papel. (Ki-Zerbo, 2010, p. 77)

Ao seguirmos essa referência, a de signos convencionais (palavra escrita) sobre suportes diversos, podemos apontar uma ampla variedade de registros escritos que instrumentalizam o estudo das cidades. Antes de tudo, é importante lembrar que as fontes escritas, ou textuais, diferem das fontes orais (palavra falada) e das fontes arqueológicas (informações registradas em vestígios materiais). Sobre as escritas, a primeira delas mais facilmente lembrada são, provavelmente, os documentos oficiais, aqueles que são emitidos pelas agências governamentais em decorrência das atribuições de cada uma. Podem ser exemplos de textos oficiais as leis, os discursos, as estatísticas, os atos institucionais, cartas, ofícios, entre outros.

No primeiro capítulo deste livro, vimos que essa categoria de fonte, composta pelos textos oficiais governamentais, foi considerada a única, para a escrita da História, com o objetivo de alcançar a "Verdade" dos fatos. Para tanto, bastaria organizar cronologicamente as séries de documentos como vetor irrefutável para narrar o passado. Com isso, esse regime de historicidade, que vigorou no nascimento da História como disciplina científica no final do Oitocentos, tornou sinônimos documento escrito e fonte da História.

A coincidência entre fonte histórica e documento escrito foi logo questionada, modificando o próprio conceito de fonte. De origem exclusiva da verdade histórica os textos oficiais passam a ser uma referência relativa do passado, visto que intermediados por hegemonias políticas e carregados de intenções conforme o tempo e o lugar em que foram emitidos; o documento se tornou monumento, algo que vimos em mais de uma passagem no decorrer dos capítulos anteriores. O agir histórico é compartilhado entre todos os grupos sociais, independentemente da posição social que ocupam, deixando de ser privilégio das elites políticas e dos agentes governamentais.

Nessa transformação conceitual e metodológica, os textos ditos *não oficiais*, em oposição aos oficiais, adentraram definitivamente nos estudos históricos como fontes legítimas para o profissional da área. Talvez mais bem classificados como textos narrativos subjetivos, podemos citar como exemplos os textos literários de todos os gêneros, os diários pessoais e de viagem, entre outros com essa configuração. A renovação historiográfica ao longo do século XX promoveu a ampliação do catálogo das fontes primárias, diversificando e enriquecendo as linhas de pesquisa, entre elas a da História Cultural Urbana.

As fontes narrativas podem ser balizadas como presentes nas sociedades desde a Antiguidade, como no caso dos poemas épicos de Homero, *Ilíada* e *Odisseia*, que narram a Guerra de Troia. No bojo da industrialização e da urbanização, as narrativas literárias se tornam um dos registros mais importantes para a compreensão da vitória do modo de vida urbano sobre o modo de vida rural. O espaço urbano, o qual se destaca por ser entendido como local privilegiado de circuitos culturais (academias de letras, livrarias, cafés etc.), ao mesmo tempo produz e é produzido pelo discurso literário. Dessa forma, a cidade pode ser analisada para além das considerações técnicas dos documentos oficiais, acolhendo as percepções simbólicas sobre ela.

Sandra Jatahy Pesavento fez um panorama da vastidão das fontes à disposição do profissional da História. Dessa amplitude de material disponível a autora destaca, em primeiro lugar, justamente as fontes textuais por serem o "tradicional terreno do historiador, que busca nas fontes escritas suas marcas de historicidade preferenciais. O historiador é, por definição, um homem de texto, e seu produto, a história, como bem se sabe, é uma narrativa sobre o passado" (Pesavento, 2007, p. 18). Mas as fontes escritas são variadas e mesmo as mais tradicionais, como as oficiais, carregam traços reais e imaginários por serem discursos impregnados de visões de mundo.

> Assim, seja em documentação oficial – os processos-crime, os relatórios de inspeção médica e de higiene, os códices policiais, os prontuários de hospitais e asilos, os projetos de reformulação urbana e os pareceres de juristas –, seja nos comentários dos periódicos, nos artigos e nas crônicas do cotidiano ou nos tão conhecidos 'correios do leitor', os saberes se cruzam e se defrontam, ao tomar a cidade como objeto de preocupação, de elaboração de conceitos e execução de práticas. (Pesavento, 2007, p. 19)

O volume 5 da *Revista Brasileira de História*, com o título *Cultura e Cidades*, lançado para o biênio 1984-1985, apresentou como objetos de estudos as cidades europeias do século XIX e a do Rio de Janeiro da passagem do século XIX para o XX, além de uma reflexão sobre a relação entre cidade e patrimônio cultural por meio da concepção de museu. Essa produção científica revela o significativo interesse pelo tema e o crescimento da História Cultural Urbana, mediante o manuseio de textos literários, a partir de escritores como Edgar Allan Poe e Charles Dickens, além de discursos oficiais emitidos por médicos, urbanistas e demais profissionais técnico-urbanos, evidenciando uma problemática que somente vai se complexificar no que tange às relações entre o real e o imaginário na dinâmica do espaço urbano.

Vamos olhar mais de perto o artigo escrito por Sérgio Pechman e Lilian Fritsch (1984-1985), intitulado "A reforma urbana e o seu avesso: algumas considerações a propósito da modernização do Distrito Federal na virada do século", no qual os autores investigam a então capital federal, a cidade do Rio de Janeiro, no cotidiano de seus habitantes em meio às reformas urbanas no final do século XIX. Pela leitura de estatísticas sanitárias e demais documentos de autoridades governamentais, esse estudo mostra o combate à insalubridade por meio de práticas, discursos e intervenções urbanísticas e o outro lado da moeda desse mesmo processo, que foram as críticas aos modos pelos quais esse combate se deu. A análise das reações às políticas públicas de saúde, que englobavam a demolição dos cortiços, considerou variadas visões acerca das iniciativas governamentais veiculadas em artigos de jornais, promovendo uma tensão entre textos oficiais e subjetivos e valorizando o comportamento dos grupos populares do Rio de Janeiro na condição de agentes de reivindicações.

Pechman e Fritsch (1984-1985) demonstraram que essa tensão social pode ser vislumbrada nas fontes textuais jornalísticas, as quais se tornaram uma das mais expressivas para o profissional da História.[1] Um dos aspectos da potencialidade dessa fonte para os estudos históricos é o de trazer à tona as negociações entre autoridades e sociedade civil diante das medidas oficiais. No Capítulo 3, vimos que a constituição do patrimônio cultural urbano é resultado de negociações da memória, entre aquilo que deve ser lembrado e que se pretende apagar, esquecer. Os movimentos sociais se utilizam desse mecanismo em todos os âmbitos do cotidiano, sendo que os jornais dão visibilidade a essas disputas de visões de mundo e interesses políticos.

No contexto das reformas urbanas no Rio de Janeiro, os periódicos acompanharam esses embates, no parlamento e nas ruas, e em muitas ocasiões atuaram de forma auxiliar em relação às reclamações populares: "A solidariedade obtida por algumas das reivindicações populares junto a órgãos da grande imprensa [...], determinadas autoridades governamentais e até mesmo certos segmentos do setor empresarial, muito concorreram para que o processo de negociação fosse instaurado" (Pechman; Fritsch, 1984-1985, p. 178). Essa solidariedade conseguiu barrar de fato algumas demolições e garantir a presença dos "corpos indesejáveis" em algumas regiões da cidade do Rio de Janeiro.

Portanto, o profissional da História precisa manejar uma série de documentos com o objetivo de investigar as cidades, uma vez que o espaço urbano é uma construção que envolve relações e sentidos diversos e complexos. Para tanto, a amplitude das fontes consideradas

---

[1] *A importância das fontes textuais impressas colocou os jornais, as revistas, os anuários e outros documentos seriados no centro da pesquisa das ciências sociais, promovendo lugares de memória imprescindíveis para esses profissionais, a exemplo do portal de periódicos nacionais disponibilizado pela Fundação Biblioteca Nacional, a Hemeroteca Digital Brasileira. O acesso é gratuito e a consulta é avançada e conta com documentos dessa natureza dos séculos XIX e XX. O conhecer, o endereço do portal é: <http://bndigital.bn.gov.br/hemeroteca-digital/>. Acesso em: 5 out. 2023.*

legítimas para esse estudo é uma conquista teórica e metodológica da constituição da História no diálogo com outras disciplinas. Lançar mão, por exemplo, de fontes da arquitetura e do urbanismo faz parte do manejo dos documentos que desvendam o passado. Entre elas estão documentos como os planos urbanísticos, os planos diretores, os códigos de posturas e outros que regulamentam o uso do espaço urbano pelas autoridades e pelos cidadãos. Quanto maior o cruzamento de fontes, mais o profissional consegue se aprofundar nas contradições inerentes às cidades.

(6.3)
FONTES ICONOGRÁFICAS, SONORAS E AUDIOVISUAIS PARA O ESTUDO DAS CIDADES

A *Revista Brasileira de História* produziu três dossiês que tratam exclusivamente do tema *cidades*: 1) volume 5, com o título *Cultura e Cidades*, de 1984-1985; 2) volume 23, chamado *Experiências Urbanas*, editado em 2003; 3) volume 27, intitulado *Cidades*, publicado em 2007.

No dossiê *Cidades*, as fontes sobre a história da cidade já se ampliaram em relação ao número saído em meados dos anos 1980, quando predominaram as fontes escritas literárias e técnicas. Dessa ampliação fazem parte as fontes iconográficas, sonoras e audiovisuais, como a fotografia e o cinema e demais registros da linguagem visual. Todas as considerações feitas na seção anterior, a respeito das fontes escritas, servem para essas demais fontes, pois tudo se inicia com a pergunta formulada e o olhar que se quer direcionar para esse conjunto de material. Se as narrativas literárias são orgânicas ao processo de modernidade e de urbanização, as fontes sonoras e audiovisuais dizem respeito a determinado ponto temporal desse mesmo processo. Por sua vez, os registros históricos por meio de imagens estáticas, como as pinturas e as fotografias, são mais antigos em referência a esse mesmo processo.

No texto *A história depois do papel*, Marcos Napolitano (2006) se debruça sobre o uso das fontes audiovisuais e musicais utilizadas na pesquisa histórica. Antes de mais nada, esse autor observa que o tempo presente é mediado cada vez mais por aquilo que vemos e ouvimos, porém, assim como devemos questionar esse universo infinito de imagens e sons em nosso cotidiano na condição de profissionais da História, o uso de fontes audiovisuais e musicais (cinema, televisão, discos e outros registros sonoros) precisa ser criticado "**em suas estruturas internas de linguagem e seus mecanismos de representação da realidade, a partir de seus códigos internos**" (Napolitano, 2006, p. 236, grifo do original).

Portanto, tais fontes não podem ser apreendidas por esses profissionais como se fossem a própria realidade ou, por outro lado, como algo apenas representativo da subjetividade do artista, sem conexão com a realidade social. Para tentar resolver esse impasse, Napolitano (2006) sugere um instrumento metodológico que consiga articular a linguagem técnica dessas fontes e as representações sociais por elas elaboradas. E, assim como em relação às fontes narrativas literárias, as de natureza audiovisual e sonora seriam subestimadas se utilizadas como meras ilustrações ou complementares às fontes tidas como mais tradicionais, como as escritas.

> Por exemplo, num quadro como *O Grito do Ipiranga* de Pedro Américo, o observador parece ter acesso imediato à cena histórica da Proclamação da Independência, por D. Pedro I e sua comitiva e muitas vezes se esquece de pensar sobre as convenções e linguagens da "pintura histórica", gênero específico que floresceu no século XIX e que possuía regras próprias de

composição, para além da representação "verdadeira" dos fatos históricos retratados. (Napolitano, 2006, p. 239)

Outras "armadilhas", portanto, estão postas no desenrolar da pesquisa histórica com o uso dessas fontes amplas, impondo desafios para além dos apresentados pelas fontes mais tradicionais, e requerem uma atenção aguda quanto aos seus aspectos internos, como a tecnologia utilizada, o enquadramento e o tipo de voz. Napolitano (2006) sugere que sejam feitas fichas técnicas de cada uma dessas fontes levantadas, como no caso de um filme, por exemplo, registrando-se os seguintes itens: gênero (ficção, documentário, melodrama etc.); suporte (película, digital etc.); origem quanto ao país, produtora e estúdio; duração em minutos; autor e produtor; conteúdo a que se refere; acervo. Essas informações devem constar das referências das pesquisas que abarcam esse tipo de fonte. Por outro lado, ao se considerarem os meios de acesso atuais, o pesquisador pode contar não somente com os acervos arquivísticos físicos, mas também com os digitalizados e disponíveis na internet, tendo o cuidado para manusear esse universo de informações de modo a saber filtrá-las nesses tempos de pós-verdade.

A fotografia está presente na sociedade moderna desde a década de 1830 como técnica inovadora de fixação de imagem, meio de entretenimento, registro da realidade e prova individual (imagens nos documentos pessoais) e coletiva (retrato de uma época). Ao historiador, especificamente, segundo a professora da Universidade Federal Fluminense (UFF), "a fotografia lança [...] um desafio: como chegar ao que não foi imediatamente revelado pelo olhar fotográfico? como ultrapassar a superfície da mensagem fotográfica e, do mesmo modo que Alice nos espelhos, ver através da imagem?" (Mauad, 1996, p. 5). Tal como proposto por Napolitano para os filmes, os discos e os produtos da televisão, quanto às imagens fotográficas, não basta atentar para o que nelas está retratado; é preciso explorar o circuito social das fotografias, seus códigos e suas técnicas. Para tanto, Mauad (1996, p. 8), inspirada em Jacque Le Goff, propõe que

> há que se considerar a fotografia, simultaneamente como imagem/documento e como imagem/monumento. No primeiro caso, considera-se a fotografia como índice, como marca de uma materialidade passada, na qual objetos, pessoas, lugares nos informam sobre determinados aspectos desse passado – condições de vida, moda, infraestrutura urbana ou rural, condições de trabalho etc. No segundo caso, a fotografia é um símbolo, aquilo que, no passado, a sociedade estabeleceu como a única imagem a ser perenizada para o futuro. Sem esquecer jamais que todo documento é monumento, se a fotografia informa, ela também conforma uma determinada visão de mundo.

Índice (sinal de um tempo e de um espaço determinados) e símbolo (o que mais é representativo daquele período e espaço físico), portanto, são dois aspectos das fontes fotográficas que devem ser levantados na pesquisa histórica, buscando-se compreender o que não aparece na imagem estática. Desse modo, a leitura da fotografia como fonte para a história é realizada através de camadas: a primeira é a observação da própria imagem, considerando-se seus aspectos documentais e monumentais, e a segunda se refere ao cruzamento com outras fontes visuais e verbais, construindo-se, com isso, o universo no qual tal fonte está inserida quanto aos seus produtores, destinatários, consumidores etc.

E, assim como Marcos Napolitano sugere uma lista de itens a serem observados pelo pesquisador no levantamento das fontes audiovisuais e sonoras, Mauad (1996, p. 12-13) compartilha elementos para serem descritos quando do manuseio de fontes fotográficas, a saber: 1) conteúdo: agência produtora; ano; local retratado; tema retratado; pessoas retratadas; objetos retratados; atributo das pessoas; atributo da paisagem; tempo retratado (dia/noite); número da foto; acervo; 2) forma da expressão: agência produtora; ano; tamanho da foto; formato da foto e suporte (relação com o texto escrito); tipo de foto; enquadramento I: sentido da foto (horizontal ou vertical); enquadramento II: direção da foto (esquerda, direita, centro); enquadramento III: distribuição de planos; enquadramento IV: objeto central, arranjo e equilíbrio; nitidez I: foco; nitidez II: impressão visual (definição de linhas); nitidez III: iluminação; produtor: amador ou profissional; número da foto; acervo.

Com esse levantamento detalhado, é possível configurar os temas e subtemas envolvidos no objeto de estudo. Interessante observar rapidamente, por fim, que o próprio profissional da História pode produzir fontes. Sim, a História Pública estabelece uma relação entre o historiador e o tempo presente e com os espaços para além dos muros das academias. O fato de sair da esfera acadêmica requer que a produção do conhecimento histórico seja coletiva e problematizada por meio de redes de discursos sobre o passado vivo no presente. Pode-se afirmar que a História Oral é uma das vertentes mais antigas da História Pública, uma vez que tem como objetivo principal registrar memórias do passado presentificado pelas lembranças registradas como fontes para a escrita histórica. Indo além, entretanto, percebe-se que essa vertente, a da História Pública, configura uma nova atitude, uma relação estreita com posições políticas. É, no fundo, o papel social do/a historiador/a que se coloca em debate num contexto em que

> somos chamados a nos posicionar e reinventar, pensando formas de transformarmos as tecnologias e, mais do que isso, as comunidades, em

nossas aliadas na escrita, na divulgação e na apropriação da História. Desta forma, o convite aos historiadores tem sido o de ponderarmos sobre questões que valorizem as experiências já realizadas, a reelaboração da ciência articulada mais estreitamente com os sujeitos coletivos e o diálogo com outras narrativas que emergem continuamente nas mais diferentes redes de comunicação. (Rovai, 2020)

O entrecruzamento de fontes e as considerações que as apreendem em diversos níveis interpretativos, materiais e simbólicos, temporais e espaciais, constituem a principal estratégia da aproximação do pesquisador aos vestígios do passado, considerando-se as múltiplas vozes que neles estão impressas, e dos grandes monumentos ao próprio corpo humano, como veremos a seguir.

(6.4)
Fontes materiais para o estudo das cidades

A cultura material para o estudo das cidades de imediato nos remete aos objetos depositados em instituições museológicas e aos sítios arqueológicos. Essa materialidade propicia que sejam acessados objetos de um passado longínquo em contraposição a outros tipos de fontes mais frágeis, como os textos escritos desaparecidos ou perdidos. No entanto, há uma diferença entre a materialidade e os objetos materiais, qual seja:

> a primeira é mais ampla, compreendendo também o sentido dos elementos que não foram, pelo menos num primeiro momento, culturalmente determinados. A segunda é constituída por símbolos com potencial para agenciar o modo pelo qual grupos humanos, ao longo dos tempos organizam e avocam a própria vida social. (Costa; Viana, 2019, p. 4).

Assim, a materialidade se transforma em objetos ou fontes ao adquirir um significado social, o que é alcançado por meio dos estudos analíticos sobre ela, como os desenvolvidos pelo campo da história.

Mas como se configura a cultura material?

> Por cultura material poderíamos entender aquele segmento do meio físico que é socialmente apropriado pelo homem. Por apropriação social convém pressupor que o homem intervém, modela, dá forma a elementos do meio físico, segundo propósitos e normas culturais. Essa ação, portanto, não é aleatória, casual, individual, mas se alinha conforme padrões, entre os quais se incluem os objetivos e projetos. Assim, o conceito pode tanto abranger artefatos, estruturas, modificações da paisagem, como coisas animadas (uma sebe, um animal doméstico), e, também, o próprio corpo, na medida em que ele é passível desse tipo de manipulação (deformações, mutilações, sinalizações) ou, ainda, os seus arranjos espaciais (um desfile militar, uma cerimônia litúrgica). (Meneses, 1983, p. 112)

Por detrás das fontes materiais para o estudo da história em geral, assim, está o forte aspecto de evidências que conformam a cultura material de um período. Contudo, como já vimos neste livro, ao determinar uma significação cultural a uma materialidade qualquer, ela não apenas externa uma evidência, mas se articula à representação e aos imaginários sociais por meio da cultura material exemplificada na citação anterior.

Na historiografia, os objetos da cultura material também respondem às perguntas que lhes são dirigidas, do mesma forma que a qualquer outro tipo de fonte. Ao questionar o modo de vida urbano de diferentes grupos que compõem a sociedade nacional, a cultura material indica, por exemplo, a resistência popular tanto quanto a dominação. A cultura material, portanto, é relativa ao modo de se fazer a história, sua tendência e problematização. Do ponto de vista da historiografia interessada nas camadas populares, a cultura material é um ponto central, uma vez que muitos grupos sociais, por não terem acesso aos poderes constituídos, tornam-se objetos de estudo histórico graças às fontes materiais, aos artefatos que são índices e símbolos do cotidiano desses grupos.

A materialidade urbana concretizada em monumentos e demais edificações, bem como os lugares de memória diversos e a paisagem das cidades, é uma das principais vertentes dos novos estudos da cultura material histórica, pois traz referências culturais em disputa em determinado território. Por se caracterizar como um palimpsesto, um aglomerado de intervenções de temporalidades diferentes, o espaço urbano é repleto de camadas históricas. E, como todo monumento é documento, mais uma vez se interconectam a materialidade e suas representações no tempo e no espaço. Assim, apreender a cidade ela mesma como um objeto material promove um rico debate acerca da cultura material histórica, nos seguintes aspectos: a) o potencial explicativo está na dinâmica das mudanças no objeto, e não nas permanências ou em suas características perenes; b) refletir sobre os modos como o objeto é manuseado pelo próprio pesquisador resulta em contribuições à metodologia da pesquisa e da escrita histórica.

Este último ganho oriundo da cultura material histórica permite uma combinação de diversas fontes, materiais, iconográficas, visuais, sonoras e escritas, considerando-se, como já afirmamos neste capítulo, que o espaço urbano é, por excelência, produtor e produto de circuitos culturais complexos; as evidências arqueológicas entram nesse universo também. Aliás, a preferência é para essa combinação, evitando-se, com isso, que outra fonte que não seja a mais tradicional, a escrita, seja utilizada apenas como complemento ou ilustração. "A mudança do campo heurístico não pode ser resumida, pois, a um alargamento quantitativo: implica formas de pensar conexões que não se colocavam quando o objeto era considerado individualmente e, além disso, faz das próprias conexões o dado a ser considerado, mais do que o objeto" (Rede, 2000-2002, p. 280).

Um exemplo que ajuda a visualizar a cidade na condição de fonte da cultura material como uma estrutura social complexa são os cemitérios, que estão presentes cada vez mais no rol de pesquisa da história. O olhar sobre esse objeto específico precisa apreender os elementos que o compõem não de forma isolada, mas na relação entre eles, bem como entre a paisagem cemiterial e a paisagem urbana, problematizando a ligação entre a cidade dos mortos e a cidade dos vivos. A pesquisadora e socióloga curitibana Clarissa Grassi, por exemplo, ao voltar sua atenção para o Cemitério São Francisco de Paula, inaugurado nessa cidade no dia 1º de dezembro de 1854, trata-o como uma cidade, pois, tal como esta, "a paisagem do cemitério está em constante mudança" (Grassi, 2015, p. 5). A partir da morfologia urbana, a pesquisadora esquadrinha bairros, quadras e avenidas no São Francisco de Paula, identificando na paisagem cemiterial identidades sociais e territórios. Para tanto, a complexidade da materialidade da paisagem cemiterial foi posta em diálogo com a arquitetura, a geologia, a arte tumular, biografias de mortos e estudos socioculturais sobre rituais de fé, incluindo devoções populares.

Outra proposta advinda dessa abordagem sobre os cemitérios é a implantação de roteiros históricos, exercendo-se uma ação de educação patrimonial por meio da oferta de visitas guiadas abertas à população em geral. Essa proposta se articula com o que foi mencionado na seção anterior, acerca da ampliação do terreno de intervenção do pesquisador, atingindo um público vasto, problematizando o espaço urbano como um misto de memória e história e, ainda, produzindo fontes no sentido de pensar novas conexões entre as informações disponíveis de natureza diversa sobre determinado objeto. Nas visitas históricas, a própria interação entre mediador e público constitui um espaço de produção de memória e de escrita da história.

(6.5) História, cidade e possibilidades para o ensino

Como pesquisar as cidades do passado? Na condição de profissionais da História, temos a tendência de buscar as cidades do passado que cada espaço urbano abriga como se fosse um palimpsesto, conforme já visto, pois elas contêm traços que podem ser recuperados mediante um trabalho de pesquisa na busca de camadas temporais de vestígios. Tais vestígios tornam-se, para nós, historiadores e historiadoras, fontes, desde que a eles sejam direcionadas perguntas por meio de conceitos, concepções e noções que governam nossa posição na realidade do presente. As respostas a esses questionamentos da perspectiva do profissional da História podem nascer não diretamente do vivido, mas da representação dele, do imaginário, o que alarga o conceito de fonte. Portanto, mesmo a materialidade de um edifício pode ser lida como uma narrativa, pois tal edifício foi qualificado pela técnica, por sua função e seu uso, bem como pelo seu significado no tempo.

Modernidade, racionalidade, urbanização, sensibilidades urbanas, imagens e paisagens das cidades são temas legítimos para a História da cidade. Diante disso, as metodologias e possibilidades para o ensino colocam-se nesse campo amplificado do conceito de cidade. As "tramas de memórias e esquecimento" são um bom aspecto para explorarmos, aqui, algumas dessas possibilidades para o ensino, como a área da educação patrimonial.

No Capítulo 3, vimos as relações entre cidade, memória e patrimônio urbano, mas ainda é possível ir um pouco mais adiante e trazer alguns exemplos aplicados nos espaços formais e não formais da educação e que lançam mão da memória como instrumento de práticas de aprendizado. "Sendo uma ação transversal, a educação patrimonial não deve refletir os conteúdos didáticos formais das escolas, mas sim atuar como elemento crítico do aprendizado, fazendo o conhecimento extrapolar os muros da escola, inserindo nos alunos a consciência cidadã do cuidado com o passado" (Marchette, 2016, p. 119).

São várias as experiências brasileiras de educação patrimonial nas escolas, mas assim devem ser consideradas se são capazes de envolver a comunidade escolar quanto ao reconhecimento e à valorização das referências culturais que tenham significado para essa comunidade em especial; se se utiliza o inventário como instrumento metodológico para levantar e listar esses bens culturais, metodologia esta sistematizada, divulgada e multiplicada pelo Instituto do Patrimônio Histórico e Artístico Nacional (Iphan), por meio do reconhecimento detalhado de cada bem cultural. Para tanto, esse órgão federal de preservação do patrimônio nacional disponibiliza materiais de orientação para uma aplicação adequada da educação patrimonial, entre eles o *Guia básico da educação patrimonial*, de Maria de Lourdes Parreiras Horta, Evelina Grunberg e Adriane Queiroz Monteiro, publicado em 1999.

Esse guia, apesar de ser até os dias atuais uma referência essencial, foi elaborado antes do marco legal que instituiu o patrimônio imaterial pelo Decreto n. 3.551, de 4 de agosto de 2000, privilegiando, portanto, os objetos materiais do patrimônio tradicional, o chamado de "pedra e cal", em detrimento dos bens culturais imateriais, como os saberes, os fazeres, os lugares e as manifestações populares. A posição do profissional de História fincada no entrecruzamento entre aquelas três dimensões propostas por Pesavento (2008) para apreender a cidade reivindica a atenção, como temos reforçado ao longo deste estudo, não apenas para a materialidade urbana, mas também para as representações e o imaginário sociais. A metáfora das "cidades invisíveis", como observa essa historiadora brasileira, serve para identificar outras cidades possíveis integrantes da "cidade real", e essa imagem vem a propósito dessa noção ampliada de patrimônio que pauta as ações de educação patrimonial na atualidade.

O guia de 1999 traz como exemplos de atividades de educação patrimonial as que se utilizaram de objetos, monumentos e sítios históricos para demonstrar os passos desse aprendizado diferenciado, mediante etapas metodológicas sugeridas de observação, registro, exploração e apropriação, promovendo diversas habilidades e conhecimentos. Com a inserção da valorização e do reconhecimento dos bens culturais intangíveis, tais procedimentos continuam válidos, mas é interessante refletir a respeito da educação patrimonial aplicada para valorizar o patrimônio urbano. Um dos meios, para tanto, tem sido apontado pela educação urbana ou uma educação para a cidade: "Trata-se de que as escolas assumam seu papel de ressignificar as relações entre os educandos enquanto cidadãos e a cidade, sua memória, sua história, seu passado e seu presente [...]" (Arroyo, 2005, p. 33). A observação, o registro, a exploração e a apropriação do espaço urbano como forma de aprendizagem podem desenvolver não apenas a cidadania, mas também a reflexão sobre os modos urbanos e suas representações cotidianas.

Ao se considerarem o espaço urbano e seus patrimônios como recursos educacionais, muitas podem ser as propostas de ensino e aprendizagem, com a responsabilidade dos princípios mencionados a respeito da educação patrimonial. Ao se tomar o conceito de cidade como território ou um território produtor de territórios, conforme a definição do geógrafo e urbanista francês Marcel Roncayolo (1993), tais possibilidades se ampliam na medida em que a centralidade urbana pós-moderna sofreu uma explosão, criando centralidades diversas no tecido urbano. Com isso se quer dizer que o reconhecimento dos bens culturais não passa, obrigatoriamente, pelos locais considerados núcleos históricos das cidades brasileiras, mas pode ser realizado em suas periferias. Pesquisas de pós-graduação voltadas para o ensino de História promovidas pelos mestrados profissionais (instituídos em 2007 com o objetivo de fornecer aprimoramento para o profissional atuante em determinada área) trazem exemplos importantes nesse campo.

Antes de tudo,

> A relevância das práticas educativas de educação patrimonial no ensino de História se justifica pelo fato de que, ao tomar conhecimento que as praças, escolas, casas, centros de cultura comunitários e manifestações culturais que veem em seu cotidiano também são patrimônios culturais que fazem parte da história e que a constroem, os estudantes podem atribuir um valor positivo à sua comunidade, fortalecendo o sentimento de pertença ao lugar e construindo uma relação de identidade que os caracteriza enquanto sujeitos ativos no mundo. (Almeida, 2020, p. 67)

A pesquisa de Littbarski de Castro Almeida, ao investigar alguns "lugares de memória" no bairro Grande Bom Jardim, na cidade de Fortaleza, selecionados pelos próprios alunos e alunas, leva à comunidade escolar a opção de utilizar a educação patrimonial como proposição da afirmação da autoestima e da cidadania construídas a partir do território da própria comunidade. Além de entrevistas com moradores,

> Foram utilizados como fontes questionários, relatórios e cadernos de campo produzidos pelos estudantes ao longo da pesquisa, bem como jornais, relatórios feitos por órgãos públicos e organizações da sociedade civil e fontes orais. A partir do cruzamento desses diferentes vestígios e através da metodologia da educação patrimonial, também foi produzido um guia de educação patrimonial voltado para os três lugares mencionados acima, que pretende apresentar aos docentes de história um caminho na construção de propostas de aulas passeio pelos demais territórios periféricos urbanos do Brasil. (Almeida, 2020, p. 10)

A educação patrimonial aplicada em casos específicos auxilia a construção de modelos a serem compartilhados com as demais comunidades escolares, no caso de Almeida (2020), naquelas localizadas em "territórios periféricos urbanos do Brasil". Os estudantes, nesse exemplo de Fortaleza, escolheram como lugares significativos uma praça e um centro cultural, ambos situados no bairro Grande Bom Jardim, justificando cada um desses locais pela sua representatividade. No caso da Praça Santa Cecília, por ser o "coração" do bairro, praticamente todo habitante do Grande Bom Jardim tem uma experiência individual ali registrada na memória e no cotidiano; o Centro Cultural do Bom Jardim, por seu turno, oferta atividades culturais no bairro, além de abrigar teatro e biblioteca, promovendo a circulação e a produção de cultura por meio da gestão comunitária; o terceiro lugar foi escolhido pelo próprio pesquisador, com o intuito de contribuir para a institucionalização dos ganhos advindos com a aplicação da educação patrimonial.

O Ponto de Memória do Grande Bom Jardim nasceu com a missão de criar um museu comunitário da história local mediante a colaboração entre poder público e sociedade, partindo da premissa de que políticas de segurança pública devem ter em seu escopo medidas de promoção do acesso à cultura e ao lazer como forma de amenizar a violência. Essa visão política pode ser demonstrada ao avaliarmos os programas e as instituições que deram origem ao programa Pontos de Memória em âmbito nacional. (Almeida, 2020, p. 117).

A colaboração coletiva é estratégica nesse exemplo, uma vez que se entende que os processos de patrimonialização não podem ser conduzidos unicamente pelo Estado, mas por uma pluralidade de sujeitos, entre eles os grupos urbanos das periferias. Outro viés importante a ser observado nessa iniciativa em Fortaleza é que a história narrada e sistematizada pelos próprios moradores do bairro em exposições abrigadas no Ponto de Memória acentuou a luta pela moradia e por direitos básicos relacionados à cidade. Esse modelo pode ser reproduzido em outras cidades e territórios periféricos tendo em vista que tais direitos não estão garantidos ainda.

Síntese

Mesmo angariando contribuições de outras áreas do conhecimento afins, a prática da pesquisa histórica é particular quanto aos seus métodos, principalmente no que se refere às perguntas que são dirigidas ao objeto de estudo escolhido. Foi Marc Bloch que inaugurou a "história como problema", identificando a missão dessa disciplina que, pelo "método regressivo", se constrói no "jogo entre a importância do presente para a compreensão do passado e vice-versa [...]. (Schwarcz, citada por Bloch, 2001, p. 7).

Se, no capítulo anterior, atestamos as grandes oportunidades do estudo sobre a cidade na história do Brasil, este capítulo final coroa o papel do profissional da História no manuseio de fontes amplificadas pela renovação da historiografia desde o início do século XX. Apreender a melhor forma, mais eficiente e de acordo com as regras do ofício abre uma grande avenida na qual desfila um rico conjunto de documentação histórica, considerando-se a noção moderna de documento e as relações entre documento e monumento.

Atividades de autoavaliação

1. Marque a alternativa que apresenta de forma correta a sequência lógica dos passos a serem seguidos para desenvolver uma pesquisa histórica:
    a) Seleção de fontes; organização de fontes de diversas naturezas; leitura crítica; seleção do tema de estudo; perguntas que problematizam o objeto de estudo.
    b) Seleção do tema; perguntas que problematizam o objeto de estudo; seleção de fontes; organização de fontes de diversas naturezas; leitura crítica.
    c) Perguntas que problematizam o objeto de estudo; seleção do tema; seleção de fontes; organização de fontes de diversas naturezas; leitura crítica.
    d) Leitura crítica; organização de fontes de diversas naturezas; seleção do tema; seleção de fontes; perguntas que problematizam o objeto de estudo.
    e) Organização de fontes de diversas naturezas; seleção do tema; seleção de fontes; leitura crítica; perguntas que problematizam o objeto de estudo.

Tatiana Dantas Marchette

2. A respeito dos exemplos de tipologia de fontes, marque com V as afirmativas verdadeiras e com F as falsas:
   ( ) Entre as fontes escritas, podemos considerar os diários pessoais.
   ( ) São exemplos de fontes sonoras os filmes e os discos de música.
   ( ) As fotografias são as fontes mais importantes do conjunto de fontes audiovisuais.
   ( ) Os antigos vasos de cerâmica encontrados nos sítios arqueológicos estão no campo das fontes materiais.
   ( ) Obras de arte podem ser consideradas fontes iconográficas

3. Há muitas semelhanças entre os espaços cemiteriais e os espaço urbanos. Selecione a alternativa que as demonstra de forma correta:
   a) Ambos os espaços estão em constante crescimento, dividem-se em quadras e apresentam diferenciações arquitetônicas conforme a classe social.
   b) Apenas os espaços urbanos são divididos em quadras.
   c) Tanto os cemitérios como as cidades se configuram como dois tipos de espaço urbano, não ocorrendo em áreas rurais.
   d) A cidade dos mortos se denomina *acrópole*.
   e) A cidade dos vivos se denomina *necrópole*.

4. Leia o trecho a seguir e assinale V para as afirmações verdadeiras e F para as falsas:

   No percurso da ampliação temática da historiografia brasileira, com rebatimento nos estudos do patrimônio cultural e sua seleção mais abrangente, mereceram atenção nos últimos anos, em particular, a história social do país [...]. Mas também se debruçou expressivamente no trato do espaço urbano, em análises interdisciplinares que têm merecido atenção da historiografia, em particular aquela que se volta para a evolução urbana e imagem de nossas cidades. (Martins, 2013, p. 299)

( ) Afirma-se que há uma relação direta entre a ampliação e a diversificação das fontes para a história e a renovação na historiografia brasileira.

( ) Os estudos do patrimônio cultural no trato do espaço urbano podem se dar por meio da conservação e da restauração de bens culturais implantados nas cidades.

( ) Uma seleção mais abrangente de patrimônio cultural significa aumentar o número de bens culturais.

( ) Os bens culturais são uma fonte para o historiador que estuda e pesquisa a evolução urbana.

( ) A história, em conjunto com a morfologia urbana, por exemplo, é uma forma de estudo interdisciplinar para abarcar a complexidade da evolução das cidades no tempo.

5. Um dos elementos da morfologia urbana é o monumento, definido pela Carta de Veneza como "a criação arquitetônica isolada, bem como o sítio urbano ou rural, que dá testemunho de uma civilização particular, de uma evolução significativa ou de um acontecimento histórico" (Carta..., 1964). Inventado pelas sociedades humanas, o monumento se perpetua na paisagem urbana como testemunha de determinada época. Apesar de estar presente em toda e qualquer cidade, um monumento é um fato urbano singular e estrutura a área em que está implantado.

Sobre o conceito de monumento, marque a alternativa correta:

a) O monumento é a-histórico.
b) Um monumento na paisagem urbana tem significado histórico por si próprio, sem relação com a área onde está implantado.
c) Da mesma forma que um documento escrito, um monumento urbano é fruto de sua época, em determinada fase da evolução urbana.
d) A Carta de Veneza não teve e não tem qualquer influência no tratamento dos monumentos urbanos no Brasil.
e) A área onde um monumento está implantado não sofre nenhuma alteração de significado quando ele é demolido ou transferido para outro sítio.

Atividades de aprendizagem

Questões para reflexão

1. Justifique por que as fontes escritas são bastante apropriadas para estudar as cidades, privilegiando as representações e o imaginário sociais sobre elas. Para isso, responda às seguintes questões:
   a) No que as fontes literárias se distinguem de outras utilizadas tradicionalmente pelo profissional da História?
   b) Que tipo de literatura podemos considerar para o estudo das cidades brasileiras? Dê alguns exemplos de livros.

2. Leia o trecho a seguir, retirado de um texto de Bruno Leal publicado no *site* Café História, dedicado à divulgação científica, e responda às questões propostas no artigo.

Não é tarefa das mais simples definir o que vem a ser História Pública. Seria ela uma metodologia, um campo, um objeto de estudo ou uma subárea da História? Somente o historiador estaria autorizado a fazer História Pública ou o "grande público" também participaria da elaboração desta História? (Leal, 2017)

Atividade aplicada: prática

1. Elabore um projeto didático de educação patrimonial com base na realidade da cidade em que você vive.

2. Destaque os elementos informativos a serem levantados das fontes iconográficas. Em seguida, selecione um exemplo concreto e elabore uma ficha técnica da fonte considerando os pontos a seguir:
   a) Produtor
   b) Ano
   c) Duração em minutos
   d) Tema
   e) Local

3. De acordo com a morfologia urbana tradicional da cidade ocidental, são 11 os elementos morfológicos do espaço urbano: o solo, o edifício, o lote, o quarteirão, a fachada, o logradouro, o traçado da rua, o recuo, a praça, o monumento e o mobiliário urbano. Pesquise sobre cada elemento e escreva um verbete para cada um deles. Em seguida, observe com atenção as imagens a seguir e identifique os elementos da morfologia urbana nelas presentes, apontando as diferenças entre os diferentes tempos impressos na cidade.
   a) Solo
   b) Edifício

Tatiana Dantas Marchette

c) Lote
d) Quarteirão
e) Fachada
f) Logradouro
g) Traçado da rua
h) Praça
i) Monumento
j) Árvore e vegetação
k) Mobiliário urbano

Imagem 1

Entre os primeiros anos do Novecentos e a década de 1920, o Morro do Castelo, no Rio de Janeiro, que abrigava um conjunto de edificações urbanas de características precárias, foi sendo arrasado e demolido a fim de ser transformado em uma grande esplanada. Observe as intervenções nessa paisagem, identificando os diferentes elementos urbanos que foram se tornando dominantes ao longo do período. Você pode, também, acessar o *link* indicado a seguir.

BRASILIANA FOTOGRÁFICA. Disponível em: <https://brasilianafotografica.bn.gov.br/brasiliana/discover?scope=/&rpp=10&page=3&query=%22demoli%C3%A7%C3%A3o+do+morro+do+castelo%22&group_by=none&etal=0>. Acesso em: 5 out. 2023.

Imagem 2

Com a demolição do Morro do Castelo, "a Avenida Central (atual Rio Branco) se tornou o novo palco da moda, o lugar onde as elites exibiam seus trajes europeus e onde as lojas anunciavam a venda de artigos *dernière bateau* (chegados no último navio)" (Multirio, 2023).

Indicação cultural

HORTA, M. de L. P.; GRUNBERG, E.; MONTEIRO, A. Q. Guia básico da educação patrimonial. **Brasília: Instituto do Patrimônio Histórico e Artístico Nacional/Museu Imperial, 1999.** Disponível em: <http://portal.iphan.gov.br/uploads/temp/guia_educacao_patrimonial.pdf.pdf>. Acesso em: 5 jun. 2023.

A publicação do *Guia básico da educação patrimonial* em 1999 representa o primeiro marco bibliográfico do campo da educação patrimonial no Brasil, com o objetivo de consolidar uma metodologia-padrão para ser aplicada nas atividades educativas que usam como recursos os bens culturais. Com a chancela do Instituto do Patrimônio Histórico e Artístico Nacional (Iphan), ainda hoje é a principal ferramenta de educação patrimonial no país.

Considerações finais

Escrever sobre a história da cidade é um grande desafio, e tudo indica que continuará assim para as gerações seguintes de historiadores, urbanistas, arquitetos, sociólogos e outros profissionais que se interessam pelo tema. Conceituar a cidade é uma operação complexa, característica que se acentua cada vez mais à medida que aumentam as dificuldades em administrá-la, habitá-la com qualidade e sustentabilidade e organizá-la sem segregações sociais e não se encontram as soluções mais adequadas para essa realidade.

Nesse contexto, alguns conceitos e noções se apresentam para instrumentalizar pesquisas, programas e projetos que venham a promover maior igualdade e justiça social nos espaços urbanos. Na narrativa histórica, podemos colocar lado a lado as utopias, os traços materiais, os imaginários, as práticas e as construções arquitetônicas que podemos identificar nas cidades ao longo do tempo. Contudo, as formas pelas quais o passado geriu seus espaços urbanos não podem ser transferidas, em partes selecionadas, recortadas da realidade de onde se originaram, para a cidade real, uma vez que ela é construída pelos agentes diversos que a vivenciam naquele momento. A História, por outro lado, contribui para nos advertir de que as transformações sociais ainda são um dos principais objetivos da humanidade, sendo as cidades os lugares privilegiados para que isso se concretize e chegue cada vez mais perto das ideias utópicas que perseguem uma sociedade melhor para todos e todas.

O conteúdo deste livro, dos primeiros núcleos urbanos concentrados ao fenômeno do espraiamento das cidades contemporâneas, comprometeu-se a percorrer uma longa temporalidade, a visitar diversos povos, culturas e territórios para a reflexão tanto sobre a constituição do fenômeno urbano quanto dos estudos a respeito desse tema na História. Assim, esperamos que esta leitura não apenas ajude a entender esse objeto atraente e complexo, como também contribua para que sejamos melhores cidadãos do mundo.

Glossário

Aforismo: sentença com poucas palavras que exprime um princípio moral; ditado; provérbio.

Daguerreótipo: aparelho desenvolvido na primeira metade do século XIX pelo qual se obtêm imagens fotográficas sem negativo; portanto, são imagens únicas, fixadas diretamente numa placa de metal. O nome advém de seu criador, o francês Louis Daguerre (1787-1851), e tornou-se um dos primeiros equipamentos de reprodução de imagem acessíveis e comercializados para o grande público desde a descoberta da câmara escura, no início daquele mesmo século.

Densidade populacional ou demográfica: conceito demográfico que define o índice que mede a relação entre o número de habitantes em termos absolutos e a superfície territorial ocupada, conforme a seguinte fórmula matemática:

população absoluta ÷ área = densidade demográfica (hab/km^2)

Cidades populosas têm altos índices de densidade demográfica. A Ásia é o continente que conta com o maior número dessas cidades, as quais abrigam mais de 10 milhões de habitantes; no Brasil, são consideradas cidades populosas as com mais de dois milhões de habitantes, as quais se concentram nas regiões Sudeste, Nordeste e Centro-Oeste, sendo encabeçadas pelas capitais de São Paulo e do Rio de Janeiro.

Distopia: organização social imaginada como um lugar no qual se vive sob rígidas condições de repressão, opressão e privação de liberdades civis, sendo o contrário, portanto, do lugar utópico.

Historiografia: narrativa da produção do conhecimento histórico.

Iluminura: tipo de pintura decorativa que integrava o conjunto de elementos imagéticos presentes nos manuscritos medievais produzidos principalmente nos mosteiros.

Região metropolitana: região constituída por agrupamento de municípios instituída por lei complementar estadual, segundo os princípios constitucionais da Carta Cidadã de 1988.

Regime de historicidade: conceito cunhado pelo historiador François Hartog para classificar diferentes experiências e sentimentos em relação ao tempo. Para ele, existem três grandes regimes de historicidade: antigo, moderno e cristão. Em cada um deles há a dominância de uma das instâncias temporais – passado, presente e futuro.

Sesmaria: terreno inculto (sem lavoura e sem construções) inserido nas grandes propriedades cedidas pela monarquia portuguesa aos senhores, as capitanias; o objetivo da doação de sesmaria era aproveitar as terras de forma produtiva, servindo, assim, para estimular a vinda de colonos. A posse era legitimada em registro público nas paróquias, pois ainda não havia ocorrido a separação entre Igreja e Estado, o que aconteceria apenas com a Proclamação da República, em 1889.

Setor terciário da economia: a clássica macroeconomia divide as atividades econômicas segundo a teoria dos três setores, que são:

- Primário: extração e produção de matérias-primas pela transformação dos recursos naturais em bens de consumo e bens intermediários.
- Secundário: transformação dos recursos em manufaturas.
- Terciário: comércio de bens e prestação de serviços.

Urbe: termo que se generalizou para designar o assentamento humano dotado de estilo urbano.

Referências

ABRANTES, P.; GOMES, E. Agricultura em espaço metropolitano: dinâmicas, tipologias e políticas espaciais para a sustentabilidade. In: MARAFON, G. J.; COSTA, E. M. da (Org.). **Cidade e campo**: olhares de Brasil e Portugal. Rio de Janeiro: EdUERJ, 2020. p. 189-214. Disponível em: <https://books.scielo.org/id/t3q4b/pdf/marafon-9786587949055.pdf>. Acesso em: 25 ago. 2023.

AB'SABER, A. N. et al. **A época colonial**. v. 1: Do descobrimento à expansão territorial. Introdução geral de Sérgio Buarque de Holanda. 15. ed. Rio de Janeiro: Bertrand Brasil, 2007. (História Geral da Civilização Brasileira, t. 1, v. 1). Disponível em: <https://archive.org/details/HistoriaDaCivilizacaoBrasileira Volume3/HIST%C3%93RIA%20DA%20CIVILIZA%C3%87%C3%83O%20BRASILEIRA%20COL/Hist%C3%B3ria%20da%20Civiliza%C3%A7%C3%A3o%20Brasileira%20Volume%201/page/n125/mode/2up>. Acesso em: 29 set. 2023.

ACSELRAD, H. Introdução. In: ACSELRAD, H. (Org.). **A duração das cidades**: sustentabilidade e risco nas políticas urbanas. Rio de Janeiro: DP&A, 2001. p. 21-25.

ALMEIDA, L. de C. **A periferia urbana como lugar da educação patrimonial**: o ensino de História no Grande Bom Jardim. Dissertação (Mestrado em Ensino de História) – Centro de Ciências Humanas, Letras e Artes, Programa de Pós-Graduação em Ensino de História, Universidade Federal do Rio Grande do Norte, Natal, 2020. Disponível em: <https://educapes.capes.gov.br/bitstream/capes/573945/2/Dissertao_de_Mestrado_Littbarski_Completa_Ajustada.pdf>. Acesso em: 5 jun. 2023.

ALSAYYAD, N.; ROY, A. Cidadania e urbanismo na era global. **Novos Estudos**, v. 85, p. 105-28, nov. 2009. Disponível em: <https://www.scielo.br/j/nec/a/XpYbWfJBWNMGd8xnQ4ndNMN/?format=pdf&lang=pt>. Acesso em: 3 out. 2023.

ANDERSON, P. **As origens da pós-modernidade**. Rio de Janeiro: J. Zahar, 1999.

ANDRADE, C. R. M. O plano de Saturnino de Brito para Santos e a construção da cidade moderna no Brasil. **Espaço & Debates**, v. 11, n. 34, p. 55-63, 1991. Disponível em: <https://edisciplinas.usp.br/pluginfile.php/7699799/mod_resource/content/1/ANDRADE_O%20plano%20de%20Saturnino%20de%20Brito_%20Santos.pdf>. Acesso em: 3 out. 2023.

ANDRADE, M. M. de. A vida comum: espaço, cotidiano e cidade na Atenas Clássica. 1. ed. Rio de Janeiro: DP&A, 2002. v. 1.

ANDRADE, M. M. de. **A vida comum**: espaço, cotidiano e cidade na Atenas Clássica. 2000. Tese (Doutorado em História Social) – Universidade de São Paulo, São Paulo, 2000. Acesso em: 3 out. 2022. Disponível em: <https://www.teses.usp.br/teses/disponiveis/8/8138/tde-11012023-104314/>. Acesso em: 5 jun. 2023.

ARANTES, J. T. Pesquisa ajuda a desfazer equívocos historiográficos sobre as antigas cidades gregas. **Comunica**, 18 mar. 2015. Disponível em: https://grupodeestudoscomunica.blogspot.com/2015/03/o-homem-e-um-ser-politico-aristoteles.html. Acesso em: 25 ago. 2023.

ARENDT, H. **A condição humana**. São Paulo: Forense, 1987.

ARROYO, M. A. Educação patrimonial ou a cidade como espaço educativo? **Revista Outro Olhar**, Belo Horizonte, ano IV, n. 4, p. 26-39, out. 2005.

ARISTÓTELES. **Política**. Tradução de Nestor Silveira. São Paulo: Folha de São Paulo, 2010. (Coleção Livros que Mudaram o Mundo.)

ASCENSÃO das cidades. **National Geographic Brasil**, ano 12, n. 141, p. 42-61, dezembro de 2011.

AUÊ – Estudos em Agricultura Urbana. **Mulheres Construindo Agroecologia Urbana**. I ENAU – Encontro Nacional de Agricultura Urbana, Uerj, 21-24 out. 2015. Disponível em: <https://aueufmg.files.wordpress.com/2016/04/mulheres-construindo-agroecologia-urbana.pdf>. Acesso em: 3 out. 2023.

AZEVEDO, A. **O cortiço**. Porto Alegre: L&PM, 2015. (Coleção L&PM Pocket, v. 103).

BANCO NACIONAL DA HABITAÇÃO (BNH). In: **FGV**. Disponível em: <http://fgv.br/cpdoc/acervo/dicionarios/verbete-tematico/banco-nacional-da-habitacao-bnh>. Acesso em: 3 out. 2023.

BARREIROS, P. N. Por uma abordagem da história cultural das práticas de escrita nas edições de texto. **Alea**, Rio de Janeiro, v. 19, n. 2, p. 389-414, maio-ago. 2017. Disponível em: <http://dx.doi.org/10.1590/1517-106X/2017192389414>. Acesso em: 3 out. 2023.

BARROS, J. C. D. As imagens da cidade e os saberes urbanos. **Politeia, História e Sociedade**, Vitória da Conquista, v. 11, p. 187-208, jan-jun. 2011.

BARROS, J. D. A Escola Lablacheana e os Annales: considerações sobre um diálogo interdisciplinar entre a História e a Geografia, a partir da contribuição de Vidal de La Blache para a Escola dos Annales. **Boletim Goiano de Geografia**, v. 40, e64437, 2020. Disponível em: <https://revistas.ufg.br/bgg/article/view/64437/36300>. Acesso em: 5 jun. 2023.

BARROS, J. D'Assunção. Duas fases de Capistrano de Abreu: notas em torno de uma produção historiográfica. **Projeto História: Revista do Programa de Estudos Pós-Graduados de História**, v. 41, p. 455-89, dez. 2010. Disponível em: <https://revistas.pucsp.br/index.php/revph/article/view/6549>. Acesso em: 3 out. 2023.

BAUMAN, Z. **Confiança e medo na cidade**. São Paulo: Companhia das Letras, 2009.

BAUMAN, Z. **Modernidade líquida**. Rio de Janeiro: J. Zahar, 2001.

BENEVOLO, L. **História da arquitetura moderna**. 3. ed. SãoASCENSÃO das cidades. National Geographic Brasil, dez. 2011.Paulo: Perspectiva, 2004.

BENJAMIN, W. **Obras escolhidas II**: Rua de mão única. São Paulo: Brasiliense, 1987.

BHABHA, H. K. **O local da cultura**. Belo Horizonte: EDUFMG, 2005.

BIAS-FORTES, G.; MARAFON, G. J. A possibilidade de levantar dados sobre a percepção espacial do rural e do urbano no Brasil. In: MARAFON, G. J.; COSTA, E. M. da (Org.). Cidade e campo: olhares de Brasil e Portugal. Rio de Janeiro: EdUERJ, 2020. p. 57-78. Disponível em: <https://books.scielo.org/id/t3q4b/pdf/marafon-9786587949055.pdf>. Acesso em: 25 ago. 2023.

BIAS-FORTES, G.; MARAFON, G. J. A possibilidade de levantar dados sobre a percepção espacial do rural e do urbano no Brasil. In: MARAFON, G. J.; COSTA, E. M. da (Org.). **Cidade e campo**: olhares de Brasil e Portugal. Rio de Janeiro: EdUERJ, 2020. p. 57-78. Disponível em: <https://books.scielo.org/id/t3q4b/pdf/marafon-9786587949055.pdf>. Acesso em: 25 ago. 2023. BICALHO, M. F. **A cidade e o Império**: o Rio de Janeiro no século XVIII. Rio de Janeiro: Civilização Brasileira, 2003.

BLOCH, E. **O princípio esperança**. Rio de Janeiro: Contraponto, 2005. v. 1.

BLOCH, M. **Apologia da história, ou o ofício de historiador**. Rio de Janeiro: J. Zahar, 2001.

BOJANOSKI, S. de F. **Terminologia em conservação de bens culturais em papel**: produção de um glossário para profissionais em formação. 292 f. Tese (Doutorado) – Programa de Pós-Graduação em Memória Social e Patrimônio Cultural, Universidade Federal de Pelotas, Instituto de Ciências Humanas, Pelotas, 2018. Disponível em: <https://wp.ufpel.edu.br/ppgmp/files/2018/04/tese_Silvana_F_Bojanoski.pdf>. Acesso em: 3 out. 2023.

BONDUKI, N. (Org.). **A lua pela reforma urbana no Brasil**: do Seminário de Habitação e Reforma Urbana ao Plano Diretor de São Paulo. São Paulo: Instituto Casa da Cidade, 2018.

BONDUKI, N. **Construindo territórios de utopia**: a luta pela gestão popular em projetos habitacionais. São Paulo: FAU-USP, 1986.

BRASIL. Arquivo Nacional. **Dicionário brasileiro de terminologia arquivística**. Rio de Janeiro: Arquivo Nacional, 2005. (Publicações Técnicas, n. 51). Disponível em: <https://www.gov.br/conarq/pt-br/centrais-de-conteudo/publicacoes/dicionrio_de_terminologia_arquivistica.pdf>. Acesso em: 3 out. 2023.

BRASIL. Constituição (1988). **Diário Oficial da União**, Brasília, DF, 5 out. 1988.

BRASIL. Decreto-Lei n. 22.928, de 12 de julho de 1933. **Diário Oficial da União**, Poder Executivo, Rio de Janeiro, 17 jul. 1933. Disponível em: <https://www2.camara.leg.br/legin/fed/decret/1930-1939/decreto-22928-12-julho-1933-558869-publicacaooriginal-80541-pe.html>. Acesso em: 3 out. 2023.

BRASIL. Decreto-Lei n. 25, de 30 de novembro de 1937. **Diário Oficial da União**, Poder Executivo, Rio de Janeiro, 6 dez. 1937. Disponível em: <https://www.planalto.gov.br/ccivil_03/decreto-lei/del0025.htm>. Acesso em: 3 out. 2023.

BRASIL. Decreto-Lei n. 311, de 2 de março de 1938. **Diário Oficial da União**, Poder Executivo, Rio de Janeiro, DF, 7 mar. 1938. Disponível em: <https://www2.camara.leg.br/legin/fed/declei/1930-1939/decreto-lei-311-2-marco-1938-351501-publicacaooriginal-1-pe.html>. Acesso em: 21 ago. 2023.

BRASIL. Lei n. 10.257, de 10 de julho de 2001. **Diário Oficial da União**, Poder Legislativo, Brasília, DF, 11 jul. 2001. Disponível em: <https://www.planalto.gov.br/ccivil_03/leis/leis_2001/l10257.htm>. Acesso em: 3 out. 2023.

BRESCIANI, M. S. Entrevista concedida a Fabiana Dultra Britto, Paola Berenstein Jacques e Washington Drummond. **Redobra**, n. 13, ano 5, p. 13-25, 2014. Disponível em: <http://www.redobra.ufba.br/wp-content/uploads/2014/10/REDOBRA_13_WEB.pdf>. Acesso em: 3 out. 2023.

BRESCIANI, M. S. Cidade e história. In OLIVEIRA, L. L. (Org.). **Cidade**: história e desafios. Rio de Janeiro: Fundação Getulio Vargas, 2002. p. 16.

BRESCIANI, M. S. **Londres e Paris no século XIX**: o espetáculo da pobreza. 7. ed. São Paulo: Brasiliense, 1992. (Coleção Tudo é História, 52).

BRITO, L. E. P. F. As cidades na História: percursos críticos. **Dimensões**, v. 40, p. 39-64, jan.-jun. 2018. Disponível em: <https://periodicos.ufes.br/dimensoes/article/view/18990/13718>. Acesso em: 3 out. 2023.

BUENO, B. P. S. et al. Décimas urbanas e censos: a dimensão material e visual de vilas e cidades em fontes textuais. **Urbana**, Campinas, SP, v. 10, n. 1 [18], p. 4-53 jan./maio 2018. Disponível em: <https://www.researchgate.net/publication/326499930_Decimas_urbanas_e_censos_a_dimensao_material_e_visual_de_vilas_e_cidades_em_fontes_textuais>. Acesso em: 3 out.

BURKE, P. História urbana e antropologia urbana na Europa moderna. In: BURKE, P. **O mundo como teatro**: estudos de antropologia histórica. Lisboa: Difel, 1992, p. 69-97.

CALVINO, Í. **As cidades invisíveis**. São Paulo: Companhia das Letras, 1990.

CANCLINI, N. G. **Culturas híbridas**: estratégias para entrar e sair da modernidade. São Paulo: Ed. da USP, 2011. (Ensaios Latino-Americanos, 1).

CARLOS, A. F. A. **A cidade**. São Paulo: Contexto, 1992. (Coleção Repensando a Geografia).

CARPINTÉRO, M. V. T.; CERASOLI, J. F. A cidade como história. **História: Questões & Debates**, Curitiba, n. 50, p. 60-101, jan.-jun. 2009.

CARTA de Veneza. Veneza, maio 1964. Disponível em: <http://portal.iphan.gov.br/uploads/ckfinder/arquivos/Carta%20de%20Veneza%201964.pdf>. Acesso em: 25 ago. 2023.

CARTA Mundial do Direito à Cidade. In: FÓRUM SOCIAL DAS AMÉRICAS, 2004, Quito. Disponível em: <https://www.right2city.org/wp-content/uploads/2019/09/A1.4_Carta-Mundial-do-Direito-%C3%A0-Cidade.pdf>. Acesso em: 20 fev. 2024.

CARVALHO, M. Cidade global: anotações críticas sobre um conceito. **São Paulo em Perspectiva**, v. 14, n. 4, p. 70-82, 2000. Disponível em: <https://www.scielo.br/j/spp/a/9prrrJpM8LZYkxPvmFGLsmN/?format=pdf&lang=pt>. Acesso em: 21 ago. 2023.

CENTRO DE ESTUDOS E DEBATES ESTRATÉGICOS DA CÂMARA DOS DEPUTADOS. **Cidades inteligentes**: uma abordagem humana e sustentável. Brasília: Câmara dos Deputados, Edições Câmara, 2021. (Série Estudos Estratégicos, n. 12). Disponível em: <https://www2.camara.leg.br/a-camara/estruturaadm/altosestudos/pdf/cidades_inteligentes.pdf>. Acesso em: 6 set. 2022.

CHALOUB, S. **Cidade febril**: cortiços e epidemias na corte imperial. São Paulo: Companhia das Letras, 1996.

CHOAY, F. **O patrimônio em questão**: antologia para um combate. Belo Horizonte: Fino Traço, 2011.

CHOAY, F. **O urbanismo**. 3. ed. São Paulo: Perspectiva, 1992.

COELHO, L. C. Urbanismo e cidade no Antigo Egito: algumas considerações teóricas. **Plêthos**, v. 1, p. 47-71, 2011. Disponível em: <https://www.historia.uff.br/revistaplethos/arquivos/numero1/liliane.pdf>. Acesso em: 25 ago. 2023.

COMPROMISSO de Brasília. Brasília, 3 abr. 1970. Disponível em: <http://portal.iphan.gov.br/uploads/ckfinder/arquivos/Compromisso%20de%20Brasilia%201970.pdf>. Acesso em: 3 out. 2023.

CORRÊA, S. R. M. O Programa de Cidades Históricas (PCH): por uma política integrada de preservação do patrimônio cultural – 1973/1979. 343 f. Dissertação (Mestrado) – Faculdade de Arquitetura e Urbanismo, Universidade de Brasília, Brasília, 2012. Disponível em: <https://repositorio.unb.br/handle/10482/12372>. Acesso em: 3 out. 2023.

COSTA, E. B. da. Ativação popular do patrimônio-territorial na América Latina: teoria e metodologia. **Cuadernos de Geografía: Revista Colombiana de Geografia**, v. 26, n. 2, p. 53-75, jul. 2017.

DE JESUS, C. M. **Quarto de despejo**: diário de uma favelada. São Paulo: Ática, 2000.

DELSON, R. M. **Novas vilas para o Brasil-Colônia**: planejamento espacial e social no século XVIII. Brasília: Alvi-Ciord, 1997.

ENGELS, F. **A situação da classe trabalhadora na Inglaterra**: segundo as observações do autor e fontes autênticas. Tradução B. A. Schumann. São Paulo: Boitempo, 2010. Disponível em: <https://edisciplinas.usp.br/pluginfile.php/4226495/mod_resource/content/1/engels_1845.pdf>. Acesso em 18 jan. 2022.

FERNANDES, L. E.; MORAIS, M. V. de. Os EUA no século XIX. In: KARNAL, L. et al. **História dos Estados Unidos**: das origens ao século XXI. São Paulo: Contexto, 2007. p. 99-171.

FIELDER, C. Z.; MEDINA, R. S.; AMARAL, A. J. De encontro à nova razão neoliberal: primavera árabe, ocuppy e as jornadas de junho de 2013 no Brasil. **Conversas & Controvérsias**, Rio Grande do Sul, v. 5, n. 2, p. 312-325, jul.-dez. 2018. Disponível em: <https://revistaseletronicas.pucrs.br/ojs/index.php/conversasecontroversias/article/view/30308/17699>. Acesso em: 3 out. 2023.

FIGUEIREDO, L. R. de A. Além de súditos: notas sobre revoltas e identidade colonial na América portuguesa. **Tempo**, Rio de Janeiro, v. 5, n. 10, p. 81-95, 2000. Disponível em: <https://www.historia.uff.br/tempo/artigos_dossie/artg10-5.pdf>. Acesso em: 3 out. 2023.

FIORAVANTI, C. Para prever os rumos das pandemias. In: **Pesquisa Fapesp**, ed. 292, 2020. Disponível em: <https://revistapesquisa.fapesp.br/modelagem-epidemiologica-ganha-visibilidade/>. Acesso em: 22 ago. 2023.

FLORENZANO, M. B. B. **A cidade grega antiga em imagens**: um glossário ilustrado. Colaboração Elaine Farias Veloso Hirata, Daniela Bessa Puccini e Rodrigo Araújo de Lima. São Paulo : Laboratório de Estudos sobre a Cidade Antiga (Labeca), Museu de Arqueologia e Etnologia, Universidade de São Paulo: FAPESP, 2015.

FÓRUM SOCIAL MUNDIAL POLICÊNTRICO. **Carta Mundial pelo Direito à Cidade**. 3 set. 2007. Disponível em: <https://polis.org.br/wp-content/uploads/2021/09/Carta-Mundial-pelo-Direito-a-Cidade.pdf>. Acesso em: 3 out. 2023.

FREITAG, B. Utopias urbanas. In: ENCONTRO DA SOCIEDADE BRASILEIRA DE SOCIOLOGIA, 10., 2001, Fortaleza. **Anais...** Fortaleza: SBS, 2001. Disponível em: <https://teoriadoespacourbano.files.wordpress.com/2013/01/freitag-bc3a1rbara-utopias-urbanas.pdf>. Acesso em: 5 jun. 2023.

FRIDMAN, F.; ARAÚJO, A. P. S. de; DAIBERT, A. B. D. Políticas públicas de preservação do patrimônio histórico no Brasil. Três estudos de caso (1973-2016). **Revista Brasileira de Estudos Urbanos e Regionais**, v. 21, n. 3, p. 621-38, set.-dez. 2019. Disponível em: <https://www.scielo.br/j/rbeur/a/Z6SND5RzK7Ff84MHhpKXDwH/?format=pdf&lang=pt>. Acesso em: 25 ago. 2023.

FUNARI, P.P. **Grécia e Roma**. São Paulo: Contexto, 2007.

GIANESELLA, R. Gêneses urbanas do colonialismo: síntese de encontros culturais. **Anais do Museu Paulista: História e Cultura Material**, v. 20, n. 1, p. 165-200, jun. 2012.

GOBBI, L. D. Urbanização brasileira. **Globo.com**. Disponível em: <http://educacao.globo.com/geografia/assunto/urbanizacao/urbanizacao-brasileira.html>. Acesso em: 25 ago. 2023.

GOFF, J. le. **Por amor às cidades**: conversações com Jean Lebrun. São Paulo: Ed. da Unesp, 2002.

GOUVÊA, M. de F. S. Capitanias hereditárias. In: VAINFAS, R. (Org.). **Dicionário do Brasil colonial (1500-1800)**. Rio de Janeiro: Objetiva, 2000.

GRASSI, C. A necrópole como reflexo da pólis: um estudo sobre a arquitetura tumular do Cemitério Municipal São Francisco de Paula. In: SIMPÓSIO NACIONAL DE HISTÓRIA, 28., 2015, Florianópolis. Disponível em: <http://www.snh2015.anpuh.org/resources/anais/39/1434420462_ARQUIVO_GRASSI_Clarissa_ANPUH.pdf>. Acesso em: 3 out. 2023.

GUEVANE, E. População mundial atingiu 7,6 bilhões de habitantes. **ONU News** – Perspectiva Global Reportagens Humanas. Disponível em: <https://news.un.org/pt/story/2017/06/1589091-populacao-mundial-atingiu-76-bilhoes-de-habitantes>. Acesso em: 20 fev. 2024.

GUIMARÃES, U. **Discurso do Presidente da Assembleia Nacional Constituinte**. Brasília, DF, 5 out. 1988. Disponível em: <https://www.camara.leg.br/radio/programas/277285-integra-do-discurso-presidente-da-assembleia-nacional-constituinte-dr-ulysses-guimaraes-10-23/>. Acesso em: 3 out. 2023.

HALBWACHS, M. **A memória coletiva**. Tradução de Beatriz Sidou. 2. ed. São Paulo: Centauro, 2013.

HARARI, Y. **Sapiens**: uma breve história da humanidade. São Paulo: Companhia das Letras, 2020.

HARVEY, D. O direito à cidade. **Lutas Sociais**, São Paulo, n. 29, p. 73-89, jul.-dez. 2012. Disponível em: <https://edisciplinas.usp.br/pluginfile.php/272071/mod_resource/content/1/david-harvey%20direito%20a%20cidade%20.pdf>. Acesso em: 3 out. 2023.

HARVEY, D. O direito à cidade. **Revista Piauí**, ed. 82, jul. 2013. Disponível em: <https://piaui.folha.uol.com.br/materia/o-direito-a-cidade/>. Acesso em: 3 out. 2023.

HISTORIAJARAGUA. **Renascimento comercial e urbano**. 9 jun. 2012. Disponível em: <https://www.historiajaragua.com.br/2012/06/renascimento-comercial-e-urbano.html>. Acesso em: 3 out. 2023.

HOLANDA, S. B. de. **Raízes do Brasil**. 1. edição. São Paulo: José Olympio, 1936.

HORTA, M. de L. P.; GRUNBERG, E.; MONTEIRO, A. Q. **Guia básico da educação patrimonial**. Brasília: Instituto do Patrimônio Histórico e Artístico Nacional/Museu Imperial, 1999. Disponível em: <http://portal.iphan.gov.br/uploads/temp/guia_educacao_patrimonial.pdf.pdf>. Acesso em: 3 out. 2023.

HOWARD, E. **Cidades-jardins do amanhã**. 2. ed. São Paulo: Hucitec, 2002.

IBGE – Instituto Brasileiro de Geografia e Estatística. **Classificação e caracterização dos espaços rurais e urbanos do Brasil:** uma primeira aproximação. Rio de Janeiro, 2017.

ILVA, R. da. Cidade documento: as cidades como fontes para a escrita da história. **Resgate: Revista Interdisciplinar de Cultura**, Campinas, SP, v. 25, n. 1, p. 159-178, 2017. Disponível em: <https://periodicos.sbu.unicamp.br/ojs/index.php/resgate/article/view/8647489>. Acesso em: 3 out. 2023.

IPHAN – Instituto do Patrimônio Histórico e Artístico Nacional. Superintendência do Iphan na Paraíba. Casa do Patrimônio da Paraíba. **Educação patrimonial:** diálogos entre escola, museu e cidade. João Pessoa: Iphan, 2014. (Caderno Temático, v. 4).

JACOBS, J. **Morte e vida de grandes cidades**. Tradução de Carlos S. Mendes Rosa. São Paulo: M. Fontes, 2009.

KINDER, H; HILGEMANN, W; HERGT, M. **Atlas histórico mundial:** de los orígenes a nuestros días. 22. ed. Madrid: Akal, 2007. p. 64.

KINGSLEY, J. A vida segue em Chernobyl, 35 anos após o pior acidente nuclear do mundo. **National Geographic Brasil**, 30 abr. 2021. Disponível em: <https://www.nationalgeographicbrasil.com/historia/2021/04/a-vida-segue-em-chernobyl-35-anos-apos-o-pior-acidente-nuclear-do-mundo>. Acesso em: 22 ago. 2023.

KI-ZERBO, J. (Ed.). **História geral da África, I**: Metodologia e pré-história da África. 2. ed. rev. Brasília: Unesco, 2010.

KORYBCKO, A. **Guerras híbridas**: das Revoluções Coloridas aos golpes. Curitiba: Expressão Popular, 2018.

KOURY, A. P.; OLIVEIRA, B. S. A democracia e a questão urbana na Constituinte brasileira (1987-1988). **Urbe: Revista Brasileira de Gestão Urbana**, v. 13, e20200007, 2021. Disponível em: <https://doi.org/10.1590/2175-3369.013.e20200007>. Acesso em: 3 out. 2023.

KOWARICK, L. **Viver em risco**: sobre a vulnerabilidade socioeconômica e civil. São Paulo: Ed. 34, 2009.

KUNZIG, R. Cidades: por que as cidades são o melhor remédio contra os males da superpopulação no planeta. **National Geographic**, ano 12, n. 141, p. 42-61, dez. 2011.

LAGE, S. D. L. e. Utopias urbanas ao longo da história: as elucubrações utópicas ainda têm lugar na pós-modernidade? **Pós – Revista do Programa de Pós-Graduação em Arquitetura e Urbanismo da FAU-USP**, São Paulo, v. 26, n. 48, e134307, 2019. Disponível em: <https://www.revistas.usp.br/posfau/article/view/134307/154352>. Acesso em: 25 ago. 2023.

LE GOFF, J. **História e memória**. 4. ed. Campinas: Ed. da Unicamp, 1996.

LE GOFF, J. **O apogeu da cidade medieval**. Tradução de Antônio de Padua Danesi. São Paulo: M. Fontes, 1992.

LE GOFF, J. **Por amor às cidades**: conversações com Jean Lebrun. Tradução de Reginaldo Carmello Corrêa de Moraes. São Paulo: Fundação Editora da Unesp, 1998.

LEAL, B. História Pública: uma breve bibliografia comentada. **Café História**, 6 nov. 2017. Disponível em: <https://www.cafehistoria.com.br/historia-publica-biblio/>. Acesso em: 25 ago. 2023.

LEMOS, C. **O que é patrimônio histórico**. São Paulo: Brasiliense, 1981. (Coleção Primeiros Passos, 51).

LENCIONE, S. Urbanização difusa e a constituição de megarregiões. **e-metropolis – Revista Eletrônica de Estudos Urbanos e Regionais**, n. 22, ano 6, p. 6-15, set. 2015. Disponível em: <http://emetropolis.net/system/edicoes/arquivo_pdfs/000/000/022/original/emetropolis_n22.pdf?1447896390>. Acesso em: 3 out. 2023.

LEPETIT, B. É possível uma hermenêutica urbana? In: LEPETIT, B. **Por uma nova história urbana**. São Paulo: Edusp, 2001, p. 137-153.

LÉVI-STRAUSS, C. **Tristes trópicos**. São Paulo: Companhia das Letras, 1996.

MACHADO, C. A. R. A Antiguidade tardia, a queda do Império Romano e o debate sobre o "fim do mundo antigo". **Revista de História**, São Paulo, n. 173, p. 81-114, 2015.

MAGALHÃES, A. M. A Inspetoria de Monumentos Nacionais do Museu Histórico Nacional e a proteção de monumentos em Ouro Preto (1934-1937). **Anais do Museu Paulista**, São Paulo, Nova Série, v. 25, n. 3, p. 233-290, set.-dez. 2017. Disponível em: <https://www.scielo.br/j/anaismp/a/rNcMtZVYbC4K5hDg6ZPb5cn/?format=pdf&lang=pt>. Acesso em: 3 out. 2023.

MARAFON, G. J.; COSTA, E. M. da. (Org.) **Cidade e campo:** olhares de Brasil e Portugal. Rio de Janeiro: EdUERJ, 2020. Disponível em: <https://books.scielo.org/id/t3q4b/pdf/marafon-9786587949055.pdf>. Acesso em: 25 ago. 2023.

MARCHETTE, T. D. **Educação patrimonial**: políticas públicas de preservação no Brasil. Curitiba: InterSaberes, 2016.

MARCHETTE, T. D.; COSTA, V. A. de A. **Guia de educação patrimonial**. Curitiba: Factum, 2013. Disponível em: <https://www.factumhistoria.com.br/portfolio/guia-de-educacao-patrimonial/>. Acesso em: 3 out. 2023.

MARICATO, E. O Ministério das Cidades e a Política Nacional de Desenvolvimento Urbano. **Ipea – Políticas Sociais – Acompanhamento e Análise**, n. 12, p. 211-220, fev. 2006. Disponível em: <https://repositorio.ipea.gov.br/bitstream/11058/4508/1/bps_n.12_ensaio2_ministerio12.pdf>. Acesso em: 3 out. 2023.

MARTINS, A. L. Fontes para o patrimônio cultural: uma construção permanente. In: PINSKY, C. B.; LUCA, T. R. de (Org.). **O historiador e suas fontes**. São Paulo: Contexto, 2013, p. 281-308.

MAUAD, A. M. Através da imagem: fotografia e história – interfaces. **Revista Tempo**, Rio de Janeiro, v. 1, n. 2, p. 73-98, 1996. Disponível em: <https://codecamp.com.br/artigos_cientificos/ATRAVESDAIMAGEMFOTOGRAFIA.pdf>. Acesso em: 5 jun. 2023.

MENANDRO, H. Reformas de Base. **Atlas Histórico do Brasil**. Disponível em: <https://atlas.fgv.br/verbete/6355>. Acesso em: 2 out. 2023.

MENEGUELLO, C. Patrimônio urbano entre fronteiras. Entrevista concedida a Carolino Marcelo de Sousa Brito e Renato Marinho Brandão Santos. **Revista Espacialidades** [*online*], 2011, v. 4, n. 3, 2011. Disponível em: <https://cchla.ufrn.br/espacialidades/v4n3/entrevista.pdf>. Acesso em: 25 ago. 2023.

MENESES, U. T. B. A cultura material no estudo das sociedades antigas. **Revista de História**, [S. l.], n. 115, p. 103-117, 1983. Disponível em: <https://www.revistas.usp.br/revhistoria/article/view/61796/64659>. Acesso em: 3 out. 2023.

MESSAGI JÚNIOR, M. **Outros junhos virão**. Curitiba: Kotter Editorial, 2019.

MOERBECK, G. G. O século XIX e a invenção de uma cidade grega antiga: revisitando Fustel de Coulanges. **Revista de História**, São Paulo, n. 178, a04918, 2019.

MONTEIRO, C. Entre a história urbana e a história da cidade: questões e debates. **Oficina do Historiador**, Porto Alegre: EDIPUCRS, v. 5, n.1, p. 101-112, jan./jun. 2012.

MULTIRIO. **História do Brasil**. Rio de Janeiro: história da cidade – o Rio de Janeiro como Distrito Federal – a Avenida Central. Disponível em: <https://multirio.rio.rj.gov.br/index.php/historia-do-brasil/rio-de-janeiro/2913-a-avenida-central>. Acesso em: 3 out. 2023.

MUMFORD, L. **A cidade na história**: suas origens, transformações e perspectivas. São Paulo: M. Fontes, 1998.

NAPOLITANO, M. A história depois do papel. In: PINSKY, C. B. (Org.). **Fontes históricas**. São Paulo: Contexto, 2006, p. 235-289.

NASCIMENTO, F. B. do. Formar e questionar? Os cursos de especialização em patrimônio cultural na década de 1970. **Anais do Museu Paulista**, São Paulo, Nova Série, v. 24, n. 1, p. 205-236, jan.-abr. 2016. Disponível em: <https://www.revistas.usp.br/anaismp/article/view/119846/117134>. Acesso em: 3 out. 2023.

NOAM Chomsky escreve – e fala – sobre o Occupy. **Geopolíticablog**, 5 maio 2012. Disponível em: <https://geopoliticablog.blogspot.com/2012/05/noam-chomsky-escreve-e-fala-sobre-o.html>. Acesso em: 25 ago. 2023.

NORA, P. Entre memória e história: a problemática dos lugares. **Projeto História**, São Paulo, v. 10, p. 7-28, dez. 1993.

OLIVEIRA, B. J. de. A ciência nas utopias de Campanella, Bacon, Comenius, e Glanvill. **Kriterion**, Belo Horizonte, n. 106, p. 42-59, dez. 2002. Disponível em: <https://www.scielo.br/j/kr/a/DnxvC8pCTnYxxxYLNXRq7tF/?format=pdf&lang=pt>. Acesso em: 3 out. 2023.

ONU – Organização das Nações Unidas. **Declaração Universal dos Direitos Humanos**. 10 dez. 1948. Disponível em: <https://www.unicef.org/brazil/declaracao-universal-dos-direitos-humanos>. Acesso em: 3 out. 2023.

ONU – Organização das Nações Unidas. ONU-Habitat: população mundial será 68% urbana até 2050. 1º julho 2022. Disponível em: <https://brasil.un.org/pt-br/188520-onu-habitat-popula%C3%A7%C3%A3o-mundial-ser%C3%A1-68-urbana-at%C3%A9-2050>. Acesso em: 20 fev. 2024.

PECHMAN, S.; FRITSCH, L. A reforma urbana e o seu avesso: algumas considerações a propósito da modernização do Distrito Federal na virada do século. **Revista Brasileira de História**, São Paulo, v. 5, n. 8/9, p. 139-195, set. 1984-abr.1985. Disponível em: <https://www.anpuh.org/revistabrasileira/view?ID_REVISTA_BRASILEIRA=32>. Acesso em: 3 out. 2023.

PELEGRINI, S. C. A. Cultura e natureza: os desafios das práticas preservacionistas na esfera do patrimônio cultural e ambiental. **Revista Brasileira de História**, São Paulo, v. 26, n. 51, p. 115-140, 2006. Disponível em: <https://www.scielo.br/j/rbh/a/PVLJ6HmX7hxYDD9bkdFqYLD/?format=pdf&lang=pt>. Acesso em: 3 out. 2023.

PEREIRA, M. R. de M. Alguns aspectos da questão sanitária das cidades de Portugal e suas colônias: dos saberes olfativos medievais à emergência de uma ciência da salubridade iluminista. **TOPOI**, v. 6, n. 10, p. 99-142, jan.-jun. 2005. Disponível em: <https://www.scielo.br/j/topoi/a/DQchDDXcr5cVzmH8VD8vcfb/?format=pdf&lang=pt>. Acesso em: 3 out. 2023.

PEREIRA, M. R. de M. **O poder local e a cidade**: a Câmara Municipal de Curitiba – séculos XVII a XX. Curitiba: Aos Quatro Ventos, 2000.

PESAVENTO, S. J. Cidades visíveis, cidades sensíveis, cidades imaginárias. **Revista Brasileira de História**, Dossiê: Cidades, v. 27, n. 53, p. 11-23, jun. 2007. Disponível em: <https://www.scielo.br/j/rbh/a/BXNmGmrvkWDkdVR4VPskmLJ/?lang=pt>. Acesso em: 3 out. 2023.

PESAVENTO, S. J. Com os olhos no passado: a cidade como palimpsesto. **Esboços**, Santa Catarina, UFSC, v. 11, n. 11, p. 25-30, 2004. Disponível em: <https://periodicos.ufsc.br/index.php/esbocos/issue/view/47>. Acesso em: 3 out. 2023.

PESAVENTO, S. J. História, memória e centralidade urbana. **Mosaico**, v. 1, n. 1, p. 3-12, jan.-jun. 2008. Disponível em: <https://seer.pucgoias.edu.br/index.php/mosaico/article/view/225>. Acesso em: 3 out. 2023.

PINSKY, C. B.; LUCA, T. R. de (Org.). **O historiador e suas fontes**. São Paulo: Contexto, 2013.

POTT, C. M.; ESTRELA, C. C. Histórico ambiental: desastres ambientais e o despertar de um novo pensamento. **Estudos Avançados**, v. 31, n. 89, p. 271-283, 2017. Disponível em: <https://doi.org/10.1590/s0103-40142017.31890021>. Acesso em: 5 jun. 2023.

RAMINELLI, R. Cidade (verbete). In: VAINFAS, R. (Dir.). **Dicionário do Brasil Colonial (1500-1808)**. Rio de Janeiro: Objetiva, 2000. p. 120.

RAMINELLI, R. História urbana. In: CARDOSO, C. F.; VAINFAS, R. (Org.). **Domínios da história**: ensaios de teoria e metodologia. Rio de Janeiro: Campus, 1997, p. 185-202.

REDE, M. Estudos de cultura material: uma vertente francesa. **Museu Paulista**, São Paulo, v. 8-9, p. 281-291, 2000-2002.

REGO, R. L.; MENEGUETTI, K. S. A respeito da morfologia urbana. Tópicos básicos para estudos da forma da cidade. **Acta Scientiarum Technology**, Maringá, v. 33, n. 2, p. 123-127, 2011. Disponível em: <https://periodicos.uem.br/ojs/index.php/ActaSciTechnol/article/view/6196/6196>. Acesso em: 3 out. 2023.

REIS FILHO, N. G. **Contribuição ao estudo da evolução urbana do Brasil (1500/1720)**. São Paulo: Pioneira, 1968.

REIS, J. C. **História e teoria**: historicismo, modernidade, temporalidade e verdade. 3. ed. Rio de Janeiro: Editora da FGV, 2006.

REVISTA BRASILEIRA DE HISTÓRIA – RBH, Dossiê: Cidades, v. 27, n. 53, p. 7-8, jun. 2007. Apresentação do Conselho Editorial). Disponível em: <https://www.scielo.br/j/rbh/a/R7qKSSn8WQH4s3xjTh8BRTH/?format=pdf&lang=pt>. Acesso em: 3 out. 2023.

RIBEIRO, G. A arte de conjugar tempo e espaço: Fernand Braudel, a geo-história e a longa duração. **História, Ciências, Saúde – Manguinhos**, Rio de Janeiro, v. 22, n. 2, p. 605-639, abr.-jun. 2015. Disponível em: <https://www.scielo.br/j/hcsm/a/XPqsqDS9R4Fng3CkzPjhzBN/>. Acesso em: 3 out. 2023.

RIBEIRO, G. Babel insaciável: modernidade e urbanização nos Estados Unidos conforme Paul Vidal de La Blache. **Revista Brasileira de Estudos Urbanos e Regionais**, v. 14, n. 1, p. 155-166, maio 2012. Disponível em: <https://rbeur.anpur.org.br/rbeur/article/view/1911/1876>. Acesso em: 3 out. 2023.

ROLNIK, R. **O que é cidade?** 3. ed. São Paulo: Brasiliense, 2004. (Coleção Primeiros Passos, 203).

ROLNIK, R. **O que é cidade?** São Paulo: Brasiliense, 1994. (Coleção Primeiros Passos, 203).

RONCAYOLO, M. **La ville et ses territoires**. Paris: Ed. Gallimard, 1993.

ROQUE, M. I. Museu da Maré, museu de favela, museu de nós. **A.Muse.Arte**, 30 ago. 2014. Disponível em: <https://amusearte.hypotheses.org/662>. Acesso em: 25 ago. 2023.

ROUANET, S. P. **Mal-estar na modernidade**. São Paulo: Companhia das Letras, 1993.

ROVAI, M. G. de O. História pública: um desafio democrático aos historiadores. In: REIS, T. S. et al. (Org.). **Coleção História do Tempo Presente**. Boa Vista: Ed. da UFRR, 2020. v. 2. Disponível em: <https://edisciplinas.usp.br/pluginfile.php/5440936/mod_resource/content/1/capítulo%20HISTÓRIA%20PÚBLICA%20UM%20DESAFIO%20DEMOCRÁTICO%20AOS%20HISTORIADORES%20%281%29.pdf>. Acesso em: 3 out. 2023.

RUBIN, G. R. Movimento moderno e habitação social no Brasil. **Geografia – Ensino e Pesquisa**, Rio Grande do Sul, v. 17, n. 2, p. 57-71, maio-ago. 2013. Disponível em: <https://periodicos.ufsm.br/geografia/article/view/10772>. Acesso em: 3 out. 2023.

SALES, J. das C. A condição multicultural da antiga cidade de Alexandria. **O Estudo da História**, n. 6, p. 57-76, out. 2005.

SALVADOR, Frei V. do. **História do Brasil**. Brasília: Senado Federal; Conselho Editorial, 2010. Disponível em: <https://www2.senado.leg.br/bdsf/bitstream/handle/id/575110/000970367_Historia_Brasil.pdf>. Acesso em: 5 jun. 2023.

SAMARAN, C. (Org.). **L'histoire et ses méthodes**. Paris: Gallimard, 1961. p. XII.

SANT'ANNA, M. **A cidade-atração**: a norma de preservação de áreas centrais no Brasil dos anos 1990. Salvador: EDUFBA-PPG-AU FAUFBA, 2017. Disponível em: <https://books.scielo.org/id/8wzv5/pdf/santanna-9788523218713.pdf>. Acesso em: 3 out. 2023.

SANTOS, L. dos. Um imenso campo mórbido: controvérsias médico-científicas sobre a epidemia de cólera-morbo de 1855. **História, Ciências, Saúde – Manguinhos**, Rio de Janeiro, v. 23, n. 2, p. 341-357, abr.-jun. 2016. Disponível em: <https://www.scielo.br/j/hcsm/a/WRYNRCxScjwd4hPxSkNDXvH/?lang=pt>. Acesso em: 3 out. 2023.

SANTOS, M. O lugar: encontrando o futuro. **RUA – Revista de Urbanismo e Arquitetura**, [S.l.], v. 4, n. 1, p. 34-39, 1996. Disponível em: <https://periodicos.ufba.br/index.php/rua/article/view/3113>. Acesso em: 5 jun. 2023.

SANTOS, P. F. **Formação de cidades no Brasil colonial**. Rio de Janeiro: Ed. da URFJ, 1968.

SCHVARSBERG, B. A carroça ao lado do avião: o direito à cidade metropolitana em Brasília. Dossiê Especial "Trabalho e território em tempos de crise". **Revista Cadernos Metrópole**, v. 19, n. 38, p. 313-334, jan./abr. 2017. Disponível em: <https://revistas.pucsp.br/index.php/metropole/issue/view/2236-9996.2017-3800/87>. Acesso em: jun. 2022.

SCHWARCZ, L. M. Apresentação à edição brasileira. In: BLOCH, M. **Apologia da história**: ou o ofício de historiador. Rio de Janeiro: J. Zahar, 2001.

SCHWARCZ, L. M.; STARLING, H. M. **Brasil**: uma biografia. São Paulo: Companhia das Letras, 2015.

SENNETT, R. **Carne e pedra**: o corpo e a cidade na civilização ocidental. São Paulo: Record, 2001.

SILVA, D. A. da. **O enigma da capital**: a mudança do vice-reinado para o Rio de Janeiro. Tese (Doutorado) – Universidade de São Paulo, Faculdade de Filosofia, Letras e Ciências Humanas, Departamento de História, São Paulo, 2012. Disponível em: <https://www.teses.usp.br/teses/disponiveis/8/8138/tde-10032014-113107/publico/2012_DanielAfonsoDaSilva_VCorr.pdf>. Acesso em: 3 out. 2023.

SILVA, E. C. M. da. Cristianismo, poder e espaço na Antiguidade tardia: o *episkopeion* como expressão do poder do bispo. **História**, São Paulo, v. 35, e87, p. 1-18, 2016. (Dossiê Antiguidade Tardia e suas diversidades). Disponível em: <https://www.scielo.br/j/his/a/FxycWN6rR4fKhPkBP5JWvTk/?format=pdf&lang=pt>. Acesso em: 3 out. 2023.

SILVA, L. O. da. História urbana: uma revisão da literatura epistemológica em inglês. **EURE (Santiago)**, Santiago, v. 28, n. 83, p. 31-44, 2002. Disponível em: <http://www.scielo.cl/scielo.php?script=sci_arttext&pid=S0250-71612002008300003&lng=es&nrm=iso>. Acesso em: 5 jun. 2023.

SIMPÓSIO NACIONAL DE HISTÓRIA, 28., 2015, Florianópolis. **Anais...** Florianópolis: ANPUH, 2015.

SOJA, E. Para além de postmetropolis. **Revista da UFMG**, Belo Horizonte, v. 20, n. 1, p. 136-167, jan./jun. 2013.

SOUZA, C. H. M. e. **Os ideais da reforma urbana na legislação e na prática governamental em Belo Horizonte, Minas Gerais.** Dissertação (Mestrado) – Universidade Federal de Minas Gerais, Programa de Pós-Graduação em Arquitetura Urbanismo, Belo Horizonte, 2016. Disponível em: <https://repositorio.ufmg.br/bitstream/1843/MMMD-AD5Q2X/1/2016_07_06__disserta__o.pdf>. Acesso em: 3 out.

SOUZA, F. R. de. **Práticas e atores no espaço urbano**: uma análise pautada pelo diálogo entre história e antropologia. Monografia (História) – Instituto de Ciências Humanas e Sociais, Universidade Federal de Ouro Preto, Ouro Preto, 2010. Disponível em: <https://lph.ichs.ufop.br/sites/default/files/lph/files/13_fabiana_rodrigues_de_souza_praticas_e_atores_no_espaco_urbano_uma_analise_pautada_pelo0adialogo_entre_historia_e_antropologia.pdf?m=1525724450>. Acesso em: 3 out.

SOUZA, M. S. L. de. **Espacializando a *Historia do Brazil*, de frei Vicente do Salvador.** Dissertação (Mestrado em História Social) – Programa de Pós-Graduação em História da Universidade de Brasília, Brasília, 2016. Disponível em: <http://www.realp.unb.br/jspui/bitstream/10482/24131/1/2016_MarianaSilveiraLeonardodeSouza.pdf>. Acesso em: 3 out.

SUANO, M. **O que é museu**. São Paulo: Brasiliense, 1986. (Coleção Primeiros Passos).

TAVARES, D. P. **O tombamento do conjunto arquitetônico e urbanístico de São João del-Rei:** negociação e conflito entre projetos de apropriação e uso do patrimônio cultural (1938-1967). Dissertação (Mestrado em História) – Programa de Pós-Graduação em História, Faculdade de Filosofia e Ciências Humanas, Universidade Federal de Minas Gerais, Belo Horizonte, 2012. Disponível em: <https://repositorio.ufmg.br/bitstream/1843/BUOS-8SMKPH/1/disserta__o__denis_pereira_tavares.pdf>. Acesso em: 3 out. 2023.

TAVOLARI, B. Direito à cidade: uma trajetória conceitual. **Novos Estudos**, v. 35, n. 1, p. 93-109, mar. 2016. Disponível em: <https://www.scielo.br/j/nec/a/hdLsr4FXMpVZWPJ7XswRRbj/?format=pdf&lang=pt>.

TERRA, A. **História das cidades brasileiras**. São Paulo: Melhoramentos, 2012. (Coleção Como Eu Ensino).

THOMPSON, E. P. **Costumes em comum**. Barcelona: Ed. Crítica, 1995.

TOCHETTO, D.; FERRAZ, C. O urbanismo de Saturnino de Brito e as ressonâncias provocadas. **Risco – Revista de Pesquisa em Arquitetura e Urbanismo**, [S.l.], n. 22, p. 84-101, 2016. Disponível em: <https://www.revistas.usp.br/risco/article/view/124548>. Acesso em: 29 set. 2023.

TORRÃO FILHO, A. A história urbana: a configuração de um campo conceitual. **Revista Eletrônica do Centro Interdisciplinar de Estudos sobre a Cidade**, Campinas, SP, v. 7, n. 10, p. 1-9, jan.-ago. 2015. (Dossiê História Urbana: a configuração de um campo conceitual). Disponível em: <https://periodicos.sbu.unicamp.br/ojs/index.php/urbana/article/view/8642546/pdf>. Acesso em: 3 out. 2023.

TORRÃO FILHO, A. Imagens de pitoresca confusão: a cidade colonial na América portuguesa. **Revista USP**, [S.l.], n. 57, p. 50-67, 2003a. Disponível em: <https://www.revistas.usp.br/revusp/article/view/33833>. Acesso em: 5 jun. 2023.

TORRÃO FILHO, A. Sete portas e uma chave: a constituição de saberes técnicos e teóricos sobre a cidade. **Politeia, História e Sociedade**, Vitória da Conquista, v. 9, n. 1, p. 51-69, 2009. Disponível em: <https://www.academia.edu/14958235/Sete_portas_e_uma_chave_a_constitui%C3%A7%C3%A3o_de_Saberes_t%C3%A9cnicos_e_te%C3%B3ricos_sobre_a_cidade>. Acesso em: 3 out. 2023.

TORRÃO FILHO, A. Um texto fundador e as raízes de uma interpretação: Sérgio Buarque de Holanda e a desordem pitoresca da cidade colonial. **Politeia – História e Sociedade**, Vitória da Conquista, v. 3, n. 1, p. 113-132, 2003b.

TOURINHO, A. de O.; RODRIGUES, M. Patrimônio ambiental urbano, cidade e memória: uma dimensão política da preservação cultural na década de 1980. **Anais do Museu Paulista**, São Paulo, Nova Série, v. 28, p. 1-32, 2020. Disponível em: <https://www.redalyc.org/jatsRepo/273/27362795054/27362795054.pdf>. Acesso em: 3 out.

TRABULSI, J. A. D. História e historiografia da democracia ateniense. **Tempo**, Niterói, v. 22, n. 41. p. 592-598, 2016.

WIKIPÉDIA. **Guerra do Peloponeso**. Disponível em: <https://pt.wikipedia.org/wiki/Guerra_do_Peloponeso>. Acesso em: 3 out. 2023.

WILLIAMS, R. **O campo e a cidade na história e na literatura**. Tradução de Paulo Henrique de Britto. São Paulo: Cia das Letras, 1989.

WILSON, E. O. **Diversidade da vida**. São Paulo: Companhia das Letras, 2012.

Bibliografia comentada

MUMFORD, L. **A cidade na história**: suas origens, transformações e perspectivas. São Paulo: M. Fontes, 1998.

O autor descreve uma história das formas e funções da cidade através dos tempos, ressaltando a cidade como um organismo vivo que assume plasticidades diferentes. Dividido em 18 capítulos, o conteúdo abrange desde a união neolítica-paleolítica até a formação das megalópolis em meados do século XX. Lewis Mumford mistura uma espécie de texto teórico com observações de campo a partir das viagens que fez para quase todos os lugares estudados ao longo do extenso livro.

GOFF, J. L. **Por amor às cidades:** conversações com Jean Lebrun. São Paulo: Ed. da Unesp, 2002.

Em formato de entrevista, o conteúdo do livro, a princípio, poderia configurar um texto mais leve, porém é repleto de conclusões complexas sobre a formação das cidades, com ênfase no período medieval, ao qual esse historiador francês se dedicou. É nesse trabalho de organização das principais ideias sobre o tema que Jacques Le Goff se estende sobre as comparações entre as cidades medievais, as quais conheceu por meio da investigação do passado, e as cidades modernas, que conheceu pessoalmente até meados do século XX. O livro traz imagens de alta qualidade e bastante reveladoras dos assuntos abordados.

BRESCIANI, M. S. **Londres e Paris no século XIX:** o espetáculo da pobreza. 7. ed. São Paulo: Brasiliense, 1992. (Coleção Tudo é História, 52).

A importância da leitura desse pequeno livro se justifica por ser a autora uma das reconhecidas pioneiras no estudo da história da cidade no Brasil, desde os anos 1980. De conteúdo didático, a publicação é leitura obrigatória para o entendimento da configuração histórica das duas metrópoles europeias, Londres e Paris, no contexto dos processos de industrialização e urbanização, modelo de interpretação que será aplicado no Brasil no estudo de realidades urbanas, como a capital federal, o Rio de Janeiro, no período da Primeira República.

TERRA, A. **História das cidades brasileiras.** São Paulo: Melhoramentos, 2012. (Coleção Como Eu Ensino).

Essa publicação é interessante para o profissional que pretende aplicar pesquisas recentes à dinâmica da sala de aula de educação básica, a respeito da cidade como objeto, apresentando diversas formas de aprendizagem, sugestões, materiais e condições didáticas necessárias.

Tatiana Dantas Marchette

Respostas

Capítulo 1

Atividades de autoavaliação

1. V – V – F – V – V
   Uma das características essenciais dos *Annales* é, justamente, a amplitude das fontes para o estudo da História em geral.
2. V – F – V – V – F
   O fenômeno urbano foi analisado desde o surgimento da História como ciência, mas apenas em meados do século XX ganhou um terreno com métodos e conceitos próprios, mantendo o viés multidisciplinar; a História Urbana, no Reino Unido, privilegiou as cidades industriais do século XIX como objeto de estudo inicial.
3. V – V – V – V – F
4. F – V – F – V
   1) Estúdio Abbey Road: cultura (a cultura do *rock* britânico é mundialmente conhecida por conta dos Beatles).
   2) Sufragista: política (b política de massas, incluindo a luta pelos direitos das mulheres no Ocidente).

3) Usina de algodão: economia (reconhecimento do desencadeamento da Revolução Industrial Inglesa nas transformações mundiais).

4) Palácio: turismo (desenvolvimento local das atividades turísticas).

5. b.
6. b.
7. F – V – V – V – F – F

Atividades de aprendizagem

Questões para reflexão

1. Vimos que os critérios para classificar um aglomerado humano como cidade variam em combinações locais, mas a Organização das Nações Unidas (ONU) sugere que contenha uma população a partir de 50 mil habitantes. Nesse sentido, Chernobyl não poderia ser vista como uma cidade. Por outro lado, do ponto de vista dos estudos históricos, esse lugar é dotado de vestígios do passado e, portanto, tem significação no tempo presente para os trabalhadores que lá continuam a viver, e ainda mais para aqueles que para lá retornaram, apesar dos perigos da radiação ainda existente. Muitos chamam Chernobyl de "cidade fantasma", o que nos dá uma pista de que o lugar persiste como objeto de reflexão, sendo esse aspecto considerado pela história cultural urbana um traço característico de cidade.

2. Sugestão de resposta: Cabe explicar por que o autor identifica a cidade como lugar, exemplificando uma transformação global que tenha afetado diretamente uma cidade específica.

Na capital do Paraná, por exemplo, quase todas as empresas familiares de origem imigrante hoje estão na posse de multinacionais. O aspecto econômico mudou, bem como a paisagem urbana de Curitiba, como o deslocamento das tradicionais fábricas para outros lugares ou mesmo a demolição desses antigos estabelecimentos desativados ou que ganharam outras funções. Cada aluno pode se voltar para a própria cidade ou bairro, acolhendo também costumes e hábitos modificados pela globalização presente naquele espaço urbano específico.

Atividade aplicada
1. O modelo é o fichamento de leitura, no qual o/a aluno/a deve apontar as principais ideias do texto com as próprias palavras, considerando os seguintes assuntos como importantes: mecanização como base da industrialização (Europa e Estados Unidos); percepção do tempo e do espaço transformados pela velocidade e pelas novas tecnologias; ideologia do progresso.

Capítulo 2
Atividades de autoavaliação
1. d.
   Os burgueses foram assim denominados porque se concentravam na praça do mercado, esta normalmente fortificada por um burgo (núcleo fortificado), passando a dominar a arte do comércio mercantil nesse centro estratégico das cidades medievais inseridas no Renascimento Urbano.
2. V – F– V – F – F
3. V – V – V – V – F
4. c.
5. V – F – V – F – V

Atividades de aprendizagem

Questões para reflexão

1. A atividade política que caracterizou a vida na cidade grega antiga era um mundo à parte do trabalho braçal exercido por escravos e demais trabalhadores, que não eram livres para aquela atividade e, por isso, não eram considerados cidadãos. O exercício da política era algo público, e o trabalho doméstico das mulheres, nesse caso, também não era visto como da alçada do mundo da política, não sendo consideradas cidadãs. A autora Hannah Arendt lembra que, para Aristóteles, havia uma distinção entre necessidade e liberdade, considerando-se até mesmo não autenticamente humano aquele que estava condenado ao trabalho manual.

2. Importante elencar a desigualdade econômica do processo de urbanização, desde sua articulação com a industrialização a partir do século XVIII, chegando à questão da sustentabilidade; a luta do direito à cidade, por meio de usos e costumes locais (a urbanização desigual ao redor do mundo; formas particulares de organização que devem ser reconhecidas nessa luta), para atingir um direito humano universal; as cidades como locais de concentração da humanidade, incluindo populações rurais urbanizadas, com a garantia de qualidade de vida de forma equitativa. Podem ser utilizados dados populacionais apresentados no Capítulo 1 deste livro.

Atividade aplicada

1. O plano de aula deve conter, além das informações básicas sobre a disciplina (nome, carga horária, nível de ensino, habilidades e competências de acordo com a Base Nacional Comum Curricular – BNCC), a descrição dos seguintes itens:

- Ementa: apresentar os pontos básicos a serem aprendidos na aula.
- Conteúdo: descrever o assunto em relação ao tema mais amplo da história da cidade.
- Objetivos: conhecer as cidades pós-modernas; entender o conceito de pós-modernidade (utilizar o infinitivo verbal para listar os objetivos).
- Metodologia: aula expositiva, interação entre os alunos, debates e análise de gráficos informativos sobre o tema em questão etc.
- Recursos didáticos: quadro, livro, páginas da internet, gráficos e mapas das cidades etc.
- Modos de avaliação: exercícios, prova oral, apresentação em grupo, resenha etc.
- Bibliografia: elencar os livros essenciais e que se articulam com a ementa e o conteúdo.

Capítulo 3
Atividades de autoavaliação
1. V – V – V – F – F
2. c.
3. F – V – V – F – V
4. c.
5. V – V – V – F – F
6. V – V – F – V – F

Atividades de aprendizagem

Questão para reflexão
1. O Arquivo Nacional do Brasil foi criado em 1838, no Primeiro Império, com o nome de Arquivo Público do Império, num momento em que se visava construir uma nação soberana

independente, bem como consolidar as instituições administrativas autônomas brasileiras e uma identidade própria, o que foi instrumentalizado na revolução burguesa na França com a formações de museus e arquivos nacionais no final do século XVIII.

O acervo do Arquivo Nacional do Brasil é direcionado para a guarda de documentos relativos à administração pública, o que é reforçado pela Lei Nacional de Arquivos (Lei n. 8.159, de 8 de janeiro de 1991). Os documentos de caráter histórico são selecionados entre os que foram gerados nas atividades governamentais e já cumpriram suas finalidades primeiras (administração ou comprovação de direitos), adquirindo outra função que é a de guardar de forma permanente os conteúdos que contam a história do país. Entender como é feita essa seleção é importante para reforçar a questão da constituição das memórias históricas, em oposição ao conceito de memória coletiva, segundo Maurice Halbwachs.

Atividade prática

1. O conteúdo a ser observado é o que foi apresentado no texto deste capítulo, mas recomendamos que seja feita uma pesquisa mais ampla na internet, consultando-se, por exemplo, a página do Instituto do Patrimônio Histórico e Artístico Nacional (Iphan), especialmente o Dicionário de Patrimônio Cultural, disponível em: <http://portal.iphan.gov.br/dicionario PatrimonioCultural?letra=p>.

Capítulo 4

Atividades de autoavaliação
1. V – V – V – F – F
2. b.
3. V – F – F – V – V
4. V – V – V – F – F
5. e.

Questão para reflexão
1. Esse tema se relaciona de perto com o que foi ressaltado no capítulo sobre a agricultura urbana, mas também pode ser estendido para a representação sobre o campo feita pelos habitantes das cidades, como a busca pela qualidade dos alimentos. Como apoio, sugerimos a seguinte leitura:
PINTO, T. dos S. Cercamentos e Revolução Industrial Inglesa. **Brasil Escola**. Disponível em: <https://brasilescola.uol.com.br/historiag/cercamentos-revolucao-industrial-inglesa.htm>. Acesso em: 25 ago. 2023.

Atividade prática
1. Sugerimos os seguintes *sites* para pesquisa:
OXFAM BRASIL. **Olhe para a fome.** Disponível em: <https://www.oxfam.org.br/especiais/olhe-para-a-fome-2022/?gclid=CjwKCAiAzKqdBhAnEiwAePEjkvTdTZK4tBFyxJx50rcotak5s_gnMt0FteqJo71gg-ka31WlTtTbERoCsCQQAvD_BwE>. Acesso em: 4 out. 2023.

IBASE – Instituto Brasileiro de Análises Sociais e Econômicas. Disponível em: <https://ibase.br/>. Acesso em: 4 out. 2023.

FAO – Organização das Nações Unidas para Alimentação e Agricultura. **Insegurança alimentar e covid-19 no Brasil.** Disponível em: <https://www.fao.org/family-farming/detail/fr/c/1392789/>. Acesso em: 4 out. 2023.

Capítulo 5

Atividades de autoavaliação

1. a.
2. V – F – F – V – V
3. a.
4. F – F – V – V – V
5. V – V – V – F – V

Atividades de aprendizagem

Questões para reflexão

1. Sugestão de fonte de pesquisa para elaborar a resposta:
   IBGE – Instituto Brasileiro de Geografia e Estatística. **Classificação e caracterização dos espaços rurais e urbanos do Brasil**: uma primeira aproximação. Rio de Janeiro, 2017. Disponível em: <https://biblioteca.ibge.gov.br/visualizacao/livros/liv100643.pdf>. Acesso em: 4 out. 2023.
2. A narrativa precisa abordar as relações entre movimento social e cidade, apontando os locais pelos quais passou o movimento estudantil. É necessário fazer uma pesquisa mais ampla a respeito da época (contexto histórico do governo Geisel), relacionando a topografia específica do caminhar da manifestação com a repressão, ao tentar responder: Onde a repressão agiu mais fortemente? O que havia ali?

Atividade aplicada

1. O roteiro da entrevista sugerido é o de história de vida, pelo qual se apreendem as fases da vida de cada um. A perguntas podem ser divididas em: infância, juventude, vida adulta e idosa, quando for o caso.
Exemplos do que abordar nas perguntas:

- Infância: local e data de nascimento; lembranças mais remotas sobre a cidade; casas em que morou, descrição dos bairros, da vizinhança e dos costumes.
- Juventude: compartilhamento do cotidiano com o início do trabalho; distância entre trabalho e casa; bairros onde estudou e trabalhou; lembranças dessa fase em termos de lazer urbano.
- Vida adulta: casamento e onde morou depois disso; relação com a cidade da infância e da juventude; locais de trabalho e de lazer.
- Fase idosa: aprofundamento das lembranças mais antigas por meio de perguntas sobre as mudanças sentidas na cidade do passado e do presente.

Capítulo 6
Atividades de autoavaliação
1. b.
2. V – F – F – V – V
3. a.
4. V – V – F – V – V
5. c

Atividades de aprendizagem

Questões para reflexão

1.
    a. As fontes literárias aqui podem ser destacadas tendo em vista que são uma fonte histórica que também se tornou importante com o desenvolvimento da própria disciplina da História, levando em consideração os valores sociais e as experiências subjetivas dos seres humanos no tempo.
    b. Os exemplos podem ser vários, mas é interessante indicar os de domínio público, os quais podem ser utilizados integralmente sem nenhuma espécie de direito autoral.
    Isso pode ser levantado em: <http://www.dominiopublico.gov.br/pesquisa/PesquisaObraForm.jsp>. Acesso em: 5 out. 2023.
2. Para esta resposta, é interessante envolver, principalmente, dois grandes questionamentos com base na leitura indicada: O que é História Pública? Quem constrói a História Pública?

Atividade prática

1. Antes de tudo, selecione o objeto cultural que será o alvo do projeto (festas tradicionais, monumento urbano etc.). Depois disso, considere que um projeto básico de educação patrimonial deve conter as seguintes fases:
    a) **Observação**: trata-se de explorar o objeto selecionado via perguntas: aspectos físicos e materiais; desenho e forma; função e usos; construção, intervenções; valores e significados. As respostas são alcançadas mediante observação atenta, troca de ideias e informações, pesquisa e estudos, sintetizando-se os dados. Com isso, obtém-se um conhecimento mais completo e variado sobre o objeto.

b) **Registrar**: os dados obtidos precisam ser sintetizados em algum tipo de registro (maquetes, fotografias etc.). O objetivo é fixar todos os dados do objeto selecionado na memória de todos os participantes.

c) **Explorar**: consiste em fazer uma interpretação do objeto selecionado por meio de outras apropriações dele através de outras linguagens (peça teatral, vídeos, textos poéticos e literários etc.). Com isso, pode-se recriar o objeto com o uso de processos criativos.

2. Vamos usar como exemplo de resposta o documentário *Ilha das flores*.

   a) Produtor (quem realizou o documentário): Monica Schmiedt e Nora Goulart.
   b) Ano (ano em que foi realizado): 1983.
   c) Duração em minutos (duração do documentário): 13 minutos.
   d) Tema: desperdício de materiais no dia a dia em decorrência do consumismo que marca nossa época.
   e) Local: Brasil.

   Outras informações podem ser acrescidas para complementar a ficha técnica, como roteiro, atores e atrizes, trilha sonora e fotografia.

3.
   a) Solo: que tipo do pavimento há no solo: na imagem 1; é chão de terra; na imagem 2, é asfalto.
   b) Edifício: que tipo de construção há no pavimento: na imagem 1, casebres; na imagem 2, edifícios modernos conforme os estilos arquitetônicos do período.

c) Lote: que tipo de parcela das construções: na imagem 1, os lotes são pequenos, sendo os casebres bem próximos entre si; na imagem 2, as construções ocupam maior espaço.

d) Quarteirão: agrupamento das construções: na imagem 1, não há definição dos quarteirões e os casebres se espalham de modo desordenado; na imagem 2, há uma definição do espaço em geral.

e) Fachada: na imagem 1, os aspectos exteriores dos casebres se caracterizam pela pouca qualidade técnica, de desenho e matéria; na imagem 2, há um casario ordenado com fachadas elaboradas com ornamentos.

f) Logradouro: que tipo de espaços públicos existem: na imagem 1, há uma mistura entre espaço público e privado, sem presença de calçadas ou muros; na imagem 2, as calçadas separam a rua das edificações, formando uma espaço de convivência coletiva "neutra".

g) Traçado da rua: na imagem 1, não há ruas delimitadas, mas um espaço ocupado de modo orgânico, ligado ao dia a dia dos moradores; na imagem 2, o traçado da rua é retilíneo.

h) Praça: na imagem 1, não há logradouros públicos, como praças; na imagem 2, não vemos especificamente uma praça, mas no meio da rua há ajardinamento, com áreas verdes em crescimento.

i) Monumento: na imagem 1, não há logradouros públicos como monumentos; na imagem 2, podemos interpretar os próprios edifícios como monumentos de arquitetura planejada.

j) Árvore e vegetação: a vegetação na imagem 1 se apresenta naturalmente no local, como no morro ao fundo; na imagem 2, ela é planejada, controlada.

j) Mobiliário urbano: na imagem 1, o mobiliário urbano é próprio dos moradores, sem objetos coletivos, como pontos de transporte público, por exemplo; na imagem 2, podemos aferir que a rua é o mais importante mobiliário urbano, coordenando a movimentação das pessoas anônimas.

Sobre a autora

Tatiana Dantas Marchette é doutora em História pela Universidade Federal do Paraná – UFPR (2013), universidade na qual também cursou a graduação e o mestrado na mesma área. Desde 1996 está à frente da Factum Pesquisas Históricas como fundadora e sócia-gerente, pela qual presta serviços especializados de pesquisa e escrita em história e coordena a Factum Editora, com destaque para a Coleção A Capital, sobre a memória urbana de Curitiba.

Entre 2003 e 2009, exerceu o cargo de coordenadora da Divisão de Documentação Permanente do Departamento de Arquivo Público do Paraná.

Pesquisadora das áreas de patrimônio cultural, memória e trajetórias intelectuais, é autora dos seguintes livros: *Educação patrimonial e políticas públicas de preservação no Brasil* (Editora InterSaberes 2016); *Um esboço para dois Brasis: a trajetória político-intelectual do historiador Brasil Pinheiro Machado* (Editora da UFPR, 2023).

Os papéis utilizados neste livro, certificados por instituições ambientais competentes, são recicláveis, provenientes de fontes renováveis e, portanto, um meio **respons**ável e natural de informação e conhecimento.

Impressão: Reproset